Apokrifet

Jeta e Jezu Krishtit
sipas ungjijve të harruar
e të mohuar nga kisha

Shqipëruar nga Shpërim Kelmendi
Shënimet dhe redaktimi nga Azem Qazimi

RL Books

Bruksel 2021

Apokrifet - Jeta e Jezu Krishtit sipas
ungjijve të harruar e të mohuar nga Kisha

Shqipëruar nga Shpërim Kelmendi
Shënimet dhe redaktimi nga Azem Qazimi

ISBN 978-9928-324-25-2

© RL Books zotëron gjithë të drejtat
e botimit, dhënë nga autorët dhe mbajtësit
e së drejtës. Ndalohet ribotimi në çdo
version pa lejen e cilësuar të mbajtësit
të së drejtës.

https://www.rlbooks.eu
admin@rlbooks.eu

Bruksel, nëntor 2021

Përmbledhje

Ungjijtë apokrifë dhe ungjijtë gnostikë 1
Kategori të ungjijve apokrifë 3
Apokrifë të krishterë të Besëlidhjes së Vjetër 3
Apokrifë të Besëlidhjes së Re 4
Ungjijtë 4
Esenët 6
Gnosticizmi 8
Rreth zanafillës së gnosticizmit 11
Doktrina e gnosticizmit 11

Fjala e Jezuit simbas Apostullit Tomë 13

Ungjilli i Pseudo Mateut 27
    Prindërit e Maries 27
    Lindja dhe fëmijëria e Maries 30
    Maria bëhet bashkëshorte e Jozefit 33
    Lajmi – Maria shtatzënë 35
    Uji i provës 37
    Lindja e Jezuit 38
    Magët dhe ikja në Egjipt 42
    Mrekulli gjatë udhëtimit dhe në Egjipt 44
    Rikthimi nga Egjipti dhe mrekullitë e para 47
    Jezui në shkollë 50
    Mrekulli të tjera të Jezuit 53
    Jozefi e Maria shkojnë prej aty në Jeriko 53
    Jezui në shkollë 55
    Jezui në familje 57

Ungjilli i së vërtetës 59

Ungjilli apokrif i Filipit 74

Ungjilli i Judës 98
    Hyrje: Incipit 98
    Misioni i Jezuit në tokë 98
    Dishepujt prezantohen 100
    Jezui flet me Judën vetëm për vetëm 102
    Dishepujt shikojnë tempullin dhe bisedojnë 104
    Jezui bën një shpjegin alegorik të vegimit të tempullit 105
    Juda i kërkon Jezuit shpjegime rreth asaj breznije dhe rreth breznive njerëzore 108
    Jezui i mëson Judës kozmologjinë: Shpirti dhe i Vetëkrijuari ... 112
    Adamasi dhe vezullorët 114
    Kozmos, kaos dhe botë e skëterrës 116
    Arkondët dhe ëngjëjt 117
    Krijimi i njerëzimit 118
    Juda pyet për fatin e Adamit dhe të njerëzimit 119
    Jezui flet për shkatërrimin e të ligjve me Judën dhe të tjerët ... 120
    Jezui flet për të pagëzuarit dhe për tradhëtinë e Judës 121
    Përfundimi: Juda tradhëton Jezuin 123

Ungjilli i Maries 125

Ungjilli i Bartolomeut[1] 128
    Jezui në mbretërinë e të vdekurve 129
    Maria u flet apostujve 132
    Apostujt dhe ferri 135
    Maria dhe Pjetri 135
    Bartolomeu don të shikojë armikun 135
    Bartolomeu flet me armikun 137
    Dredhitë e armikut 139
    Armiku paraqet pushtimet dhe humbjet e veta 140
    Dredhitë e tashme dhe të ardhme të armikut 145
    Bartolomeu falenderon Jezuin 148

 Arsyeja e rënies së armikut 149
 Lamtumirë armikut 150
 Lutja e Bartolemeut 151
 Lutja e apostujve 152
 Përlëvdimet e Bartolomeut 155
 Detyra e Jezuit në botë 155
 Lloje mëkatesh e mëkatarësh 158
 Martesë dhe dëlirësi 160
 Përlëvdimet e apostujve 161
 Ngjitja e Jezuit në qiell 161

Ungjilli i Gamalielit 164
 Hidhërimi i Maries 164
 Përbetim kundër Jezuit dhe Pilatit 165
 Vdekja e Jezuit 165
 Dhimbja e Pilatit 166
 Pilati tubon krerët e Hebrejve 166
 Varrimi i Jezuit 168
 Ruajtja e varrit 169
 Ujdí midis rojeve dhe parisë hebraike 170
 Krerët Hebrej shkojnë tek varri 170
 Maria shkon tek varri 171
 Jezui ngushëllon nënën 172
 Jezui i shfaqet Pilatit 174
 Dëshmia e rreme e rojeve 175
 Pilati dhe krerët hebrej tek varri 176
 Mrekulli tek varri 178
 Kufoma në pus dhe Jezui 179
 Kusari në varrin e Jezuit 180
 Ringjallja e kusarit 181
 Dëshmia e Gamalielit 182

Lindja e Maries: Protoungjilli i Jakobit 183

Letra Apokrife 196
Letër e Pilatit drejtuar Herodit 196

Letër e Herodit drejtuar Pilatit 197
Letër e Ponc Pilatit drejtuar Tiberit 199
Letër e Tiberit drejtuar Pilatit 200

Ungjijtë apokrifë dhe ungjijtë gnostikë

Ungjij apokrifë (nga greqishtja ἀπόκρυφος, *apokryphos*, i fshehtë) quhen zakonisht ato shkrime fetare (tekste të shenjtë) të cilët konsiderohen jokanonikë, ose të papërfshirë në kategorinë e librave të shenjtë e, për rrjedhojë, trajtohen si të zhveshur nga vlera doktrinale. Duhet thënë se, në krye të herës, termi apokrif nuk tregonte një shkrim të tjetërsuar apo të rremë, po, përkundrazi, një qëllim të caktuar. Në të vërtetë, përmbajtja e veçantë, e shenjtë dhe misterioze zgjonte nevojën për t'ia mbajtur të fshehtë (*apokryphos*) veprën masës së gjerë, duke e kufizuar kështu brenda bashkësisë së nistarëve të një sekti. Më pas, për të fituar besueshmëri, shkrime të tilla nisën të qarkullonin nën emrat e apostujve të Jezuit. Kësisoj, kuptimi i sotëm ka të bëjë shpeshherë me veprën e rreme që i mvishet një autori. Shpesh, qëllimi i këtyre teksteve prirej kah mbushja e boshllëqeve të lëna nga shkrimet kanonike në lidhje me jetën e Jezuit, të apostujve, të Maries, ndërsa herë të tjera për të shkaktuar mahnitje tek besimtarët.

Apokrif përfaqëson një temë shumë e gjerë dhe në të gjitha besimet mund të gjenden tekste të cilat përfshihen nga ky përkufizim. Por, në botën e krishterë ky term mund të tregojë:

-Librat që në Kishën katolike janë quajtur deuterokanonikë, pra libra të pranishëm në kanonin katolik të Besëlidhjes së Vjetër, por jo në atë hebraik. Në këtë kuptim, termi apokrif është përdorur mbi të gjitha nga protestantët.

-Një literaturë të gjerë të krishterimit primitiv ose judaizmit të vonë, pra apokalipse, ungjij ose gjëra të tjera që nuk përfshihen në ndonjë kanon (marrëveshja universale mbi kanonin aktual qe përcaktuar në fundin e shek. IV).

-Libra që i mvishen një autori më të lashtë në raport me kohën kur qenë redaktuar, e sidoqoftë, libra vërtetësia e të cilëve është e dyshimtë. Termi më i saktë për të shënjuar këtë kategori është "pseudoepigrafi", që në greqisht dmth "titull i

rremë". Në të vërtetë, ka gjasa që edhe disa libra kanonikë të Besëlidhjes së Re të jenë pseudoepigrafë, si përshembull letra e dytë e Pjetrit, e cila mendohet të jetë shkruar mbas vdekjes së tij.

Kështu, mund të numurohen edhe një varg Ungjijsh apokrifë, disa prej të cilëve janë zbuluar në Nag Hammadi më 1945 ose në vendbanime të tjera, herë në trajtën e teksteve të plota e herë si fragmente të thjeshtë:

Kodiku Arundel 404, Ungjilli i Ebionitëve, Ungjilli i Filipit, Ungjilli i Maries, Ungjilli i Pjetrit, Ungjilli i Didim Tomës, Ungjilli i fëmijërisë i Tomës, Libri i fshehtë i Jakobit.

Disa nga burimet më të rëndësishme të teksteve apokrifë janë dorëshkrimet apo rrotullat e Detit të Vdekur, të cilat qenë zbuluar në rrethinat e Kumranit, pra në Palestinën e sotme.

Veçanërisht ungjijtë gnostikë janë një tërësi veprash që e kanë zanafillën në mjedisin e kulturuar e intelektual të Aleksandrisë së Egjiptit, rreth shekullit II m. K., në hullinë e asaj rryme mistiko-filozofike të njohur si gnosticizëm.

Njohja e gnosticizmit dhe e teksteve të tij ka mbetur përgjatë shumë shekujve e lidhur me citime dhe komente, shpeshherë armiqësore, gjurmët e të cilave kanë mbetur kryesisht në veprat e etërve të Kishës. Mungesa e plotë e dokumenteve, përjashto fragmentet e mbartura nëpër vepra të tjera, edhe ato shpesh herë të ndryshuara, e ka vështirësuar shumë përkufizimin dhe të kuptuarët e gnosticizmit.

Megjithatë, zbulimi i kryer në vitin 1945 pranë fshatit Nag Hammadi, në Egjiptin e sipërm, i një biblioteke të tërë tekstesh gnostikë të shkruar në gjuhën kopte mbi papiruse, i dha një vrull të ri studimeve mbi gnosticizmin. Në të vërtetë disa çështje të ndërlikuara, të cilat kishin të bënin me të drejtat e pronësisë dhe të blerjes së teksteve, e patën penguar fillimin e studimit të tyre të rregullt deri në vitin 1956, me përjashtim të një grupi të vogël dorëshkrimesh, të cilat qenë blerë menjëherë nga Fondacioni Jung i Zyrihut. Mandej ndodhi edhe një tjetër ndërprerje, e cila u zgjidh më 1962 pas një vargu marrëveshjesh mes UNESKO-s dhe qeverisë së Republikës së Bashkuar Arabe, e prapë ndërprerje më 1967 për shkak të konfliktit arabo-izraelit. Aktualisht, të trembëdhjetë rrotullat e papiruseve që përmbajnë 53 vepra gnostikë, janë kataloguar, ndërsa një pjesë e tyre janë kopjuar dhe studiuar. Përmendim: *Sofia e Jezuit, Letra e Eugnostit, Dialogu i Shëlbyesit,* Pistis Sofia, *Libra të Jeut, Libri i Shpirtit të Madh të Padukshëm, Ungjilli i së Vërtetës, Ungjilli i përkryeshmërisë, Ungjilli i Katër anëve të botës, Ungjilli i Evës, Ungjilli i Maries, Pyetjet e Maries, Ungjilli i Filipit, Ungjilli i Judës, Ungjilli i Matias, Ungjilli i Didim Tomës, Ungjilli i fëmijërisë i Tomës, Libri i Tomë Atletit, Apokrifi i Gjonit, Vepra të apostullit të shenjtë dhe ungjillorit Gjonit, teologut.*

Kategori të ungjijve apokrifë

A. Apokrifë të krishterë të Besëlidhjes së Vjetër

-Libri IV i Esdrës (fundi i shekullit I) – me natyrë apokaliptike dhe eskatologjike, për një kohë të gjatë qe konsideruar kanonik.

-Të fshehtat e Enokut (plotësim i krishterë i Librit të Enokut, tekst hebraik i shek. II para Krishtit) mbërritur gjer tek ne në sllavishten e vjetër (falë bogomilëve).

-*Testamentet e Dymbëdhjetë Patriarkëve, vepër e përbërë që mëton të na sjellë fjalët e fundit të dymbëdhjetë bijve të Jakobit. Edhe kjo paraqet ndërshtënie kristiane.*

-Apokalipsi i Barukut, i njëjtë me të mësipërmin për nga përmbajtja, gjuha dhe synimi.

-Ngjitja e Isaisë, shembulli më i mirë i përshtatjes të krishterë të një origjinali hebraik të redaktuar në versionin e tij përfundimtar aty nga fundi i shek. I apo fillimi i shekullit II mbas Krishtit.

B. Apokrifë të Besëlidhjes së Re

Ungjijtë

-Ungjilli simbas hebrejve (nazaretasve), i shkruar në aramaisht dhe i përdorur nga të krishterët palestinezë të gjuhës hebraike, përkthyer nga Jeronimi (shek. IV) në greqisht e latinisht. Daton në shek. II dhe simbas disa studiuesve është një ripunim i zgjeruar i origjinalit hebraik të Ungjillit simbas Mateut.

-Ungjilli i Egjiptianëve, përdorur nga kristianët e Egjiptit. Me gjasë ka origjinë gnostike për t'i dhënë bazë herezisë së atij sekti shumë të përhapur në Egjipt. Shek. II.

-Ungjilli i ebionitëve (ose i dymbëdhjetë apostujve), fillimi i shek. III. Me gjasë synonte t'i siguronte justifikime doktrinore sektit të Ebionitëve.

-Ungjilli simbas Pjetrit, ardhur deri tek ne vetëm në trajtë fragmentesh të cilat rrëfejnë vuajtjen, vdekjen dhe varrimin e Jezuit, me ndonjë aludim që na sjell ndërmend herezinë docetiste. Daton në gjysmën e dytë të shekullit II.

-Ungjilli i Nikodemit, në të cilin bien në sy orvatjet për ta zvogëluar fajësinë e Pilatit në lidhje me vdekjen e Jezuit, dhe përfshin Relacionet e Pilatit, pra një "raportim zyrtar" të Pilatit mbi gjykimin e Jezuit. Kjo pjesë qarkullonte në shumë versione që nga shek. II (Anafora e Pilati, Letra e Pilatit, Paradoksi i Pilati) dhe kandisi disa bashkësi të krishtera që ta nderonin Pilatin si shenjt e martir (ndikime të tilla do jenë mjaft të mëdha përgjatë tërë mesjetës). Tekst grek me shumë versione në gjuhët e tjera të lashta.

-Protoungjilli i Jakobit, i përket grupit të të ashtuquajturve "Ungjij të Fëmijërisë" të cilët sjellin një bollëk hollësish dhe episodesh nga rinia e Maries, si dhe lindja e fëmijëria e Krishtit. Me gjasë i takon gjysmës së shek. II; aty gjejmë përsëpari emrat e prindërve të Maries (Joakim dhe Ana), rrëfimin e shugurimit të Maries ndaj Zotit dhe praninë e saj në tempull. Qëllimi është shpërfaqja e virgjërisë së përhershme dhe të pacënueshme të Maries, përpara, gjatë dhe mbas lindjes! Forma e ekzistuese

është në greqisht dhe daton në shek. IV.

-*Ungjilli kopt i Tomës*, me origjinë heretike, me gjasë gnostike, ka mbërritur tek ne në gjuhën kopte (një dialekt greko-egjiptian) dhe përmban një varg thëniesh që i mvishen Jezuit.

-*Ungjilli i Fëmijërisë simbas Tomës*, i cili ka ardhur tek ne në versionin grek, përmban ndodhi që rrëfejnë dijen dhe fuqinë e mrekullueshme të Jezuit. Trajta aktuale e këtij ungjilli daton mbas shekullit VI.

-*Ungjilli arab i Fëmijërisë*, hartim i vonë që përmban elementë të ndryshëm dhe të çuditshëm mbi fëmijërinë e Jezuit.

-*Ungjilli i Filipit*, me gjasë ekziston qysh në shekullin III dhe ka zanafillë gnostike neoplatonike me prirje të fortë ndaj asketizmit – thërrmijat hyjnore të prhapura mbi botë duhen bashkuar dhe shpëtuar nga ndikimi i materies.

-*Ungjilli i Matisë*, është hartuar përpara shekullit IV dhe ka prejardhje gnostike (nga sekti i Bazilidit që përçmonte materien dhe e mëkonte shpirtin përmes besimit e gnosës).

-*Ungjilli simbas Barnabës*, daton në shek. IV, por konsiderohet i humbur, teksa sot, nën këtë titull qarkullon një vepër që mendohet të jetë shkruar nga një i krishterë i konvertuar në Islam në shekullin XIV; në këtë tekst thuhet se Muhamedi është mesia, ndërsa Islami e vetmja fe e vërtetë.

-*Ungjilli i Bartolemeut* (pyetje të Bartolomeut), në origjinal grek. Autori anonim i shek. III na parashtron një varg zbulesash të Jezuit mbas ringjalljes së tij dhe legjenda të ndryshme që qarkullonin mbi ndodhitë që lidhen me vuajtjen, vdekjen dhe ringjalljen e Jezuit.

Veç tjerash ekzistojnë edhe një sërë ungjijsh të tjerë që është e vështirë të datohen, të cilët në pjesën më të madhe të tyre u mvishen sekteve të ndryshëm që i përdornin si bazë për doktrinat e tyre: *Ungjilli i Andreas, Ungjilli i Judë Iskariotit, Ungjilli i Tadeut, Ungjilli i Evës, Ungjilli i Çerintit, Ungjilli i Valentinit, Ungjilli i Apelit, Ungjilli i Bazilidit*. Këta ungjij kanë të përbashkët prirjen për të përdorur materialin kanonik dhe, mbasi e parashtrojnë nëpërmjet spekulimeve të tipit gnostik, bëjnë shqyrtime kozmologjike me bazë apokaliptike. Për këtë arsye përkufizohen si "ungjij-apokaliptikë".

Esenët

Vëllazëria e esenëve e ka zanafillën në kohën e Melkicedekut, mjeshtrit të madh fetar që jetoi rreth vitit 1973 përpara K. dhe që ishte mishërim i Jezuit. Kështu, në të vërtetë, lëvizjen e esenëve e zuri fill Jezui, sikundër se dhe Judaizmin përmes Abrahamit, dhe vetë Krishterimin.

Zhvillimi i vëllazërisë së esenëve përgjatë dy mijë viteve të ardhshme mishërohet në zhvillimin e Judaizmit. Esenët ishin një sekt hebre që përfaqësonin një aspekt ezoterik të Judaizmit, apo misticizmin hebre.

Historia e vëllazërisë së esenëve mund të gjurmohet duke ndjekur zhvillimin e Judaizmit. Ajo fillon në kohën e Melkicedekut dhe themelimin e Urdhërit të Melkicedekut. Ndërthuret me Abrahamin (El Morya). Vazhdon me Jakobin (historinë e shkallës së Jakobit dhe ndeshjes së tij me engjëllin). Vazhdon pastaj me Jozefin, që është një mishërim i Jezuit, dhe gëzofin e tij shumëngjyrësh, vëllezërit e tij ziliqarë dhe me shpjegimin që u bën ai ëndërrave të faraonit.

Ajo vazhdon me Moisiun, i cili i nxorri hebrenjtë nga skllavëria e Egjiptit dhe foli me Hyun në malin Sinai. Moisiut iu dhanë Dhjetë Urdhëresat, të cilat janë shumë të ngjashme me mësimet që Melkicedeku (Jezui) i dha Abrahamit. Pas vdekjes së Moisiut, Joshuai, një mishërim i Jezuit, udhëhoqi hebrenjtë drejt Tokës së Premtuar.

Eseni, hebreu, Melkicedeku dhe pasardhësit e krishterë kanë, në të vërtetë, një prejardhje.

Jezui ishte një rabin hebre, që qëllimisht u mishërua në një familje hebreje, që u përkiste esenëve. Jezui ishte Mesia, të cilin e prisnin hebrenjtë, por vetëm esenët e njohën për të tillë.

Esenët nuk bënin be. Gjatë kuvendimeve, ata thjeshtë përgjigjeshin me "po" ose "jo". Kishin njohuri të spikatura mbi astrologjinë. Herë-herë atyre iu referoheshin si "të heshturit", për shkak të heshtjes së tyre gjatë ritualeve të mëngjesit.

Ushtronin pagëzimin. Mësuesi kryesor i esenëve ishte rabban-i, apo rabboni, që do të thotë mjeshtër. Ndihmësi i rabban-it ishte rabini, apo mësuesi. Rabini ndihmohej nga një rab, apo ndihmësmësues.

Dorëshkrimet e Detit të Vdekur pohojnë se ata nderonin *Librin e Enokut*. Për të ruajtur shkrimet e tyre të shenjta nga romakët dhe grupet e tjera profane, esenët i fshihnin nëpër guva e kripta dhe nëpër poçe, të bëra enkas për këtë qëllim. Dorëshkrime të tilla u gjetën në vitin 1947 në afërsi të Detit të Vdekur.

Esenët mësonin se trupi fizik ishte tempulli i shpirtit.

Zhvilluan fushën e agjelologjisë. Përpunuan një lloj pemë të jetës, që paraqiste katërmbëdhjetë forca engjëllore. Ishin kabalistë të mbaruar.

Shtatë engjëj ishin me natyrë hyjnore:

Ati Qiellor

Engjëlli i Jetës së Amshuar

Engjëlli i Paqes

Engjëlli i Dashurisë

Engjëlli i Urtisë

Engjëlli i Fuqisë

Engjëlli i Punës Krijuese

Shtatë të tjerët kishin një natyrë më tepër tokësore:

Nëna Tokësore

Engjëlli i Tokës

Engjëlli i Jetës

Engjëlli i Haresë

Engjëlli i Diellit

Engjëlli i Jetës

Engjëlli i Ajrit.

Pema e jetës kishte shtatë degë që ndeheshin drejt qiellit dhe shtatë rrënjë që mbërrinin në tokë. Njeriu paraqitej i ulur në një lloj qëndrimi zambaku uji midis Qiellit dhe Tokës. Domethënia ezoterike e numrit shtatë njihej mirë.

Në kohën e Jezuit duhet të kenë qenë shumë të rëndësishëm, sepse të dhënat për ta në literaturën antike janë më të bollshme sesa ato për dy sektet më të mëdha hebreje të asaj kohe, Farisenjtë dhe Seducenjtë.

Gnosticizmi

Gnosticizmi është një lëvizje filozofike-fetare, shumë e përpunuar, e cila e pati zenitin e vet në shek. II dhe III të epokës së krishterë. Termi gnosticizëm rrjedh nga fjala *gnósis*, "dije", dhe lidhet me idenë e një dijeje të fshehtë hyjnore (dije ezoterike) që vetëm pak nistarë e zotërojnë.

Pra, gnosa është sinonim i dijes së fshehtë e të thellë universale, dhe i mistereve hyjnore të përftuara nëpërmjet hulumtimit të brendshëm dhe njohjes. Për gnosën, materia është një përfaqje negative, frut i krijuar prej një "demiurgu" të lig, njëfarë "deita", që është i vogël dhe i dobët në krahasim me Zotin krijues të shpirtit jolëndor.

Edhe lindja e këtij zoti të vogël është një simbol i rravgimit: element femëror i Zotit, viktimë e një ndjenje të pamundur dashurie për Krijuesin, lindur përmes njëfarë "shtatzanie histerike", prej së cilës është mbruajtur realiteti material.

Demiurgu nuk është Zoti i vërtetë, por ai është shkërbyer me Të nga shkaku i verbërisë materiale të njeriut, i cili e identifikon veten me trupin e tij; në të vërtetë ai është një zot i atillë që, me ultësinë e tij, ka krijuar materien dhe ka robëruar në të shpirtin bir të Zotit të vërtetë.

Gjithsesi, njeriu mund të kthehet kah shpirti, duke e kapërcyer materien nëpërmjet vetëdijes dhe zbulesës. Kësisoj, simbas gnosës, e vërteta duhet kërkuar vetëm në përmasën shpirtërore. Në simbologjinë e larmishme gnostike një rol thelbësor marrin "Drita" dhe "Errësira"; e para është e ngjashme me shpirtin dhe lindet nga vetë Krijuesi, teksa e dyta është e ngjashme me materien dhe lindet nga bota materiale.

Nëpërmjet ezoterizmit, një elitë nistarësh mund të njohë misteret hyjnore, mund të fitojë vetëdijen e qënies së tij të vërtetë (asaj shpirtërore) dhe të çlirohet nga zgjedha e materies e nga forcat e saj të errëta, ndaj të cilave njeriu material, "jo-nistari", reagon në mënyrë të pavetëdijshme.

Bashkësia esene, së cilës i njihet autorësia e papiruseve të Kumranit, kishte një prejardhje të vërtetë gnostike; sekti zelot, ku bënin pjesë edhe Jezui e Gjon Pagëzori, e njësoi përbërësin hebraiko/mesianik me asketizmin meditativ dhe transhendental të gnosës dhe, kësisoj, ai mund të përkufizohet gnostik. Ungjilli që i mvishet Gjonit është i mbushur me terminologji dhe parime gnostike; populli hebraik i cili e njohu rolin mesianik të "Mbretit të judejve" jo si "Bir të Zotit" por si Mesí të ndriçuar tokësor, ishte në fakt gnostik; universi i njëmendtë shpirtëror i Palestinës së shekujve I dhe II ishte qendërzuar tek gnosa!

Megjithatë, mendimi gnostik u vdar dhe, nëse si për inat të atyre që deshën ta zhdukin, nuk do të kishte ridalë në sipërfaqe në trajtën e ca dëshmive të vogla copë e fërtele (dymijë vjet më vonë!), tërë çka do mund të dinim sot do ta kishte kryekreje burimin nga sulmet e tërbuara që Etërit e Kishës bënë kundër kësaj bote, tek e cila cilën patën pikasur farën e herezisë dhe, mbi të gjitha, rrezikun për vetë ekzistencën e tyre!

Në të vërtetë, gnosticizmit iu desh të zhvillonte luftë në dy fronte: në atë fetar, kundër Kishës së Romës që po lindte dhe në atë historik-politik, kundër "grushtit të hekurt" të Romës, i cili në mënyrën më domethënëse u shfaq përmes shkatërrimit të Jeruzalemit dhe pushtimit të Masadës.

Është e rëndësishme të thuhet se dualiteti i botës gnostike nuk përputhet me unitetin e botës së romanizuar: për gnosën bota është një luftë "të kundërtash", një konflikt i përjetshëm mes të mirës e së keqes, dritës dhe errësirës dhe, sikundër e thamë, mes shpirtit e materies. Gnosa nuk mund ta pranojë sintezën "njeri/Zot" të Krishtërimit romak sepse, në momentin kur bëhet njeri, pra mish, Zoti vuloset me papastërti dhe s'mund të jetë më Zot.

Ndërsa për Kishën Jezui është Zot i shndërruar në njeri me qëllim që të shpëtojë botën.

Po atëherë çfarë është Jeshuai për rrymat gnostike? Është dritë dhe zbulesë e Zotit Krijues të shpirtit, por nuk është mishërim i vetë Zotit midis njerëzve.

Mesia gnostik është një "udhë", një instrument shpërblese për kombin hebre, është krenaria e vijimësisë davidiane: mbase pikërisht kjo është nyja historike-fetare që, përshembull në Kumran, si simbol i shpërblesës kombëtare, njëson esenizmin e pastër (aspekt i veçantë historik i filozofisë gnostike) me luftën politike të zelotëve.

Në gnosë njeriu i papastër dhe i kufizuar e kërkon Zotin (dritën e përjetshme) brenda vetvetes: besimi jetohet si luftë e brendshme dhe si kërkim i pareshtur që udhëhiqet nga dritëza hyjnore, të cilën materia nuk e ka vrarë dot krejtësisht.

Në gnosë, njeriu nuk mund të shpresojë që ndërhyrja e një tjetër njeriu "të emëruar nga Zoti" të mund ta zëvendësojë në kërkimin e vet të brendshëm, i cili shihet si mjeti më i pashoq, më i mundimshëm dhe më i njëmendtë i rritjes shpirtërore. Nga ana tjetër, në krishterimin romak, njeriu ka nevojë për institucionin si interpretues, si ndërmjetës mes tij dhe Zotit, i cili nuk është plotësisht i mbërritshëm me ndonjë mënyre tjetër.

Fjalët e Jeshuasë si këto që vijojnë (shkëputur nga Ungjilli gnostik i Tomës), përveçse me një bukuri tronditëse, janë absolutisht përndritëse për shpirtin dhe ndjesinë e kërkimit të njëmendtë të dritës në vetvete nga ana e njeriut, i cili nuk ka nevojë t'i çojë sytë drejt qiellit (fizik) për të gjetur Zotin, ashtu sikundër nuk ka pse ta kërkojë as nën hijen e ndonjë kambanareje...:

Jezui tha: "Unë jam drita që është mbi të gjitha gjërat. Unë jam gjithçka: nga unë rrjedh gjithçka e në mua gjithçka përmbushet. Preni nji copë dru: unë jam aty. Lëvizni gurin, e do të më gjeni." (Toma, 77)

Gnosa është edhe kërkim i unitetit nëpërmjet mashkullores dhe femërores.

Është një mënyrë për të kuptuar botën dhe shpirtin përmes një çelësi me barazi seksuale të tërësishme dhe absolute.

Fragmenti vijues, edhe ky i shkëputur nga Ungjilli i Tomës, e sqaron më së miri këtë parim:

Jezui u tha atyre: "Kur prej dyve do të bëni një, e kur ta bëni të brendshmen si të jashtmen dhe të jashtmen si të brendshmen, e të sipërmen si të poshtmen, e kur ta bëni burrin e gruan një gjë të vetme, ashtuqë burri të mos jetë burrë e gruaja të mos jetë grua, kur të keni sy në vend të syve, duar në vend të duarve, këmbë në vend të këmbëve dhe figura në vend të figurave, atëherë do të hyni në Mbretëri." (Toma, 22)

Rreth zanafillës së gnosticizmit

Ende nuk është tërësisht e qartë nëse lindja e gnosticizmit i ka rrënjët në rrymat filozofike parakristiane, por gjithsesi është vërtetuar se vrullimin e saj më të madh e pat njohur prej spekullimit mistik dhe apokaliptizmit që qenë përhapur ndër mjediset hebraike të shek. I mbas Krishtit, si dhe duke i ruajtur lidhjet me doktrinat dualistike të zarathustrizmit persian. Por nuk mungojnë as edhe ndikimet e metafizikës platonike. Qendrat më të mëdha ku lulëzoi gnosticizmi qenë veçanërisht Aleksandria e Egjiptit dhe Roma, mes shekujve I dhe IV mbas Krishtit. Gjatë shekujve të fundit, gnosticizmi pati një vrullim të veçantë në Siri dhe Egjipt, kjo falë përhapjes së tij nëpër mjediset e murgjërve dhe rrymave të ndryshme asketike.

Doktrina e gnosticizmit

Në të vërtetë është fjala për parime që shpeshherë shfaqen të ndryshme mes sekteve të ndryshëm. Megjithatë është e mundur të shquhen disa linja të përbashkëta të mendimit gnostik, përgjithësisht të pranuara. Simbas gnostikëve, doktrina u zbulohet drejtpërdrejt nga Krishti një rrethi të ngushtë nistarësh, duke përjashtuar kësisoj hierarkinë e Kishës. Gjithashtu, ajo duhet të mbërrinte përmes përvojave vetiake e jo përmes studimit të teksteve kanonike.

Gnostikët hartuan një kozmogoni të ndërlikuar, me qëllim që të mund të shpjegonin origjinën e botës materiale. Simbas kësaj, një Zot i vetëm dhe i panjoftshëm (Eoni i përjetshëm dhe i përkryer) ka krijuar disa kopje entitetesh hyjnore më të vogla, të njohura si Eone, që lindnin nga njëri-tjetri dhe shtrihen në pafundësi, duke formësuar të gjitha së bashku Pleromën ose plotninë e hyjnores. Por e fundit prej tyre, *Sofia*, për shkak të mburrjes së shfrenuar dhe lakmisë për të njohur Zotin e panjoftshëm, tërhoqi përmbi vete ndëshkimin e Zotit, i cili e dëboi nga *Pleroma*. E dëbuar nga atdheu i saj qiellor, Sofia krijoi një varg eonësh më të vegjël, të quajtur *Arkondë*, mes të cilëve edhe Demiurgun (*Jaldabaoth*), i cili identifikohet me *Jahvehun*, Zotin hakmarrës të Besëlidhjes së Vjetër, që është krejt i ndryshëm nga Zoti i Mirë i Besëlidhjes së Re: kjo rrymë e mendimit gnostik është quajtur dualiste dhe përfaqëson një pikë themelore të gnoisticizmit. Kjo fuqi më e vogël, e cila nuk e njihte botën siprane të përkryer, ishte përgjegjëse për krijimin e botës materiale, të kozmosit dhe njeriut. Gjithsesi, fuqitë siprane, të prekura nga vajtimi pendues i Sofisë, e lejuan atë të ngjitej deri në skajet e botës së Dritës. Ky vizion i ndërlikuar çon në shqyrtimin e realitetit njerëzor, në të cilin është burgosur shpirti, një pjezëz e dritës ose *Pneuma*, që i ka mundësitë për t'iu shmangur zgjedhës së Demiurgut. Por njerëzit nuk janë të vetëdijshëm që zotërojnë në vete një shkëndijë hyjnore, prandaj dhe qe dërguar në tokë eoni Krisht, me qëllim që t'ua shpërfaqte nistarëve këtë të vërtetë. Gjithsesi, eoni Krisht nuk u mishërua në Jezu, por ai bëri që njerëzit ta perceptonin realitetin e tij iluziv njerëzor si të vërtetë (*docetizëm*).

Fjala e Jezuit simbas Apostullit Tomë

Këto janë fjalët e fshehta që Jezui i gjallë ka thënë dhe Didim Judë Toma i ka shkruar.

1. E ai tha: „Kushdo që e gjen interpretimin e këtyre fjalëve nuk do të vdesë kurrë".

2. E Jezui tha: „Ata që kërkojnë, të kërkojnë derisa të gjejnë. Kur të gjejnë, do të mbeten të turbulluar. Kur të mbeten të turbulluar, do të mahniten dhe do të mbretërojnë mbi gjithçka."

3. Jezui tha: „Nëse krerët tuaj do t'ju thonë 'Shikoni, Mbretëria është në qiej'", atëherë zogjtë e qiellit do t'iu paraprijnë. Nëse do t'ju thonë ,Është ndër detra', atëherë peshqit do t'ju paraprijnë. Por në të vërtetë, Mbretëria është brenda jush dhe jashtë jush. Nëse do njihni veten, do të njiheni, e do të kuptoni se jeni bijtë e Atit të gjallë. Por nëse nuk do njihni veten, atëherë do të rroni në mjerim, do të jeni mjerimi vetë."

4. Jezui tha: „Njeriu me moshë të thyer nuk do të mëdyshet për të pyetur një fëmijë shtatëditësh se ku ndodhet vendi i jetës, dhe ai burrë do rrojë. Sepse shumë nga të parët do jenë të fundmit dhe të gjithë do të bëhen një."

5. Jezui tha: „Dini se çfarë keni para syve, e ajo që është e fshehtë do t'ju zbulohet. Sepse asgjë nga ç'është e fshehtë nuk do të zbulohet"

6. Dishepujt e tij e pyetën: „A dëshiron ti që ne të agjërojmë? Si duhet të lutemi? Duhet të lypim lëmoshë? Çfarë duhet të hamë?"

7. Jezui tha: „Mos gënjeni dhe mos bëni atë që urreni, sepse çdo gjë është e pasqyruar në qiell. Në fund të fundit, asgjë nga ç'është e fshehtë nuk do të zbulohet, e asgjë nga ç'është e fshehtë nuk do të mbetet e fshehtë."

8. Jezui tha: „Me fat është luani që do të hahet prej njeriut, sepse luani do të bëhet njerëzor. Është fatkeq njeriu që do të hahet nga luani, meqë luani do të bëhet prapseprapë njerëzor."

9. E tha: „Njeriu është si ai peshkatari i urtë që hodhi rrjetën në det dhe e tërhoqi të mbushur plotepërplot me peshq të vegjël. Mes tyre, peshkatari i ditur dalloi nji peshk të madh shumë të mirë. I hodhi sërish gjithë peshqit tjerë në det, dhe mundi ta zgjidhte peshkun e madh me lehtësi. Ata që kanë vesh, le të dëgjojnë!"

10. Jezui tha: „Shikoni, mbjellësi doli, mori nji grusht fara dhe e hodhi. Disa fara ranë mbi rrugë dhe i hëngrën zogjtë. Të tjera ranë përmbi gurë e nuk mbinë, e kësisoj nuk lëshuan rrënjë dhe nuk prodhuan kallëza. Të tjera ranë mbi ferra dhe farat u mbytën apo u hëngrën nga krimbat. Të tjerat ranë mbi tokë të mirë e dhanë nji prodhim të bollshëm, duke nxjerrë çdo kokërr gjashtëdhjetë apo njëqint e njëzet të tjera."

11. Jezui tha: „I kam vënë zjarrin gjithë botës, dhe shikoni, kujdesem për të derisa të përhapet."

12. Jezui tha: „Ky qiell do të zhduket, e edhe ai sipër tij do të zhduket. Të vdekurit nuk janë të gjallë, dhe të gjallët nuk do të vdesin. Në ditët kur hëngrët atë që ishte e vdekur, e bëtë të gjallë. Kur të jeni në dritë, çfarë do të bëni? Dikur ishit një, dhe u bëtë dy. Po kur të jeni dy, çfarë do të bëni?"

13. Dishepujt i thanë Jezuit: „E dimë që ti do të na braktisësh. Kush do të jetë udhëheqësi ynë?" Jezui u tha atyre, „Kudo që të jeni, duhet të shkoni tek Jakobi i Drejti, për dashurinë e të cilit lindën qielli dhe toka."

14. Jezui u tha dishepujve të tij: „Krahasomëni me dikë dhe thuamëni si jam." Simon Pjetri i tha: „Je si një lajmëtar i ndershëm." Mateu i tha: „Je si një filozof i ditur." Toma i tha: „Mësues, goja është plotësisht e paaftë për të shprehur se kujt i ngjan ti." Jezui tha: „Nuk jam mësuesi yt. Ke pirë e je dehur nga uji i gjallë që të kam ofruar." Dhe e mori me vete e i tha tri gjëra. Kur Toma u kthye tek miqtë e tij, këta e pyetën: "Çfarë të tha Jezui?" Toma u tha atyre: „Nëse unë do t'ju thoja qoftë dhe vetëm njerën nga gjërat që më tha, ju do të më mbysnit me gurë dhe prej shkëmbinjve do vërshonte një zjarr që do t'ju përpinte."

15. Jezui u tha atyre: „Nëse agjëroni do tërhiqnit mëkatin mbi vete, nëse luteni do të dënoheni, e nëse kërkoni lëmoshë vini në rrezik shpirtin tuaj. Kur të mbërrini në një krahinë dhe endeni nëpër katund, nëse njerëzit ju ftojnë, hani nga ato që ju japin, kujdesohuni për të sëmurët e tyre. Gjithsesi, ajo që hyn në gojën tuaj nuk mund t'iu bëjë të papastër; është ajo që del nga goja juaj, që ju bën të papastër."

16. Jezui tha: „Kur të shihni dikë që nuk është lindur prej një gruaje, përuljuni e adhurojeni. Ai është Ati juaj."

17. Jezui tha: „Ndoshta njerëzia mendon se unë kam ardhur për të sjellë paqen në botë. Nuk e dinë se kam ardhur për të sjellë konfliktin në botë: zjarr, hekur, luftë. Sepse në qofshin pesë vetë në nji shtëpi, tre do vihen kundër dyve dhe dy kundër treve, babai kundër birit dhe biri kundër babait, e do të jenë vetëm."

18. Jezui tha: „Ju ofroj atë që asnjë sy nuk ka parë, asnjë vesh nuk ka dëgjuar, asnjë dorë nuk ka prekur, atë që nuk është shfaqur ndër zemrat e njerëzve."

19. Dishepujt i thanë Jezuit: „Na thuaj, si do të vijë fundi ynë?" Jezui tha, „Pra e paskeni gjetur fillimin, ju që kërkoni fundin? Shikoni, fundi do jetë aty ku është fillimi. Lum ai që vendoset në fillimin: sepse do ta njohë fundin dhe nuk do të provojë vdekjen."

20. Jezui tha: „Lum ai që lindi përpara se të lindtte. Nëse bëheni dishepujt e mi dhe keni vëmendje ndaj fjalëve të mia, këta gurë do t'ju binden. Sepse për ju ekzistojnë pesë pemë në Parajsë: ato nuk ndryshojnë as në dimër e as në verë, dhe gjethet e tyre nuk bien. Kushdo që do t'i njohë ato nuk do ta provojë vdekjen."

21. Dishepujt i thanë Jezuit: „Na thuaj si është Mbretëria e Qiejve." E ai u tha atyre: „Është si si një farë mustarde, më e vogla e farave, po kur bie mbi tokë të lëruar prodhon një bimë të madhe që shndërrohet në strehë për zogjtë e qiellit."

22. Maria e pyeti Jezuin: „Si janë dishepujt e tu?" Ai tha: „Janë si fëmijë në një tokë që s'u përket. Kur të zotët e tokës kthehen,

u thonë: 'Na e riktheni tokën'. E këta zhvishen prej teshave të tyre, për t'ua dhënë, dhe ua rikthejnë tokën. Për këtë arsye them, nëse pronarët e një shtëpie e dinë se po vjen një hajdut, ata do të rrinin në roje përpara se ai t'ia behte dhe nuk do ta lejonin të hynte në pasurinë e tyre për t'iu vjedhur gjënë. Edhe ju, pra, rrini në roje kundruall botës. Përgatituni me energji të madhe, ashtuqë hajdutët të mos kenë mundësi t'ju nënshtrojnë, sepse fatkeqësia që prisni do të vijë. Pastë mes jush ndonjë që kupton. Kur prodhimi qe pjekur, ai erdhi menjëherë me një thes dhe e korri atë. Kushdo që ka dy veshë të mirë, le të dëgjojë!"

23. Jezui pa disa fëmijë të sapolindur që po pinin gji. U tha dishepujve të tij: „Këta të sapolindur që po pijnë gji janë si ata që do hyjnë në Mbretëri." E ata i thanë: „Pra, do të hyjmë në Mbretëri si të sapolindur?" Jezui u tha atyre: „Kur prej dyshit do të bëni një, e kur ta bëni të brendshmen si të jashtmen dhe të jashtmen si të brendshmen, e të sipërmen si të poshtmen, e kur ta bëni burrin e gruan një gjë të vetme, ashtuqë burri të mos jetë burrë e gruaja të mos jetë grua, kur të keni sy në vend të syve, duar në vend të duarve, këmbë në vend të kambëve dhe pamje në vend të pamjeve, atëherë do të hyni në Mbretëri."

24. Jezui tha: „Do të zgjedh mes jush, një ndër një mijë e dy mes dhjetë mijëve, e ata do të jenë si një njeri i vetëm."

25. Dishepujt e tij thanë: „Na e trego vendin ku je, sepse kemi nevojë ta kërkojmë." Ai u tha atyre: „Cilido këtu që ka veshë le të dëgjojë! Ka dritë në një njeri prej drite, dhe vezullon mbi mbarë botën. Nëse nuk vezullon, është terr."

26. Jezui tha: „Duajeni mikun tuaj si veten tuaj, dhe mbrojeni si bebëzat e syve tuaj."

27. Jezui tha: „Ju shikoni fijen e kashtës në syrin e mikut tuaj, por nuk shihni traun në syrin tuaj. Kur të hiqni traun nga syri juaj, atëherë do të shikoni mjaft mirë për të hequr dhe fijen e kashtës nga syri i mikut tuaj."

28. „Nëse nuk agjëroni ndaj botës, nuk do ta gjeni Mbretërinë. Nëse nuk e shihni të Shtunën si të Shtunë, nuk do ta shikoni Atin".

29. Jezui tha: "Kam zënë vendin tim në botë dhe ju jam shfaqur atyre prej mishi dhe ashti. I kam gjetur të gjithë të dehur, dhe asnjërin të etur. Shpirti im ka vuajtur për bijtë e njerëzimit, sepse janë të verbër ndër zemra dhe nuk shohin, sepse në këtë botë kanë ardhur të zbrazët, dhe po të zbrazët përpiqen të largohen nga bota. Por ndërkohë janë të dehur. Kur t'u dalë vera, ata do ndryshojnë sjellje."

30. Jezui tha: „Nëse trupi do kishte lindur për shkak të shpirtit, do të ishte një mrekulli, por nëse shpirti do kishte lindur për shkak të trupit, do të ishte mrekulli e mrekullive. E prapëseprapë, çuditem sesi nji pasuri kaq e madhe është shndërruar në një mjerim të tillë."

31. Jezui tha: „Aty ku janë tre hyjni, ato janë hyjnore. Aty ku janë dy apo një, unë jam me të."

32. Jezui tha: „Asnjë profet nuk është mirëpritur në vendin e tij, mjekët nuk kurojnë të njohurit e tyre."

33. Jezui tha: „Një qytet i ndërtuar mbi një kodër të lartë dhe të fortifikuar, nuk mundet as të pushtohet, as të fshehet."

34. Jezui tha: „Kur të dëgjoni me veshët tuaj, përhapeni që prej pullazeve tuaja. Fundja, askush nuk e ndez një llambë për ta futur në një sëndyk, dhe as për ta çuar në një vend të fshehtë. Por i pëlqen ta vendosë në një llampadar, në mënyrë që të kushdo që kalon të mund ta shohë dritën e tij."

35. Jezui tha: „Nëse një i verbër i prin një të verbëri, që të dy do të bien në gropë."

36. Jezui tha: „Askush nuk mund të hyjë në shtëpinë e një njeriu të fuqishëm dhe ta nënshtrojë atë nëpërmjet forcës, nëse më përpara nuk arrin t'ia lidhë duart. Në këtë pikë ai mund t'ia përvetësojë shtëpinë."

37. Jezui tha: „Mos e torturoni veten nga mëngjesi deri në mbrëmje me mendimin se çfarë do të vishni."

38. Dishepujt e tij thanë: „Kur do të na shfaqesh dhe kur do të kthehesh për të na vizituar?" Jezui tha: „Kur të zhvisheni pa ju ardhur turp e t'i vini rrobat nën këmbët tuaja si fëmijët dhe

t'i grisni, atëherë do ta shihni birin e atij që jeton dhe nuk do të keni drojë."

39. Jezui tha: „Shpesh keni dëshiruar t'i dëgjoni këto fjalë që po ju them, dhe nuk keni patur mundësi t'i dëgjoni prej ndokujt. Do të vijnë ditë, në të cilat ju do të më kërkoni dhe nuk do të më gjeni."

40. Jezui tha: „Farisejtë[11] dhe mësuesit e ligjit i kanë kanë shtënë në dorë çelësat e dijes dhe i kanë fshehur ato. Vetë nuk kanë hyrë, por nuk i kanë lejuar të hyjnë as të tjerët që donin të hynin. Sa ju takon juve, jini dinakë si gjarpërinjtë dhe të thjeshtë si pëllumbat. „

41. Jezui tha: „Një jetë është mbjellur larg Atit. Meqë nuk është e fuqishme, ajo do të shkulet me rrënjë dhe do të vdesë."

42. Jezui tha: „Kushdo që ka diçka në dorë do të marrë edhe ma shumë, dhe kushdo që nuk ka asgjë do të privohet edhe nga ajo pak gjë që ka."

43. Jezui tha: „Jini si kalimtarë!"

44. Dishepujt e tij i thanë: „Kush je ti për të na thënë këto gjëra?" „Nuk e kuptoni nga ato që them se kush jam. Në të vërtetë jeni bërë si Judejtë, të cilët e duan pemën por urrejnë frutet, ose duan frutet por urrejnë pemën."

45. Jezui tha: „Kush blasfemon kundër Atit, do të jetë i falur, dhe kushdo që blasfemon kundër Birit do jetë i falur, por kush blasfemon kundër Shpirtit të Shenjtë, nuk do të jetë i falur as në tokë dhe as në qiell."

46. Jezui tha: „Rrushi nuk vilet prej manaferrave, dhe as fiqtë

1[1] Në kohën e Jezuit sekti i farisenjve (hb. *perûšîm*: të ndarët) numëronte rreth gjashtë mijë anëtarë. Ashtu sikundër esenët, farisenjtë ishin të lidhur zakonisht me asidinjtë (hb. *ḥasidîm*: 'të devotshmit'), që në kohën e makabenjve luftuan me rreptësi kundër ndikimit pagan (1 Mak 2:42). Sekti përfshinte gati të gjithë skribët dhe doktorët e Ligjit, por edhe disa priftërinj. Duke i organizuar anëtarët në bashkësi fetare sivëllezërish, ky sekt synonte t'i mbante zellnikë dhe besnikë ndaj Ligjit.

nga carangthat, meqë këto nuk japin frute. Të mirët prodhojnë mirësi prej asaj që kanë grumbulluar; të këqinjtë prodhojnë të keqe nga zvetënimi që kanë grumbulluar në zemrat e tyre, e thonë gjëra të liga. Meqë nga teptisja e zemrave prodhojnë vetëm ligësinë."

47. Jezui tha: „Që prej Adamit e deri tek Gjon Pagëzori, prej gjithë sa lindën nga një grua, askush nuk është më i madh se Gjon Pagëzori, aq sa të mos e ulë vështrimin përpara tij. Por po ju them se, cilido prej jush që bëhet fëmijë do ta njohë Mbretërinë dhe do të bëhet ma i madh se Gjoni."

48. Jezui tha: „Një burrë nuk mund të qëndrojë mbi shalat e dy kuajve, apo të tendosë dy harqe njëherësh. E një skllav nuk mund t'u shërbejë dy zotërinjve, sepse përndryshe skllavi do nderojë njerin dhe do fyejë tjetrin. S'ka njeri që pi verë të vjetër e fill mandej kërkon të pijë verë të re. Vera e re nuk mund të hidhet ndër shakuj të rinj, sepse përndryshe prishet. Nuk qepet një arnë e vjetër mbi nji rrobë të re, sepse do të grisej."

49. Jezui tha: „Nëse dy njerëz bëjnë paqe në të njejtën shtëpi, ata do mund t'i thonë malit "Zhvendosu!" e ai do të zhvendoset."

50. Jezui tha: „Të bekuar ata që janë vetëm dhe të zgjedhur, sepse do ta gjejnë Mbretërinë. Meqë prej atje vini, e atje edhe do të ktheheni."

51. Jezui tha: „Nëse ju thonë ,Prej nga vini?', u thoni atyre: ,Vijmë nga drita, nga vendi ku drita është shfaqur vetvetiu, është vendosur, dhe është shfaqur në imazhin e tyre' nëse ju thonë: ,Jeni ju?' thoni: ,Jemi bijtë e tij, dhe jemi të përzgjedhur nga Ati i gjallë.' Nëse ju pyesin: ,Cila është prova që Ati është në ju?', u thoni atyre: ,Është lëvizja dhe qetësia' „

52. Dishepujt e tij i thanë: „Kur do vihen në vend të vdekurit, dhe kur do të vijë bota e re?" Ai u tha atyre: „Ajo që prisni ju ka ardhur, por ju nuk e dini."

53. Dishepujt i thanë: „A është e dobishme rrethprerja?" Ai u tha atyre: „Nëse do ishte e dobishme, Ati i tyre do ngjizte fëmijë të rrethprerë qysh në bark të së ëmës. Në fakt, rrethprerja e vërtetë në shpirt ka përparësi në çdo pikëpamje."

54. Jezui tha: „I bekuar skamnori, sepse e tij është Mbretëria e Qiejve."

55. Jezui tha: „Kush nuk do të urrejë babën e tij dhe nënën e tij, nuk do mundet të jetë dishepulli im, dhe kush nuk do urrejë vëllezër dhe motra e s'do ta mbartë kryqin ashtu siç bëj unë, nuk do të jetë i denjë për mua."

56. Jezui tha: „Kush ka arritur ta njohë botën, ai ka zbuluar se ajo është një kufomë dhe, për këdo që ka zbuluar një kufomë, bota nuk është e denjë."

57. Jezui tha: "Mbretëria e Atit është si një njeri që mbjell farëra. Armiku i tij, natën, i ka hedhur barëra të këqija mes farërave. Njeriu nuk pranon që argatët e tij t'i shkulin barërat e këqija, por u thotë atyre: 'Jo, sepse përndryshe, duke dashur të shkulim barojat mund të shkulim edhe grurin.' Sepse ditën e korrjeve, barishtet e këqija do jenë me shumicë, dhe do të shkulen e do të digjen."

58. Jezui tha: „Bekuar qoftë njeriu që është përkushtuar dhe e ka gjetur rrugën."

59. Jezui tha: „Shikojeni atë që jeton përsa kohë që jetoni, përndryshe mund të vdisni e mandej të përpiqeni ta dalloni atë që jeton, por nuk do mund t'ia arrini."

60. Ai pa një samaritan që po kalonte me një cjap dhe po shkonte për në Judë. U tha dishepujve: „Ai njeri [...] me cjapin." Ata i thanë: „Ashtuqë të mundet ta therë dhe ta hajë." Ai ua ktheu: „Nuk do ta hajë përsa kohë është gjallë, por vetëm mbasi ta ketë therrur dhe ta ketë shndërruar në kufomë". Ata u përgjigjën: „Nuk ka si bën ndryshe." Ai u tha atyre: „E po, kështu edhe ju, kërkoni një vend për t'u prehur, ose do mund të bëheni kufoma dhe do t'ju hanë."

61. Jezui tha: „Dy vetë do shtrihen në një shtrat; njeri do vdesë, tjetri do rrojë." Salomèja tha: „Kush je ti, zot? Je ulur mbi shtratin tim dhe ke ngrënë nga tryeza ime, sikur të ka ftuar ndokush." Jezui i tha: „Jam ai që vjen prej asaj që është e plotë. Më janë dhuruar gjëra nga të atit tim." (Ajo tha:) „Jam nxënësja jote." (Ai tha:) „Për këtë arsye unë po të them se, nëqoftëse

dikush është i plotë, do të mbushet përplot me dritë, nëse është i ndarë, do të mbushet me errësi."

62. Jezui tha: „Unë ua zbuloj të fshehtat atyre që janë të denjë. Dora juaj e majtë nuk duhet të dijë se çfarë bën e djathta."

63. Jezui tha: „Ishte një i pasur që kishte shumë parà. Tha, 'Do t'i investoj këto parà, në mënyrë që të mund të mbjell, të korr e t'i mbush depot e mia me prodhime, e kësisoj të mos më mungojë asgjë'. Këto ishin gjërat që mendonte ai në zemrën e tij, por pikërisht atë natë ai vdiq. Kushdo që midis jush ka veshë, le të dëgjojë!"

64. Jezui tha: „Një njeri vendosi të shtronte një gosti. Mbasi e kishte përgatitur darkën, ai dërgoi shërbëtorin e vet për të ftuar miqtë. Shërbëtori shkoi tek i pari dhe i tha: 'Zotëria im të ka ftuar për darkë'. Ky iu përgjigj: 'Janë ca tregtarë që më kanë para borxh dhe po i pres të vijnë sonte tek unë. Duhet t'u jap ca këshilla. Lutem të më falësh, por nuk mund të vi për darkë sonte'. Shërbëtori shkoi tek një tjetër dhe i tha: 'Zotëria im të ka ftuar për darkë'. Ky i tha shërbëtorit: 'Kam blerë një shtëpi e do mungoj një ditë. Nuk do kem kohë për darkën'. Shërbëtori shkoi tek një tjetër dhe i tha: 'Zotëria im të ka ftuar për darkë'. Ky i tha shërbëtorit: 'Një miku im ka dasëm dhe më duhet t'i përgatis gostinë. Nuk do të mund të vi. Ju lutem, të më falni, sepse nuk mund të vij.' Shërbëtori shkoi tek një tjetër dhe i tha: 'Zotëria im të ka ftuar'. Ky i tha shërbëtorit: 'Kam blerë një pronë, dhe po shkoj të vjel paratë e qirasë. Nuk do mund të vij, ndaj i lutem zotërisë tënd të më falë'. Shërbëtori u kthye pas dhe shkoi tek zotëria: 'Ata që pate ftuar për darkë të kërkojnë falje, por nuk mund të vijnë'. Zotëria i tha shërbëtorit: 'Dil në rrugë dhe fto për darkë këdo që të shohësh.' Blerësit dhe tregtarët nuk do të hyjnë në Mbretërinë e Atit tim."

65. Ai tha: "Një [...] njeri zotëronte një vreshtë dhe ua kishte dhënë me qira disa katundarëve, që ta punonin e t'i jepnin prodhimin. Dërgoi shërbëtorin e vet tek katundarët që të merrte prodhimin. Por këta e mbërthyen, e rrahën, dhe përpak sa nuk e vranë. Mandej shërbëtori u kthye te zotëria i i tij. Zotëria tha: 'Mbase nuk e kanë njohur.' Dërgoi nji tjetër

shërbëtor, por katundarët e rrahën edhe atë. Atëherë zotëria dërgoi birin e tij duke thënë: 'Ndoshta kundrejt birit tim do të tregojnë ndonjëfarë respekti'. Por katundarët, me të parë se ky ishte trashëgimtari i vreshtës, e mbërthyen dhe e vranë. Kush ka veshë le të dëgjojë!"

66. Jezui tha: „Tregomëni gurin që u flak nga ndërtuesit, ai është çelësi i qiellit."

67. Jezui tha: „Ata që i dinë të gjitha, por janë të varfër përmbrenda, janë bosh nga gjithçka."

68. Jezui tha: „Lum si ju, kur të jeni urryer dhe përndjekur e s'do mbetet asnjë vend ku do të përndiqeni."

69. Jezui tha: "Lum si ata që do jenë të përndjekur ndër zemra: këta janë ata që arrijnë ta njohin me të vërtetë Atin. Lum si ata që durojnë urinë, ashtuqë të mund të mbushet stomaku i nevojtarit".

70. Jezui tha: „Nëse e shprehni tërë atë që keni përbrenda, ajo që keni do t'ju shpëtojë. Nëse nuk e keni përbrenda jush, ajo që nuk keni do t'ju bjerrë."

71. Jezui tha: "Do ta shkatërroj këtë shtëpi dhe askush nuk ka për të qenë në gjendje ta rindërtojë [...]."

72. Një njeri i tha: "Thuaju vëllezërve të mi, që t'i ndajnë me mua pasuritë e tyre." Ai i tha njeriut: 'Zotëri, e kush më ka emëruar mua përndarës?' U kthye nga dishepujt e tha: 'Nuk jam përndarës, apo jo?'"

73. Jezui tha: "Prodhimi është shumë i madh, por argatët janë të pakët në numër, prandaj lutjuni korrësve që të dërgojnë argatët nëpër fusha."

74. Ai tha: „Zot, janë të shumtë ata që rrinë rreth vendpirjes së ujit, por në pus nuk ka asgjë."

75. Jezui tha: „Shumë njerëz do tubohen para portës, por do jetë vetmitari ai që ka për të hyrë në odën martesore."

76. Jezui tha: „Mbretëria e Atit është si një tregtar që mori një ngarkesë malli dhe brenda saj gjeti një perlë. Tregtari ishte i

mençur; ai e shiti mallin dhe mbajti vetëm perlën. Kështu edhe ju, kërkoni atë thesar që është i përjetshëm, që mbetet, atje ku asnjë molë nuk e bren dhe asnjë krimb nuk e dëmton."

77. Jezui tha: „Unë jam drita që është përmbi të gjitha gjërat. Unë jam gjithçka: nga unë rrjedh gjithçka e në mua gjithçka përmbushet. Preni nji copë dru: unë jam aty. Lëvizni gurin e do të më gjeni."[22]

78. Jezui tha: „Përse keni ardhur në këtë vend? Për të parë një kallam të shkundur nga era? E për të parë një njeri të veshur me rroba të hijshme, si drejtuesit apo njerëzit e pushtetshëm? Këta janë veshur me rroba të hijshme e nuk dinë ta dallojnë të vërtetën."

79. Një grua nga turma i tha: "Fatlume është mitra që të ngjizi dhe gjiri që të mëkoi." Ai i tha: "Fatlumë ata që kanë dëgjuar fjalën e Atit dhe e kanë ruajtur me të vërtetë atë. Sepse do vijnë ditë kur do të thoni: ,Fatlume mitra që nuk ka ngjizur, dhe gjiri që nuk ka mëkuar.'"

80. Jezui tha: „Kush ka arritur ta njohë botën, ai ka zbuluar një kufomë, e kush ka zbuluar një kufomë qëndron përmbi botën."

81. Jezui tha: „Lejoni që kush është bërë i pasur të mbretërojë e kush ka pushtet të heqë dorë."

82. Jezui tha: „Kush është pranë meje është pranë flakës e kush është është larg meje është larg Mbretërisë."

83. Jezui tha: „Pamjet janë të dukshme për njerëzit, por drita e tyre është fshehur në shëmbëlltyrën e dritës së Atit. Ai do të zbulohet, por pamja i është fshehur nga drita e tij."

84. Jezui tha: „Kur të shikoni atë që ju ngjan, jini të kënaqur. Po kur të shihni pamjet që lindën përpara jush e që nuk vdesin

---

[22] Studiuesit tashmë bien në një mendje se asgjë nga ato që tha apo bëri Jezui "nuk përbënin ndonjë shenjë se donte të themelonte një fe kishtare. Madje vetë ideja e kishës ose e kultit binte ndesh me gjithçka që thoshte ai." (O. Paterson)

dhe as bëhen të dukshme, sa shumë do t'ju duhet të duroni!"

85. Jezui tha: „Adami është nisur prej një pushteti të madh dhe një pasurie të madhe, por nuk ishte i denjë për ju. Sepse po të kishte qenë i denjë, nuk do ta kishte njohur vdekjen."

86. Jezui tha: „Dhelprat kanë strofulla, ndërsa zogjtë kanë fole, por qëniet njerëzore nuk kanë një vend ku mund të shtrihen e të prehen."

87. Jezui tha: „Sa i mjerë është një trup që varet nga një trup e sa i mjerë është shpirti që varet prej të dyve."

88. Jezui tha: „Lajmëtarët e profetët do vijnë tek ju dhe do t'ju japin atë që ju përket. Ju, nga ana juaj, jepuni atyre atë që keni dhe thuajini vetes suaj: ,Kur do të vinë për të marrë atë që u përket?'"

89. Jezui tha: „Përse e shpëlani pjesën e jashtme të kupës? Nuk e kuptoni se ai që ka krijuar të brendshmen është po ai që ka krijuar edhe të jashtmen?"

90. Jezui tha: „Ejani tek unë, sepse zgjedha ime është e rehatshme dhe sundimi im është i butë, e do të gjeni paqen tuaj."

91. I thanë: „Na thuaj kush je, që të mund të besojmë në ty." Ai u tha atyre: „Ju shqyrtoni pamjen e qiellit dhe të tokës, por nuk keni arritur të kuptoni atë që është përballë jush dhe nuk dini si ta interpretoni çastin e tanishëm."

92. Jezui tha: „Kërkoni dhe do të gjeni. Në të shkuarën, gjithsesi, nuk ua kam zbuluar gjërat që atëherë më patët kërkuar. Tani do të doja t'jua thoja, por ju nuk po m'i kërkoni më."

93. „Mos ua jepni gjërat e shenjta qenve, sepse mund t'i flakin nëpër bajga. Mos u hidhni perla derrave, sepse do mund [...]."

94. Jezui tha: „Ai që kërkon do të gjejë, e kush troket do të hyjë."

95. Jezui tha: „Nëse keni parà, mos i jepni me interes. Më mirë jepjani dikujt që nuk do t'ua kthejë më kurrë."

96. Jezui tha: „Mbretëria e Atit është si një grua. Gruaja mori

pak maja, e futi në brumë, dhe bëri bukë të mëdha. Kush ka veshë le të dëgjojë!"

97. Jezui tha: „Mbretëria është si ajo gruaja që mbartte një qyp plot me miell. Ndërsa ecte nëpër një rrugë të gjatë, qypi iu thye pranë dorezës dhe mielli iu përhap mbrapa përmbi rrugë. Ajo nuk e dinte, sepse nuk kishte vënë re asgjë. Kur mbërriti në shtëpi, uli qypin në një vend dhe vuri re se ai ishte bosh."

98. Jezui tha: „Mbretëria e Zotit është si një njeri që donte të vriste një njeri të fuqishëm. Para se të dilte nga shtëpia, ai nxori shpatën nga milli dhe e nguli me forcë në mur, me qëllim që të provonte nëse krahu i tij do ta shponte tejpërtej. Mandej ai e vrau njeriun e fuqishëm."

99. Dishepujt i thanë: „Vëllezërit e tu dhe nëna jote janë këtu jashtë". Ai u tha atyre: „Vëllezërit e mi dhe nëna ime janë ata që zbatojnë vullnetin e Atit tim. Këta janë ata që do hyjnë në Mbretërinë e Atit."

100. Jezuit i treguan një monedhë të artë dhe i thanë: „Njerëzit e perandorit romak na kërkojnë taksat." Ai u tha atyre: „Jepini perandorit atë që është e perandorit, jepini Zotit atë që është e Zotit dhe jepmëni mua atë që është imja."

101. „Kushdo që nuk e urren babanë dhe nënën si unë, nuk do mund të jetë dishepulli im dhe, kushdo që nuk e do babanë dhe nënën si unë, nuk do mund të jetë dishepulli im. Sepse nëna ime [...], por nëna ime e vërtetë më ka dhënë jetën."

102. Jezui tha: „Mallkuar qofshin Farisejtë! Janë si një qen që fle tek vendngrënia: qeni vetë nuk ha, por nuk i lë as bagëtitë të hanë."

103. Jezui tha: „Lum si ata që e dinë se nga ç'anë do sulmojnë rebelët. Mund të organizohen, të grumbullojnë pajime madhështore dhe të përgatiten përpara se rebelët t'ia behin."

104. I thanë Jezuit: „Eja sot, lutemi dhe agjërojmë." Jezui tha: „Çfarë mëkati kam kryer, ose me çfarë papastërtie jam njollosur? Më mirë është që, kur dhëndërri të jetë larguar nga oda martesore, atëherë të lejoni që njerëzit të agjërojnë e të luten."

105. Jezui tha: „Kur prej dyve të bëni një, do bëheni bijtë e Adamit, dhe kur të thoni: ,Mal, lëviz!' ai do të lëvizë."

106. Jezui tha: „Mbretëria është si një bari që kishte njëqind dele. Njëra nga ato, më e madhja, i humbi. Ai la nëntëdhjetë e nëntë të tjerat dhe u vu në kërkim të saj derisa e gjeti. Mbasi qe lodhur shumë, i tha: ,Të kam më të dashur se nëndëdhjetenëntë të tjerat.'"

107. Jezui tha: "Kush do të pijë nga goja ime do të bëhet si unë, unë vetë do të bëhem ai njeri, e të gjitha gjërat e fshehura do t'i zbulohen."

108. Jezui tha: „Mbretëria e Atit është si një njeri që kishte një thesar të fshehur në arën e tij, por nuk e dinte. E kur vdiq, ia la të birit. I biri, edhe ai nuk dinte asgjë. U bë pronar i arës dhe e shiti atë. Blerësi i arës filloi ta lëvronte, zbuloi thesarin e nisi t'u jepte të tjerëve parà me kamatë."

109. Jezui tha: „Lejoni që ai i cili ka zbuluar botën dhe është bërë i pasur, të heqë dorë nga bota."

110. Jezui tha: „Qiejtë dhe toka do të hapen përpara jush, e kushdo që është i gjallë për atë që është gjallë, nuk do ta njohë vdekjen". A nuk thotë Jezui: „Për ata që kanë gjetur vetveten, bota nuk është e denjë?"

111. Jezui tha: „Mallkuar qoftë mishi që varet nga shpirti. Mallkuar qoftë shpirti që varet nga mishi."

112. Dishepujt e tij i thanë: „Kur do të vijë Mbretëria?" (Jezui u përgjigj:) „Nuk do të vijë duke e kërkuar. Nuk do t'ju thuhet: ,Shiko, është këtu!', ose: ,Shiko, është atje!' Në të vërtetë, Mbretëria e Atit është përmbi tokë, por askush nuk e shikon."

Ungjilli i Pseudo Mateut
Prindërit e Maries

Asokohe jetonte në Jeruzalem një njeri me emrin Joakim[31], nga fisi i Judës. Kulloste delet e tij dhe i druhej Zotit me thjeshtësi dhe mirësi. Përveç punëve që kishin të bënin me delet, ai nuk kishte vramendje të tjera; nëpërmjet deleve ai i ushqente të gjithë ata që i druheshin Zotit, dhe u jepte dyfishin atyre që robtoheshin në shërbim të doktrinës. Qengja, dele, lesh e çdo gjë tjetër që zotëronte, ai i ndante në tri hise: një hise ua jepte jetimëve, vejushave, pelegrinëve dhe skamnorëve; hisen e dytë ua jepte njerëzve të përkushtuar ndaj kultit të Zotit; hisen e tretë e ruante për veten e shtëpinë e tij.

Teksa ai vepronte kësisoj, Zoti ia shumëfishonte tufën, e për këtë arsye në popullin e Izraelit nuk gjendej tjetër njeri si ai. Kishte nisur të sillej kështu që nga mosha pesëmbëdhjetë vjeç. Në moshën njëzet vjeç, mori për grua Hanën[42], bijën e Akarit nga fisi i tij, pra Fisi i Judës, nga dera e Davidit. Por, edhe pse rrojti me të për njëzet vjet, prej saj nuk pati as bij e as bija.

Një herë ndodhi që në ditët e festave, mes shumë të tjerëve që i blatonin temjan Zotit, të ishte edhe Joakimi duke përgatitur blatimet e veta në prani të Zotit. Një prift me emrin Ruben, iu afrua duke i thënë: "Nuk të lejohet të rrish mes atyre që i ofrojnë blatime Zotit, meqenëse Zoti nuk të ka bekuar duke të dhënë një pasardhës në Izrael." I turpëruar faqe popullit, ai u largua nga tempulli i Zotit duke qarë; nuk u rikthye në shtëpi, por i vuri delet përpara, kah malet, duke marrë me vete edhe barinjtë e duke shkuar drejt një toke të largët; e kështu, për pesë muaj rresht, bashkëshortja e tij Hana nuk mori asnjë lajm prej tij.

3[1] Joakim, Shën: jetoi në shekullin e parë përpara K. Babai i virgjëreshës Mëri. Dita e festës: 25 korriku ose 9 shtatori.

4[2] Hana (Ana), Shën: nëna e virgjëreshës Mëri. Dita e festës: 26 apo 25 korriku.

Ajo qante gjatë lutjeve të saj, duke thënë: "Zot, Perëndi i shenjtë i Izraelit, nuk më ke dhënë fëmijë, po përse ma hoqe edhe burrin? Tashmë u bënë dy muaj që nuk po e shoh burrin tim. Nuk e di as nëse ka vdekur! Nëse do ta dija se ka vdekur, do t'i bëja një varrim". Ndërsa qante me ngashërim, hyri në kopështin e shtëpisë së saj, ku u shkreh në lutje e u përgjërua përpara Zotit. Mandej, duke u ngritur prej lutjeve, çoi vështrimin lart kah Zoti dhe shquajti një çerdhe harabelësh mbi një pemë dafine; psherëtiu e i thërriti Zotit duke i thënë: "Zot Perëndi i plotfuqishëm, i ke dhënë fëmijë çdo krijese, egërsirave, kafshëve të barrës, kafshëve shtëpiake, zogjve, peshqve, e të gjithë ngazëllehen me fëmijët e tyre; vetëm mua më ke përjashtuar nga dhuntia e mirësisë sate".

Teksa thoshte këto gjëra, papritmas i vegoi përpara syve një engjëll i Zotit, duke i thënë: "Mos u tut, Hana, sepse pasardhësit e tu janë në urtësinë e Zotit: në të vërtetë, ajo që do lindësh ti do të ngjallë admirim përgjatë shekujve deri në amëshim". Me të thënë këtë, u largua nga sytë e saj. Duke fërgëlluar e duke u druajtur prej vegimit që kishte parë dhe atyre që kishte dëgjuar, hyri në dhomë, ra në shtrat gjysmë e vdekur dhe ndenji e zhytur në frikë të madhe e në lutje.

Thërriti pastaj shërbëtoren e vet dhe i tha: "Ti më ke parë të zhgënjyer e në ankth për shkak të vejanisë, e nuk ke dashur të vije tek unë?". Me një pëshpërimë të lehtë, ajo u përgjigj: "Nëse Zoti ta ka mbyllur mitrën dhe ka larguar prej teje bashkëshortin, çfarë mund të bëj unë?". Me të dëgjuar këto fjalë, Hana lëshoi një britmë dhe nisi të qante.

Në këtë kohë, teksa gjendej nëpër male ku kulloste tufat e tij, Joakimit iu fanit një djalosh i ri, i cili i tha: "Përse nuk rikthehesh tek bashkëshortja jote?" Joakimi u gjegj: "Kam ndenjur njëzet vjet me të dhe Zoti nuk deshi të më jepte fëmijë prej saj. Kësisoj, kur ma thanë këtë ndër sy, unë u largova nga tempulli i Zotit me turp. Përse duhet të rikthehem tani tek ajo, mbasi më kanë larguar dhe përçmuar? Do të rri këtu me delet e mia, derisa Zoti i kësaj bote të dëshirojë të më japë dritën. Nëpërmjet shërbëtorëve të mij, do t'i ndihmoj bujarisht skamnorët, jetimët e njerëzit që i janë përkushtuar kultit të Zotit."

Kur ai reshti së foluri, djaloshi iu përgjigj: "Unë jam një engjëll i Zotit e sot i jam fanitur gruas tënde që qante e lutej dhe e kam ngushëlluar; dije se nga fara jote ajo ngjizi një bijë, ndërsa ti e braktise pa e vrarë mendjen fare. Kjo bijë ka për të qendruar në tempullin e Zotit; mbi të do të prehet Shpirti i Shenjtë; hirësia e saj do të jetë sipërane ndaj hirësisë së të gjitha grave të shenjta; askush nuk do mund të thotë se përpara saj ka ekzistuar një tjetër e barabartë me të: dhe mbas saj, në këtë botë nuk ka për të patur një tjetër si ajo. Prandaj zbrit nga malet, rikthehu tek bashkëshortja jote dhe do ta shohësh se ajo është shtatzënë. Në të vërtetë, Zoti ka ngjallur tek ajo një farë, për të cilën duhet ta falenderosh. Fara e saj do të jetë e bekuar, e edhe ajo vetë do të jetë e bekuar e do të pagëzohet nënë e një bekimi të amëshuar."

Mbasi e adhuroi engjëllin, Joakimi i tha: "Meqenëse gjeta hir përpara teje, ulu e rri pak në çadrën time dhe bekoje shërbëtorin tënd". Engjëlli iu përgjigj: "Mos thuaj shërbëtor, por bashkëshërbëtor; në të vërtetë, të gjithë jemi shërbëtorë të të njejtit Zot. Por ushqimi im është i padukshëm dhe pija ime nuk mund të shihet nga asnjë vdekatar. Prandaj nuk duhet të më lutesh që të hyj në çadrën tënde. Nëse ke dëshirë të më japësh diçka, blatoje si fli për Zotin."

Atëherë Joakimi mori një qengj të papërlyer e i tha engjëllit: "Nuk do të kisha guxuar t'i blatoja një fli Zotit, nëse urdhëri yt nuk do të më kishte dhënë pushtetin priftëror për ta blatuar." Engjëlli iu përgjigj: "Nuk do të të kisha ftuar ta bëje këtë blatim, nëse nuk do ta dija vullnetin e Zotit." Teksa Joakimi i blatonte flijen Zotit, u ngjitën njëherësh në qiell si engjëlli ashtu edhe aroma e flijimit.

Atëherë, Joakimi ra përmbys dhe ndejti duke u lutur që nga mesdita deri në mbrëmje. Shërbëtorët dhe rrogëtarët që ishin me të, tek e shihnin, duke e mos e ditur arsyen e dergjës, menduan që kishte vdekur; iu afruan dhe mezi e ngritën në këmbë. Mbasi u tregoi atyre vegimin engjëllor ata, të shtyrë nga droja e admirimi i madh, nisën ta nxisnin që ta përmbushte pa ngurrim vegimin engjëllor dhe të kthehej menjëherë tek bashkëshortja e vet.

Teksa po peshonte në zemrën e tij për të kuptuar nëse duhej të rikthehej apo jo, Joakimi dremiti pak dhe pa në ëndërr engjëllin, që iu pat shfaqur në zhgjëndërr, i cili i tha: "Unë jam engjëlli që Zoti ta ka dërguar si mbrojtës: zbrit i sigurtë dhe rikthehu tek Hana, sepse veprat e mëshirshme që keni bërë ti dhe gruaja jote janë rrëfyer përpara të Madhërueshmit. Zoti do t'ju japë juve një frut që qysh prej fillesës nuk e patën kurrë profetët dhe as nuk do ta ketë asnjë shenjt." I zgjuar nga kotullimi, Joakimi thërriti pranë vetes të gjithë shërbëtorët dhe rrogëtarët dhe ua tregoi ëndrrën e tij. Ata adhuruan Zotin dhe i thanë: "Ki kujdes e mos i hidh pas shpine fjalët e engjëllit. Ngrehu, më mirë, dhe largohemi së këtejmi dalëngadalë gjith' duke kullotur tufat".

Mbasi po ecnin që prej tridhjetë ditësh në rrugën e kthimit, e tani po mbërrinin, engjëlli i Zotit iu fanit Hanës teksa ajo po rrinte palëvizur në lutje, e i tha: "Shko tani tek porta e quajtur Aurea[53] dhe takohu me burrin tënd, sepse sot ai do të vijë tek ti". Tërë gjallëri, ajo shkoi t'i dilte përpara së bashku me shërbëtoret e veta dhe, duke iu përgjëruar Zotit, ndejti në pritje tek porta. Kur tani po i binte të fikët nga pritja e gjatë, çoi vështrimin dhe shquajti tutje Joakimin duke ardhur me bagëtitë. Rendi drejt tij dhe iu kacavar në qafë duke falenderuar Zotin e duke thënë: "Isha vejushë dhe ja, tani nuk jam më; isha shterpë dhe ja, tani jam shtatzënë". Kësisoj, mbasi adhuruan Zotin, hynë. E madhe ishte hareja që shkaktoi ky lajm tek të gjithë të afërmit, aq sa e gjithë toka e Izraelit u ngazëllye.

Lindja dhe fëmijëria e Maries

Kur kaluan nëntë muaj, Hana lindi një bijë dhe e quajti Maria. Vitin e tretë, mbasi ia zvordhën gjirin, Joakimi dhe Hana gruaja e tij, shkuan së bashku tek tempulli i Zotit për t'i blatuar Atij flijime, dhe ia besuan bijëzën e tyre, Marien, bashkësisë së virgjëreshave; aty virgjëreshat rrinin natë e ditë duke përlëvduar Zotin. Me të mbërritur kundruall ballinës së tempullit, Maria i ngjiti me shpejtësi të pesëmbëdhjetë shkallët pa e kthyer fare kokën prapa e pa u krijuar telashe prindërve, siç bëjnë fëmijët. Kësisoj prindët, të habitur që të dy, nxituan ta kërkojnë të bijën,

---

[53] Aurea: lat. 'e artë', nga *aurum* 'ar'.

derisa e gjetën në tempull. Edhe kryepriftërinjtë e tempullit mbetën të mahnitur.

Atëherë Hana, e mbushur përplot me Shpirtin e Shenjtë, tha në prani të të gjithëve: "Perëndia, Zoti i ushtrive[64], duke plotësuar premtimin e dhënë, e ka vizituar popullin e tij me një vizitë të mirë e të shenjtë për t'i bërë të përunjura zemrat e tyre dhe për t'i kthyer kah vetja. I ka hapur veshët e tyre ndaj lutjeve tona dhe ka larguar prej nesh ngazëllimin e tërë armiqve tanë. Gruaja shterpë është bërë nënë dhe ka lindur gazmendin dhe harenë e Izraelit. Ja dhuratat që i ofroj Zotit tim; armiqtë e mi nuk kanë mundur të ma ndalojnë. Zoti ktheu zemrën e tyre kah unë e më dha një hare të amëshuar."

Maria zgjonte admirimin e tërë popullit të Izraelit. Në moshën tre vjeç ajo ecte me një hap aq të kujdesshëm, fliste në mënyrë aq të përkryer, e përlëvdonte Zotin me aq zell, sa të gjithë mbeteshin të habitur dhe mrekulloheshin me të. Ajo nuk trajtohej si fëmijë, por si e rritur; ishte aq e zellshme në lutje, sa dukej si një grua tridhjetvjeçare. Fytyra e saj ishte aq e hirshme dhe vezulluese, sa me vështirësi mund ta kundroje. Ishte e zellshme në përpunimin e leshit; edhe pse në moshë të njomë thoshte gjëra që as gratë e moshuara nuk mund t'i kuptonin.

Ajo i qe nënshtruar këtij lloj regjimi: nga agimi e deri në orën nëntë rrinte duke u lutur; nga ora nëntë deri në tre mbasdite merrej me punën e endjes; nga ora tre e mbasditës e në vijim rrinte sërish duke u lutur. Nuk shkëputej nga lutja deri kur i vegonte engjëlli i Zotit, nga dora e të cilit ajo merrte ushqim: kështu, gjithnjë e më shumë e gjithnjë e më mirë, ajo përparonte në shërbim të Zotit. Për më tepër, ndërsa virgjëreshat më të moshuara pushonin gjatë përlavdërimeve hyjnore, ajo nuk pushonte kurrë, aq sa në përlavdërime dhe në mëngjille nuk ia kalonte asnjëra, asnjëra s'qe e mësuar sa ajo në njohjen e Ligjit, asnjëra më e përunjur se ajo në përunjësi, asnjëra më

---

[64] Zoti i ushtrive: *Jehovah Tzabaot* apo *Sabaot*, si mund të gjendet në përkthimin shqip të *Biblës* së Dom Simon Filipajt. Ky emër hyjnor në versionet e Biblave të përkthyera në anglisht është dhënë si *Jehovah Sabaoth*, apo si *Zoti i ushtrive*, si në psalmin xxiv. 10. TzBA është një ushtri.

e këndshme se ajo në këngë, asnjëra më e përkryer në virtyte. Ishte e qëndrueshme, e palëkundshme, e pandryshueshme dhe përparonte më së miri ditë mbas dite.

Askush nuke pa të zemëruar e askush nuk e dëgjoi të mallkonte. Çdo e folur e saj ishte aq hirëplotë, saqë dallohej se në buzët e saj ishte Zoti. E zellshme në lutje dhe në përsiatjen e Ligjit, ajo ishte e matur edhe në bisedat me shoqet e saj. Përkujdesej që të mos i mungonte buzëqeshja, timbri i bukur i zërit, e të mënjanonte fyerjet dhe mendjemadhësitë ndaj shoqeve të saj. I lutej Zotit pareshtur, e për të mos u shkëputur nga përlëvdimet ndaj Tij, kur ndokush e përshëndeste, përgjigjej: "Deo gratias"[75]. Përditë ajo ushqehej vetëm nga shujta që merrte prej dorës së engjëllit; ushqimin që i jepnin kryepriftërinjtë ua shpërndante të varfërve. Vazhdimisht shiheshin engjëj të Zotit tek flisnin me të dhe i bindeshin me zell. Nëse ndonjë e sëmurë e prekte, çilembyll sytë kthehej në shtëpi shëndoshë e mirë.

Kryeprifti Abiatar u paraqiti kryepriftërinjve të tjerë një numër të pafundëm dhuratash, duke dashur ta merrte nuse për të birin. Maria i ktheu mbrapsht me fjalët: "Nuk mund të ndodhë kurrsesi që unë të njoh një burrë, apo një burrë të më njohë mua". Kryepriftërinjtë dhe të gjithë familjarët i thonin: "Zoti përnderohet përmes bijtve e adhurohet përmes pasardhësve, ashtu siç ka qenë përherë në Izrael." Prapëseprapë, Maria përgjigjej duke thënë: "Zoti përnderohet në dëlirësi, sikurse dihet që prej zanafillës. Në të vërtetë, përpara Abelit nuk pati mes njerëzve ndonjë njeri të drejtë, por dhe ai që i pëlqeu Zotit për shkak të blatimeve të tij, u vra mizorisht prej atij që nuk ish pëlqyer. Iu dhanë dy kurora, ajo e blatimit dhe ajo e virgjërisë, prejse ai nuk pati lejuar asnjë njollë mbi mishin e vet. Kurse Elia[86], duke qenë prej mishi, qe pranuar ashtu, sepse e kishte

---

[75] Deo gratias: lat. qoftë i lëvduar Zoti.

[86] Elia, apo Elijah (në *Besëlidhjen e Vjetër*) profet hebre i shek. IX përpara Krishtit. U përndoq për kallëzimin e Akabit dhe Jezebelës (1 Mbr 17–21: 22; 2 Mbr 1–2: 18). Profeti Elia është arketipi i të drejtit, që jo vetëm mund të anullojë dekretet e ashpër hyjnore, por dhe të lëshojë vetë dekrete të reja, të vlefshme për tërë botën, thuajse duke e shtrënguar Zotin t'i

ruajtur të virgjër mishin e tij. Unë, mandej, kam mësuar qysh nga fëmijëria, në tempullin e Zotit, se virgjëria mund të jetë shumë e çmuar për Zotin. E, meqenëse mund t'i blatoj diçka të çmuar Zotit, kam vendosur në zemrën time që të mos njoh absolutisht ndonjë burrë."

Maria bëhet bashkëshorte e Jozefit

Ndodhi që, kur ajo mbushi katërmbëdhjetë vjeç, farisejtë patën rastin të vënë në dukje se, simbas zakonit, një grua që mbushte këtë moshë nuk mund të rrinte më në tempull. Atëherë u muar vendimi të dërgonin një kasnec nëpër të gjitha fiset e Izraelit, me qëllim që, në ditën e tretë, të gjithë të mblidheshin në tempullin e Zotit.

Kur populli u tubua, kryeprifti Abiatar u ngrit dhe hipi mbi shkallën më të lartë, që të dëgjohej dhe të shihej nga tërë populli. Kur ra heshtja e thellë, ai tha: "Bij të Izraelit, dëgjomëni dhe ua vini veshin fjalëve të mia. Qëkurse ky tempull qe ndërtuar nga Solomoni[97], në të kanë qëndruar bija të virgjëra mbretërish dhe bija profetësh, bija priftërinjsh të lartë dhe kryepriftërinjsh: janë rritur mirë dhe bukur. Por kur kanë mbërritur moshën, simbas Ligjit, janë martuar duke ndjekur zakonin e vajzave që kanë qenë para tyre dhe që janë pëlqyer prej Zotit. Vetëm Maria ka gjetur një mënyrë të re për të jetuar, duke i premtuar Zotit që të mbetet e virgjër. Më duket, pra, se përmes pyetjes sonë dhe përgjigjes së Zotit, do mund ta dimë se kujt duhet t'ia besojmë nën kujdestari."

Këto fjalë i pëlqyen të gjithë popullit. Priftërinjtë hodhën shortin mes dymbëdhjetë fiseve, dhe shorti i ra fisit të Judës. Atëherë, prifti tha: "Cilido që nuk ka bashkëshorte, të bëjë përpara dhe të mbajë në dorë një shkop". Qëlloi kështu që edhe

---

pranojë. Hebrenjtë mendonin se Elia do të vinte për ta paraqitur Mesinë. Ndaj Jezui thoshte se Elia ka ardhur në personin e Gjon Pagëzorit (Mk 9: 11-13).

[97] Solomoni (në *Besëlidhjen e Vjetër*): mbret i Izraelit (shek. X përpara K.), djali i Davidit dhe Betshebës. I përmendur për urtinë e tij.

Jozefi[108], së bashku me të rinjtë, të mbante në dorë një shkop. Shkopinjtë e tyre ua dhanë kryepriftit të madh; ky i blatoi një fli Zotit Perëndi dhe e pyeti. Zoti iu përgjigj: "Ndërfuti të gjithë shkopinjtë tek muri i Shenjtit të Shenjtërve; shkopinjtë le të qëndrojnë aty. Urdhëroji pastaj që, nesër, ata të vinë dhe t'i marrin shkopinjtë e tyre; nga maja e njërit prej shkopinjve do të dalë një pëllumbeshë e do të fluturojë në qiell. Maria do t'i jepet nën kujdestari atij të cilit i përket shkopi që do të shfaqë këtë shenjë".

Ditën që pasoi të gjithë mbërritën mjaft herët. Kryeprifti, me t'u përmbushur blatimi i temjanit, hyri në Shenjtin e Shenjtërve dhe nxori jashtë shkopinjtë. Ua shpërndau të gjithëve, por pëllumbesha nuk doli nga asnjëri prej shkopinjve. Atëherë kryeprifti u mvesh me dymbëdhjetë zilka dhe me petkun priftëror, hyri në Shenjtin e Shenjtërve, bëri blatimin dhe nisi të lutej. Vegoi engjëlli i Zotit dhe i tha: "Këtu është një shkop shumë i vogël, i cili nuk të ka rënë fare në sy; e ke vendosur së bashku me të tjerët por nuk e ke tërhequr sërish së bashku me ta. Kur ta kesh nxjerrë jashtë e t'ia kesh dhënë atij që i përket, do të fanitet shenja për të cilën të kam folur." Ai shkop ishte i Jozefit, i cili, meqë ishte plak, i vinte turp ta merrte; kësisoj, as ai vetë nuk dëshironte ta kërkonte më shkopin e tij. Teksa qëndronte i përunjur andej nga fundi, kryeprifti i thërriti me zë të qartë: "Jozef, eja e merre shkopin tënd, sepse në të vërtetë ti je i shumëpritur." Jozefi, i tmerruar që kryeprifti po e thërriste me aq bujë, u afrua. Sapo zgjati dorën dhe preku shkopin, nga maja e tij teptisi një pëllumbeshë më e bardhë se bora dhe jashtëzakonisht e bukur: mbasi fluturoi gjatë përmbi kulmin e tempullit, u lëshua drejt qiellit.

Atëherë, i tërë populli e përgëzoi plakun, duke thënë: "Je bekuar në pleqëri, o atë Jozefi, aq sa Zoti të ka gjykuar të denjë për të marrë Marien". Kurse priftërinjtë i thanë: "Merre! Në tërë fisin e Judës, në të vërtetë veç ti je i zgjedhur nga Zoti." Jozefi nisi t'i nderonte tërë drojë, duke thënë: "Jam plak dhe kam bij,

---

10[8] Jozefi, Shën (në *Besëlidhjen e Re*): burri i virgjëreshës Mëri (shih edhe Mt 1: 16–25) Dita e festës: 19 marsi.

përse ma besoni këtë çupëz, mosha e së cilës është më e vogël se ajo e nipërve të mi?" Atëherë, kryeprifti i madh Abiatar i tha: "Mos harro, Jozef, se Datani, Abironi dhe Kori vdiqën prejse shpërfillën vullnesën e Zotit. Kështu do të të ndodhë edhe ty, nëse shpërfill atë që të është urdhëruar nga Zoti". Jozefi iu përgjigj: "Unë nuk e shpërfill vullnesën e Zotit, do të jem kujdestar i saj deri kur ta marr vesh, simbas vullnesës së Zotit, se cili nga bijtë e mi do mund ta ketë si bashkëshorte. Ndërkaq, le t'i jepen disa virgjëresha nga shoqet e saj, që të ketë me kë të kalojë kohën". Kryeprifti Abiatar u përgjigj: "Për të kaluar kohën do t'i jepen pesë virgjëresha, deri në ditën e caktuar kur do ta marrësh ti: në të vërtetë, ajo nuk do mund të lidhet me të tjerë në martesë".

Atëherë Jozefi mori Marien së bashku me pesë virgjëreshat, të cilat duhej të rrinin me të në shtëpinë e Jozefit. Këto virgjëresha ishin: Rebeka, Sefora, Suzana, Abigea e Kaeli. Kryeprifti u dha tyre mëndafsh, zymbyl, pëlhurë të hollë, të kuq, purpur, coha të linjta. Ato hodhën short midis tyre, me qëllim që të përcaktonin se ç'duhej të bënte secila soje: Maries i takoi purpuri për velin e tempullit të Zotit. Kur e mori, virgjëreshat e tjera i thanë: "Duke qenë e fundmja, e përunjur dhe më e vogël se të gjitha ne, ti meritove të merrje purpurin". Kësisoj, gjithë duke qeshur, ato filluanin ta thërrisnin mbretëresha e virgjëreshave. Teksa bënin këto gjëra mes njëra-tjetrës, vegoi midis tyre engjëlli i Zotit e u tha: "Kjo shprehje nuk do të jetë lojë, por shprehje e një profecie shumë të vërtetë." Të frikësuara nga prania e engjëllit dhe nga fjalët e tij, iu përgjëruan që t'i falte e të lutej për to.

Lajmi – Maria shtatzënë

Ditën tjetër, ndërsa Maria po mbushte te burimi një kanë me ujë, iu fanit një engjëll i Zotit, i cili i tha: "Je bekuar, o Mari, sepse mitra jote ka përgatitur një banesë për Zotin. Që prej qiellit do të zbresë një dritë dhe do të banojë në ty e, nëpërmjet teje, do të ndriçojë mbi të gjithë botën."

Sërish ditën e tretë, teksa punonte purpurin me dorën e saj, hyri tek ajo një djalosh me bukuri të pashprehshme. Kur e pa, Maria pati frikë dhe u drodh. Por ai i tha: "Ave Mari, plot me hir, Zoti është me ty, e bekuar qofsh mes grave dhe i bekuar fruti i barkut tënd."[119] Me të dëgjuar këto fjalë, ajo dridhëroi dhe pati frikë. Atëherë engjëlli i Zotit vijoi: "Mos ki frikë, o Mari. Ke gjetur hir pranë Zotit: ti do të ngjizësh në mitrën tënde dhe do të lindësh një mbret që mbush jo vetëm tokën, por edhe qiellin, mbretëron në jetë të jetëve".

Ndërsa ndodhnin këto gjëra, Jozefi ishte përqëndruar te ndërtimi i godinave në krahinat buzë detit; sepse, siç dihet, ishte marangoz. Mbas nëntë muajsh u rikthye në shtëpi dhe e gjeti Marien shtatzënë. Thellësisht i angështuar, ai u drodh dhe thërriti: "Zot Perëndi, merre shpirtin tim. Në të vërtetë, për mua është më mirë të vdes sesa të rroj". Virgjëreshat që ishin me Marien i thanë: "Ç'thua, zoti Jozef? Ne e dimë se asnjë burrë nuk e ka prekur, ne jemi dëshmitare se dëlirësia dhe nderi i saj mbeten të pacënuara. Ne jemi përkujdesur për të: ajo ka qenë gjithnjë me ne gjatë lutjeve; engjëjt e Zotit flasin përditë me të; çdo ditë ka marrë ushqim nga dora e Zotit. Ne nuk dimë të ketë ndonjë mëkat përmbi të. Nëse dëshiron që ne të ta bëjmë të ditur dyshimin tonë, askush tjetër nuk e ka lënë shtatzënë përveç engjëllit të Zotit".

Jozefi u përgjigj: "Përse më ngashënjeni që unë të besoj se engjëlli i Zotit e ka lënë shtatzënë? Mund të ketë ndodhur që ndokush ta ketë mashtruar duke u shtirur si engjëlli i Zotit". Teksa thoshte këto fjalë nisi të qante, e më pas shtoi: "Me çfarë balli do guxoj ta shikoj tempullin e Zotit, e me çfarë fytyre do t'i vështroj priftërinjtë e Zotit? Çfarë të bëj?" Duke thënë këto fjalë, mendonte të ikte vetë, ose të dëbonte atë.

Ndërsa mendonte të largohej, të fshihej e të banonte në vende të shkretuara, natën i vegoi në ëndërr një engjëll i Zotit, që i tha: "Jozef, bir i Davidit, mos ki frikë ta marrësh Marien si gruan tënde: në të vërtetë, gjithë ç'ka në mitrën e saj vjen nga Shpirti i Shenjtë. Ajo do të lindë një bir dhe emri i tij ka për të qenë Jezu: ai do ta shpëtojë popullin e vet nga mëkatet". Jozefi, kur u çua prej gjumi, falenderoi Zotin dhe e tregoi vegimin e tij.

---

[119] Ave Maria (lat. Përshëndetje Maria): me këto fjalë e përshëndoshën Mërinë kryeengjëlli Gabriel (Lk 1: 28) dhe Elizabeta (Lk 1: 42). Nga këto fjalë merr shkas edhe një prej himneve më të famshëm të Krishtërimit.

E përgëzoi Marien, duke thënë: "Kam mëkatuar duke ushqyer dyshime në lidhje me ty".

Uji i provës

Mbas kësaj, lajmi i shtatzanisë së Maries u përhap. Atëherë Jozefi u kap nga shërbëtorët e tempullit dhe, së bashku me Marien, u dërgua tek kryeprifti i cili, njëherësh me priftërinjtë, nisi ta qortonte duke i thënë: "Përse e ke mashtruar këtë virgjëreshë kaq të shkëlqyer, që ushqehej nga engjëjt e Zotit në tempull, që kurrë nuk deshi të shihte apo të kishte ndonjë burrë, që kishte një njohje shumë të mirë të Ligjit të Zotit? Nëse ti nuk do të kishe përdorur dhunën, ajo do të kishte mbetur e pacënuar në virgjërinë e saj." Jozefi, duke u betuar, i siguroi se as që e kish prekur me dorë. Kryeprifti Abiatar iu përgjigj: "Për Zotin e vërtetë, do të të sjell këtu pijen e Zotit, dhe mëkati yt do të zbulohet menjëherë."

Kësisoj, u tubua një numur i madh njerëzish, dhe Maria u dërgua në tempull. Priftërinjtë, farefisi e të afërmit, qanin teksa i thonin Maries: "Rrëfeja priftërinjve mëkatin tënd. Në të vërtetë, ti ke qenë një pëllumbeshë në tempullin e Zotit, dhe e merrje ushqimin nga dora e një engjëlli."

Jozefi u thërrit sërish në altar e iu dha pija e Zotit: nëse atë do ta ngjëronte një gënjeshtar, mbasi të kishte kryer shtatë rrotullime rreth altarit, do t'i shkaktohej nga Zoti një shenjë në fytyrë. Jozefi pra, piu i sigurtë, i plotësoi shtatë rrotullimet përreth altarit, por në fytyrë nuk iu shfaq kurrfarë shenje mëkati. Atëherë, të gjithë priftërinjtë, shërbëtorët dhe turma, e shpallën njeri të drejtë, duke thërritur: "Je i lumturuar, sepse në ty nuk u gjet kurrfarë mëkati."

Thirrën pastaj Marien dhe i thanë: "Po ti çfarë shfajësimi mund të kesh? Çfarë shenje mund të shfaqet në ty, që të mund të jetë më e madhe se barra e barkut tënd? Barra të tradhëton. Meqenëse Jozefi është i dëlirë në lidhje me ty, atëherë po të pyesim ty se kush është ai që të ka tradhëtuar. Sepse është më mirë të na e zbulosh nëpërmjet rrëfimit tënd, me qëllim që zemërimi i Zotit të mos të të shpallë të pabesë në mes të popullit duke të damkosur një shenjë në fytyrë." Atëherë Maria, sypatrembur, tha me vendosmëri: "Zot Perëndi, mbret i të gjithëve, ti i di të fshehtat: nëse në mua ka ndonjë njollë apo mëkat, epsh apo paturpësi, shpërfaqe përpara tërë popullit, me qëllim që unë të bëhem për të gjithë shembull i ndëshkimit." Duke thënë këto fjalë, iu afrua plot besim altarit të Zotit, piu ujin e pijes, bëri shtatë rrotullime rreth altarit dhe në fytyrë nuk u shfaq kurrfarë njolle.

Populli ishte çakërdisur nga habia: shikonte barkun me barrë dhe nuk vërente kurrfarë shenje mbi fytyrën e saj; filloi atëherë një tollovi dhe gjithfarë të folmesh të rrëmbyeshme. Disa thonin: është e shenjtë dhe e papërlyer; ndërsa disa të tjerë: është e keqe dhe e përlyer. Atëherë Maria, duke parë se po dyshohej dhe nuk po quhej krejtësisht e përjashtuar nga faji, thërriti me zë të qartë që të mund të dëgjohej nga të gjithë: "Sa ç'është i vërtetë Perëndia Adonai[1210], Zoti i ushtrive, përballë të cilit ndodhem, unë nuk kam njohur kurrë burrë; në të vërtetë jam njohur nga Ai, të cilit ia kam përkushtuar mendjen time qysh në moshën e fëminisë. Qysh në fëmijëri ia kam shprehur Zotit vullnetin për të mbetur e plotë për atë që më ka krijuar. Unë kam besim për të jetuar vetëm për të, dhe për t'i shërbyer vetëm Atij. Për sa të rroj, do të mbetem në Të pa asnjë njollë." Atëherë të gjithë nisën t'i puthnin këmbët e t'i shtërngonin gjunjtë, duke iu përgjëruar që t'ua falte dyshimet e tyre të mbrapshta. Turma, priftërinjtë dhe të gjitha virgjëreshat, e përcollën në shtëpinë e saj me ngazëllim e hare të madhe, duke thërritur e thënë: "I bekuar qoftë emri i Zotit në shekuj të shekujve, sepse ia ka shpërfaqur shenjtërinë e vet tërë popullit të Izraelit."

Lindja e Jezuit

Mbas një farë kohe, rastisi të bëhej regjistrimi i popullsisë sipas një urdhërese të shpallur nga Cezar Augusti[1311], dhe tërë

12[10] Adonai: një nga emrat e Zotit në Judaizëm.

13[11] Cezar Augusti: Gaius Julius Caesar Octavianus apo Gaius Octavianus Augustus (63 përpara K.–14 TZ), shtetar romak, bënte pjesë në triumviratin e dytë (43 përpara K.). Pas mposhtjes së Mark Antonit në Aktium (31 përpara K.), ai u bë perandori i parë i Romës, duke marrë

njerëzve iu desh të regjistroheshin, secili në atdheun e vet. Ky regjistrim qe drejtuar nga guvernatori i Sirisë, Cirini. Kësisoj qe e domosdoshme që edhe Jozefi me Marien të regjistroheshin në Betlehem, meqë Jozefi dhe Maria ishin prej atij vendi, pjesëtarë të fisit të Judës e të derës së Davidit.

Teksa Jozefi dhe Maria po ecnin përgjatë rrugës që çonte në Betlehem, Maria i tha Jozefit: "Shoh përpara meje dy popuj, njërin që qan e tjetrin që është i kënaqur". Jozefi iu përgjigj: "Rri ndenjur mbi atë samar e mos thuaj fjalë të kota". Pastaj vegoi para tyre një djalosh i bukur veshur me petka të bardha, i cili i tha Jozefit: "Përse the se fjalët që foli Maria në lidhje me ata dy popujt ishin fjalë të kota? Përnjëmend ajo e pa popullin hebre duke qarë, prejse ata qenë larguar prej Zotit të tyre, dhe e pa popullin pagan duke u ngazëllyer, prejse tashmë i qenë afruar Zotit, simbas asaj që Abrahami, Isaku, e Jakobi, u patën premtuar prindërve tanë: në të vërtetë, ka ardhur koha që të bekohet populli i Abrahamit."

Me të thënë këto, engjëlli urdhëroi që të ndalej mushka, duke qenë se kishte ardhur çasti i lindjes; urdhëroi mandej Marien e lume që të zbriste nga kafsha dhe të hynte në një guvë poshtë një shpelle në të cilën drita nuk hynte kurrë dhe kishte përherë errësirë, ngaqë aty nuk mbërrinte drita e ditës. Sapo Maria hyri aty, gjithçka u përndrit nga vezullima si të ishte ora gjashtë e ditës. Drita hyjnore e përshkënditi guvën në një mënyrë të tillë siç nuk ndodh as ditën as natën; përsa qëndroi aty e bekuara Mari, drita nuk mungoi. Aty ajo lindi një mashkull, e ai, teksa po lindej, ishte qarkuar nga engjëjt. Sapo lindi ai qëndroi drejt mbi këmbët e veta dhe ata e adhuruan duke thënë: "Lavdi Zotit në më të lartin e qiejve, dhe paqe në tokën për njerëzit vullnetmirë[14¹²]."

Në të vërtetë kishte mbërritur lindja e Jezuit, dhe Jozefi kishte shkuar të kërkonte mamí. Me t'i gjetur, u rikthye tek

---

titullin August (27 përpara K.).

14¹² Për ndryshim nga Luka (2: 7), te Ungjilli i Pseudo Mateut Jezui nuk lind në bujtinë, por në guvë.

guva dhe e gjeti Marien me fëmijën e porsalindur. Jozefi i tha Maries së Lume: "Të kam sjellë mamitë Zelomi e Salomè, por ato po rrinë tek hyrja e guvës, duke mos guxuar të futen këtu për shkak të vezullimës së madhe." Maria e Lume vuri buzën në gaz prej këtyre fjalëve. Jozefi i tha: "Mos buzëqesh, por tregohu e matur, lëri të të shohin, se mos ke nevojë për ndonjë përkujdesje." Mandej i urdhëroi ato që të hynin. Hyri Zelomi; Salomèja nuk hyri. Zelomi i tha Marisë: "Lejomë të të prek". Mbasi ajo lejoi që të vizitohej, mamia thërriti me zë të lartë duke thënë: "Zot, Zot i madh, kij mëshirë. Kurrë nuk është dëgjuar e nuk është menduar që gjinjtë të jenë përplot me qumësht ngaqë është lindur një fëmijë dhe nëna të ketë mbetur e virgjër. Mbi të porsalindurin nuk ka asnjë pikë gjaku dhe lehona nuk ka ndjerë asnjë dhimbje. Është mbarsur teksa ishte e virgjër, ka lindur duke qenë e virgjër dhe e virgjër ka mbetur."

Me të dëgjuar këtë zë, Salomèja tha: "Lejomë të të prek që të provoj nëse është e vërtetë ajo që thotë Zelomi". Mbasiqë Maria e Lume pranoi që ajo ta prekte, Salomèja vuri dorën. Po kur e tërhoqi dorën me të cilën e kishte prekur, dora iu tha e nga dhimbja e madhe nisi të qante e të angështohej me dëshpërim duke thërritur: "Zot Perëndi, ti e di se unë të kam patur frikë gjithmonë dhe jam përkujdesur për të varfërit pa marrë shpërblim, nuk kam marrë asgjë nga vejushat e nga jetimët dhe kurrë nuk e kam lënë nevojtarin të largohej prej meje duarbosh. Por tani, ja, u mjerova për shkak të mosbesimit tim, sepse pa kurrfarë arsyeje desha ta vija në provë virgjëreshën tënde."

Ndërsa fliste kështu, përbri saj vegoi një djalosh me vezullimë të madhe, i cili i tha: "Afroju fëmijës, duke e adhuruar, preke me doren tënde dhe ai do të të shpëtojë: në të vërtetë ai është Shpëtimtari i botës dhe i gjithë atyre që shpresojnë tek ai." Menjëherë, ajo iu afrua fëmijës dhe, duke e adhuruar, preku një kind të pelenës me të cilën qe mbështjellë, dhe çilembyll sytë dora iu shërua. Duke dalë jashtë ajo nisi të thërriste me zë të lartë për gjërat e mrekullueshme që kishte parë e provuar dhe sesi qe shëruar; të shumtë ishin ata që besuan për shkak të predikimit të saj.

Edhe barinjtë e deleve pohuan se kishin parë engjëj që, në

mes të natës, këndonin një himn, përlëvdonin Zotin e qiellit dhe thonin që ishte lindur Shpëtimtari i të gjithëve, që është Krishti Zot, përmes të cilit do t'i rikthehej shpëtimi Izraelit.

Një yll gjigand vezullonte nga mbrëmja në agim përmbi guvë; aq i madh nuk qe parë qysh prej krijimit të botës. Profetët që ndodheshin në Jeruzalem thonin se ai yll shënjonte lindjen e Krishtit, i cili do të përmbushte premtimin që i ish bërë jo vetëm Izraelit, por edhe të gjithë njerëzve.

Tri ditë pas lindjes së Zotit tonë Jezu Krisht, e Lumnueshmja Mari doli nga guva dhe hyri në një stallë, vendosi fëmijën mbi një grazhd, ku kau dhe gomari e adhuruan. U përmbush atëherë ajo që i qe thënë profetit Isaia, me fjalët: "Kau e njohu zotërinë e vet dhe gomari grazhdin e zotit të vet." Të njejtat kafshë, kau dhe gomari, e kishin në mesin e tyre dhe e adhuronin pajada. U përmbush atëherë ajo që pati thënë profeti Abakuk, me fjalët: "Ke për t'u njohur në mes të dy kafshëve".

Jozefi dhe Maria, ndejtën në të njejtin vend për tri ditë. Ditën e gjashtë hynë në Betlehem, ku kaluan ditën e shtatë. Ditën e tetë bënë rrethprerjen e fëmijës dhe ia vunë emrin "Jezu", ashtu siç qe quajtur nga engjëlli përpara se të ngjizej. Me të mbaruar ditët e pastrimit të Maries, simbas ligjit të Moisiut, Jozefi e çoi fëmijën në tempullin e Zotit. Kur fëmijës iu bë "*peritomè*-ja"[15][13], blatuan dy turtuj e dy zogj pëllumbash.

Në tempull ndodhej një njeri i Zotit, i përkryer dhe i drejtë, me emrin Simon[16][14], njëqint e dymbëdhjetë vjeç. Këtij i qe dhënë nga Zoti premtimi se nuk do ta shijonte vdekjen përpara se të shihte, të gjallë e në mish, Krishtin, birin e Zotit. Me të parë fëmijën, ai thërriti me zë të lartë: "Zoti i bëri vizitë popullit të vet dhe e përmbushi premtimin e dhënë". Dhe menjëherë e adhuroi. Mandej e mori në loshnikun e tij dhe, duke ia puthur këmbët, tha: "Tani, o Zot, lëre të shkojë në paqë shërbëtorin

---

15[13] Pra, 'kur fëmija iu kushtua Zotit' (shih edhe Lk 2: 22–24).

16[14] Simoni (në *Besëlidhjen e Re*): hebre i përshpirtshëm, që e pranoi Jezuin foshnjë si Mesi dhe këndoi për të në tempull himnin *Nunc Dimittis* (Lk 2: 25– 35).

tënd, meqenëse sytë e mi e panë shpëtimin që ke përgatitur para syve të gjithë popujve, dritë për të ndriçuar njerëzit e lavdi për popullin tënd, Izraelin."

Në tempull ishte poashtu profetesha me emrin Hana, bija e Fanuelit, nga fisi i Aserit, që kish jetuar me të shoqin shtatë vjet pas virgjërisë së saj: dhe ishte vejushë tashmë që prej tetëdhjetë e katër vitesh. Nuk qe larguar kurrë nga tempulli i Zotit, dhe u qe përkushtuar agjërimeve e lutjeve. Edhe ajo e adhuroi fëmijën duke pohuar që në të gjendet shëlbimi i botës[17,15].

Magët dhe ikja në Egjipt

Kur kaloi viti i dytë, disa magë[18,16] erdhën nga Lindja në

[17,15] Shih edhe Lk 2: 36–38.

[18,16] Tre magët (gr. *magos* magjistarë) janë të urtët që erdhën nga lindja për të nderuar Jezuin foshnjë (Mt 2: 1–12). Tradita nuk e përcakton saktë identitetin e tyre, por dihet vetëm se qenë të mënçur dhe të arsyer në magji e astrologji. Tradita e vjetër i quan mbretër, ndoshta për shkak të dhuratave mbretërore që i blatuan Jezuit. Prijëtar i shtegëtimit të tyre ishte një yll i ndritshëm në qiell, që u hoqi udhën gjer në Betlehem. Sipas traditës emrat e tre magjistarëve janë Kaspar, Baltazar dhe Melkior. Ishin astrologë dhe zotërues të një shkence okulte, që mund të zbulonte të fshehtën e lindjes së një fëmije të veçantë në një vend të largët, i cili do të ndryshonte jetën dhe fatin e shumë njerëzve, të të gjithë botës. Nuk dihet me siguri në ishin vërtetë mbretër, po me gjasë ishin pasunarë dhe të përmendur për statusin e tyre shpirtëror në vendet prej nga vinin. Shkrola, por edhe tradita, thonë se ata i truan Jezuit ar, kem (temjan) dhe mirrë. Sigurisht, zgjedhja e këtyre dhuratave nuk ishte aspak e rastësishme, por thelbësisht simbolike. Ari i blatohet mbretit, kemi Perëndisë, kurse mirra njeriut. Nikodem Agioriti e ka shtjelluar ndryshe simbolikën e tyre. Ai thotë se ari ishte shprehje e dijenisë së tyre që Jezui foshnjë kishte natyrë hyjnore, kemi shprehte përulësinë e tyre, kurse mirra dashurinë. Mendohet se përpara se të vdiste, Hyjlindësja ia la këto dhurata, bashkë me gjëra të tjera të çmuara, kishës së Jeruzalemit, ku u ruajtën për katërqind vjetë. Thuhet se aty nga viti 400, mbreti Arkad i shpuri në Konstantinopjë, ku qëndruan deri në vitin 1204, vit kur në Konstantinopjë mbërrijnë kryqëtarët frëngë. Që të mos vidheshin e

Jeruzalem duke sjellë me vete dhurata të mëdha. E menjëherë pyetën Judejtë duke u thënë: "Ku është mbreti që ka lindur? Në lë vërtetë, ne kemi parë në Lindje yllin e tij dhe kemi ardhur ta adhurojmë". Këto fjalë i shkuan mbretit Herod dhe ai u trëmb kaq shumë sa tuboi skribët, farisejtë dhe mjekët e popullit, për t'i pyetur se ku, simbas profetëve, do të kishte lindur Krishti. Ata u përgjigjën: "Në Betlehem të Judesë. Njëmend është e shkruar: "E ti, Betlehem, tokë e Judesë, nuk je hiç më i vogli mes qyteteve princërore të Judesë. Prej teje, në të vërtetë, do të lindet prijësi që do të udhëheqë popullin tim të Izraelit." Atëherë Herodi thirri pranë vetes magët dhe prej tyre hetoi me kujdes se kur u pat veguar ylli atyre. Duke i dërguar mandej në Betlehem, u tha: "Shkoni dhe merrni me kujdes të dhëna mbi fëmijën. Kur ta gjeni, më kallëzoni që të vi e ta adhuroj edhe unë."

Ndërsa magët u nisën, gjatë rrugës atyre u vegoi ylli, i cili i udhëhoqi derisa mbërritën aty ku ishte fëmija. Duke parë yllin, magët u ngazëllyen me hare të madhe dhe, kur hynë në shtëpi, e gjetën vogëlushin Jezu të ulur në prehërin e së ëmës. Shpaluan thesaret e tyre e u dhanë dhurata të mëdha Maries së Lume e Jozefit. Mandej, secili prej tyre i fali fëmijës nga një monedhë ari; poashtu i dhuruan njëri ar, tjetri temjan, ndërsa i treti mirrë.

Deshën të shkonin tek mbreti Herod, por teksa ndodheshin në gjumë u lajmëruan nga një engjëll që të mos ktheheshin më tek Herodi. Kështu, ndoqën një rrugë tjetër u rikthyen në

---

shpiheshin në Perëndim, dhuratat u dërguan në Nike, që në atë kohë ishte seli e përkohshme e Perandorisë Bizantine. Në Nike ato qëndruan për plotë gjashtëdhjetë vjetë. Pas largimit të kryqëtarëve, në kohën e Mihal Paleologut, dhuratat e çmuara u kthyen rishmë në Konstantinopojë dhe mbetën aty gjer në vitin 1453, kur Konstantinopja ra në duar të turqve. Pas rënies së Konstantinopojës, dhuratat e shenjta mbërritën në dorë të nënës së Mehmet pushtuesit, që ishte bijë e mbretit serb, Gjergjit. Si e krishterë nga lindja, ajo ia shpuri dhe dhuroi personalisht këto dhurata manastirit të Shën Palit në Malin e Shenjtë, ku ndodhen edhe sot kësaj dite. Bashkë me dhuratat, në pronësi të manastirit është edhe dokumenti zyrtar i sulltanit, me anë të të cilit vërtetohet akti i dorëzimit të tyre.

vendin e tyre[1917].

Herodi, duke parë se ishte vënë në lojë nga magët, iu mbush zemra me tërbim, dhe dërgoi njerëz në çdo rrugë për t'i zënë dhe për t'i vrarë ata. Meqë nuk mundi t'i gjente, dërgoi sërish njerëz në Betlehem e në rrethinat e tij, për t'i vrarë të gjithë fëmijët e moshës dy vjeç e poshtë, sipas fjalëve që i kishin thënë magët[2018].

Një ditë përpara se të ndodhte kjo, Jozefi u lajmërua në ëndërr prej një engjëlli të Zotit, i cili i tha: "Merre Marien e fëmijën dhe shko në Egjipt duke ecur përmes shkretëtirës". Jozefi ndoqi urdhërin e engjëllit dhe u nis.

Mrekulli gjatë udhëtimit dhe në Egjipt

Me të mbërritur tek një guvë, ata deshën të pushonin. Maria e Lume zbriti nga mushka dhe u ul duke marrë vogëlushin Jezu në prehër. Me Jozefin ishin tre djem dhe me Marien një vajzë, të cilët bënin të njejtën udhë. Papritmas, nga guva dolën shumë dragoj: djemtë, kur i panë, u pushtuan nga një frikë e madhe dhe bërtitën. Atëherë Jezui zbriti nga prehëri i së ëmës dhe qëndroi drejt mbi këmbët e veta përpara dragojve: por ata e adhuruan Jezuin e mandej u larguan. Kësisoj u përmbush ajo çfarë pati thënë profeti David, me fjalët: nga toka lëvdoni Zotin, të gjithë ju, o dragoj e humnera. Por ai, vogëlushi Jezu, duke ecur përpara tyre, i urdhëroi që të mos i bënin më keq askujt. Maria e Jozefi druheshin se mos fëmija kafshohej nga dragojtë; por Jezui tha: "Mos kini frikë e mos mendoni se unë jam fëmijë. Unë, në të vërtetë, kam qenë përherë i përkryer e jam edhe tani: është e domosdoshme që, përpara meje, të gjitha bishat e egra të zbuten".

Luanët dhe leopardët e adhuronin dhe e shoqëronin nëpër shkretëtirë: kudo që Jozefi dhe Maria shkonin, ato u prinin, duke u treguar rrugën dhe duke përkulur kokat; duke ofruar shërbimin e tyre, argëtoheshin, tundnin bishtin dhe e adhuronin

---

19[17] Shih edhe Mt 2: 1–12.

20[18] Shih edhe Mt 2: 16–18.

me përnderim të thellë. Kur i pa për herë të parë luanët, leopardët dhe shtazët e tjera e egra që silleshin rrotull, Maria u frikësua shumë. Gjith' me një shprehje të paqtë në fytyrë, Jezui i tha: "Nënë, mos ki frikë. Nuk kanë ardhur për të të bërë keq, po për t'u kujdesur dhe për të na nderuar ty dhe mua". Me këto fjalë e largoi frikën nga zemra e saj.

Luanët ecnin pranë tyre bashkë me buajt, gomerët dhe kafshët e ngarkesës që mbartnin gjërat e nevojshme, e, sadoqë rrinin bashkë, nuk i bënin keq njëra-tjetrës, por rrinin të zbutura mes deleve dhe deshve që kishin marrë me vete nga Judea. Ecnin mes ujqërve e nuk kishin frikë nga asgjë, dhe askush nuk bezdisej nga tjetri. U përmbush kësisoj ajo që qe thënë nga profeti: ujqit do të kullosin së bashku me delet. Luani dhe buajt do të hanë kashtë së bashku. Në të vërtetë ishin dy buaj që tërhiqnin qerren e ngarkuar me gjërat e nevojshme, dhe përgjatë rrugës atyre u prinin luanët. Në ditën e tretë të udhëtimit, të tjerët vijonin të ecnin, por Maria e Lume, e lodhur nga nxehtësia e tepërt e diellit të shkretëtirës, shquajti një pemë palme i tha Jozefit: "Do të pushoj paksa në hijen e kësaj peme". Jozefi e çoi tërë përkujdesje tek palma dhe e zbriti nga mushka. Kur u ul, Maria e Lume vështroi kurorën e palmës, vuri re se ishte përplot me fruta, dhe i tha Jozefit: "Do të dëshiroja, nëse është e mundur, të merrja ca fruta të kësaj palme". Jozefi iu përgjigj: "Çuditem si e thua këtë, e që, duke e parë se sa e lartë është kjo palmë, mendon të hash nga frutet e saj. Unë po mendoj më tepër për mungesën e ujit: tashmë uji nëpër shakuj është pakësuar dhe nuk kemi se ku ta shuajme etjen ne dhe kafshët e ngarkesës."

Atëherë vogëlushi Jezu, që po prehej me fytyrë të qetë mbi prehërin e së ëmës, i tha palmës: "Palmë, përkuli degët e tua dhe këndelle nënën time me frutin tënd." Mbas këtyre fjalëve, palma e përkuli saora kurorën e saj deri tek këmbët e Maries së Lume; kështu, të gjithë shujtuan me frutat që volën. Mbasi i mblodhën të gjitha, palma vijonte të rrinte e përkulur, duke pritur urdhërin e atij me dashjen e të cilit qe përkulur. Atëherë Jezui i tha: "Palmë, çohu, merr fuqi dhe ji shoqe e pemëve të mia që ndodhen në parajsën e Atit tim. Hape me rrënjët e tua damarin e ujit që është fshehur nën tokë, me qëllim që prej saj të gulfojnë ujëra derisa të ngopemi." Palma u drejtua menjëherë dhe nga rrënjët e saj nisi të gulfonte një burim uji shumë i kthjellët dhe tej mase i freskët e i pastër. Duke parë ujët që gurgullonte, të gjithë u ngazëllyen me të madhe dhe e shuan etjen ata e kafshët e ngarkesës e bagëtitë. Kësisoj ata falenderuan Zotin.

Ditën që pasoi u nisën. Kur u përudhën, Jezui u kthye kah palma dhe i tha: "Palmë, të jap të drejtën që, një nga degët e tua të mbartet nga engjëjt e mi dhe të mbillet në parajsën e Atit tim. Të jap bekimin që të gjithë atyre që luftojnë dhe fitojnë t'u thuhet: ke mbërritur në palmën e fitores". Teksa thoshte këto, engjëlli i Zotit vegoi drejt e mbi palmë dhe, mbasi mori një nga degët e saj, fluturoi në qiell me atë në dorë. Duke parë këtë, të gjithë ranë me fytyrë përdhé dhe qëndruan si të vdekur. Jezui u kthye nga ata dhe u tha: "Përse e pllakosi frika zemrën tuaj? Nuk e dini se palma që unë bëra të mbartej në parajsë, do të jetë në vendin e gëzimit dhe do t'u shërbejë të gjithë njerëzve të shenjtë, ashtu siç u shërbeu në këtë vend të vetmuar?" Atëherë, të mbushur përplot me hare, ata u këndellën dhe u ngritën më këmbë.

Mbas kësaj, teksa qenë vënë për udhë, Jozefi i tha Jezuit: "Zot, kjo nxehtësi po më pjek. Nëse dëshiron, le të ndjekim udhën përgjatë detit, me qëllim që të mund të pushojmë në qytetet bregdetare". Jezui iu përgjigj: "Mos ki frikë, Jozef. Unë do t'jua shkurtoj rrugën aq sa, rrugën që keni përshkuar në tridhjetë ditë, të mund ta përshkoni brenda vetëm kësaj dite."

Ndërsa ata flisnin, hodhën vështrimin përpara dhe nisën të shquajnë malet e Egjiptit dhe qytetet e tij.

Arritën tërë gëzim në rrethinat e Hermopolit[21][19], dhe hynë në një qytet të Egjiptit që quhej Sotine. E, meqenëse aty nuk kishte ndonjë njeri të cilit do mund t'i kërkonin mikpritje, ata hynë në një tempull[22][20] që konsiderohej më kryesori i Egjiptit.

21[19] Hermopolis: emri grek i qytetit Khemenu në Egjiptin e lashtë.

22[20] Egjiptianët e lashtë e quanin Shtëpia e Madhe; tempulli i kushtohej

Në këtë tempull gjendeshin treqind e pesëdhjetë e pesë idhuj, të cilëve çdo ditë u kushtoheshin, në mënyrë trushkuese, nderime hyjnore. Egjiptianët e atij qyteti hynë në tempull, ku priftërinjtë nisën t'i paralajmëronin me qëllim që çdo ditë t'u blatonin flijime atyre idhujve, ashtu sikundër e kërkonin hyjnitë.

Por, me të hyrë në tempull Maria e Lume bashkë me të birin, ndodhi që të gjithë idhujt nisën të rrëzoheshin përtokë, derisa përfunduan të gjithë me fytyrë përdhe krejtësisht të rrënuar e të thyer, duke dëshmuar kësisoj se nuk kishin kurrëfarë vlere. Kështu u përmbush ajo që pati thënë profeti Isaia: "Ja, Zoti do të vijë përmbi një rë të lehtë, do të hyjë në Egjipt dhe nga prania e tij do të shkundullohen të gjitha veprat e punuara me dorë nga Egjiptianët."

Lajmi iu dërgua Afrodizit, guvernatorit të atij qyteti e kësisoj ai ia behu në tempull me tërë ushtrinë e tij. Duke parë që Afrodizi ia kish mësyrë në tempull me tërë ushtrinë e tij, kryepriftërinjtë menduan se kishte ardhur veç për t'u hakmarrë ndaj atyre që ishin shkaktarë të rënies së idhujve. Por, përkundrazi, me të hyrë në tempull, duke parë se të gjithë idhujt dergjeshin të rrëzuar me fytyrë përdhe, ai iu afrua Maries së lume që mbante Zotin në prehër, e adhuroi e i tha tërë ushtrisë e miqve të tij: "Nëse ky nuk do të ishte zot i zotave tanë, zotat tanë nuk do të kishin rënë me fytyrë përdhe përpara tij dhe as do të dergjeshin të rrëzuar në praninë e tij. Kështu, nëse ne nuk e bëjmë me më tepër kujdes atë që shohim të bëjnë zotat tanë, do të mund të rrezikohemi nga zemërimi i tij e të përballemi të gjithë me vdekjen, ashtu siç i pati ndodhur faraonit mbret të Egjiptit, i cili, duke mos u besuar mrekullive të shumta hyjnore, u mbyt në det së bashku me ushtrinë e tij". Mbas kësaj, i tërë populli besoi në Zotin Perëndi nëpërmjet Jezu Krishtit.

Rikthimi nga Egjipti dhe mrekullitë e para

Jo shumë kohë më vonë, një engjëll i tha Jozefit: "Rikthehu në tokën tënde të Judesë. Ata që kërkonin jetën e fëmijës, kanë vdekur".

Ozirisit, "Atit të amshimit, Mbretit të zotave".

Mbas rikthimit nga Egjipti, teksa ndodhej në Galilé, kur sapo kishte hyrë në vitin të katërt të moshës, në një ditë të shtunë Jezui po luante me fëmijët pranë bregut të lumit Jordan. Duke qenë i ulur, Jezui bëri shtatë pellgje me baltë, pajisi secilin me hulli të vogla përmes të cilave, simbas urdhërit të tij, sillte ujë nga lumi dhe e rikthente mandej sërish. Një prej fëmijëve të atyshëm, një bir i djallit, me shpirt cmirëzi, i mbylli daljet e hullive që sillnin ujë nëpër pellgje dhe prishi kështu gjithë ç'pati bërë Jezui. Atëherë Jezui i tha: "Mjerë ti, bir i vdekjes, bir i Satanait. Guxon të shkatërrosh atë që kam bërë unë?" Ai që kish vepruar kështu, vdiq çilembyll sytë.

Prindërit e të vdekurit ngritën zërin kundër Maries dhe Jozefit, duke u thënë atyre: "Biri juaj mallkoi birin tonë dhe ai vdiq." Jozefi e Maria shkuan menjëherë tek Jezui, të shtyrë nga trazira që shkaktuan prindërit e djalit dhe nga tubimi i Judejve. Jozefi i tha mënjanë Maries: "Unë nuk guxoj t'i flas. Qortoje ti, duke i thënë: përse ngjalle urrejtjen e popullit kundër nesh, duke bërë që të na bjerë përsipër urrejtja e thellë e njerëzve?" Me të mbërritur tek ai, e ëma i tha me të lutur: "Zoti im, çfarë ka bërë vallë ai që të vdiste?" Ai iu përgjigj: "E meritonte vdekjen, sepse prishi gjithë ç'kisha bërë unë".

Atëherë nëna iu lut, duke thënë: "Jo, Zoti im, sepse të gjithë janë ngritur kundër nesh". Duke mos dashur ta pikëllonte të ëmën, Jezui preku me këmbën e tij të djathtë të ndenjurat e të vdekurit, duke i thënë: "Çohu, djalë i paudhë. Në të vërtetë, ti nuk e meriton të hysh në paqën e Atit tim, prejse çove dëm gjithë ç'kisha bërë unë". Atëherë djali që kish vdekur u ngjall dhe u largua.

E Jezui, me urdhërin e tij, nëpërmjet një hullie çoi ujë nëpër pellgje. Mandej ndodhi diçka që e panë të gjithë: mori baltë në duar dhe mbruajti dymbëdhjetë harabelë. Kur Jezui bëri këtë, ishte ditë e shtunë dhe rretherrotull tij kishte shumë fëmijë. Një hebre, kur pa këtë, shkoi e i tha Jozefit: "Jozef, a nuk e sheh se vogëlushi Jezù është duke bërë ditën e shtunë atë që nuk i lejohet të bëjë? Ai mbruajti me baltë dymbëdhjetë harabelë". Me të dëgjuar këtë, Jozefi e qortoi duke i thënë: "Përse bën të shtunën gjëra që nuk lejohet të bëhen?" Mbasi dëgjoi fjalët e

Jozefit, Jezui përplasi shuplakat e duarve me njëra tjetrën dhe u tha harabelëve të vet prej balte: "Fluturoni!" E fill mbas zërit të tij, harabelët u lëshuan fluturim. Ndërsa të gjithë ndodheshin aty duke parë e duke dëgjuar, ai u tha zogjve: "Shkoni e fluturoni nëpër tokë e nëpër tërë botën dhe jetoni!"

Të pranishmit, duke parë një mrekulli të tillë, mbetën të shashtisur. Disa e lëvdonin dhe e adhuronin, por të tjerët e qortonin. Disa të tjerë shkuan tek paria e priftërinjve e tek paria e farisejve dhe u rrëfyen atyre se si Jezui, biri i Jozefit, kishte kryer mrekulli dhe çudi të mëdha përpara tërë popullit të Izraelit.

Dhe lajmi u përhap në të dymbëdhjetë fiset e Izraelit.

Përsëri ndodhi që një bir i priftit të tempullit, Hana, erdhi me Jozefin; në sy të të gjithëve, duke patur në dorë një shkop, i shkatërroi me zemërim pellgjet që Jezui kish bërë me duart e tij dhe e hapërdau ujët që ai kishte mbledhur nga lumi. Mbylli dhe i prishi edhe hullitë prej të cilave hynte uji. Duke parë këtë, Jezui i tha atij djali që kish shkatërruar pellgjet e tij: "O pinjolli i keq i mbrapështisë, bir i vdekjes, fidanishtë e Satanait, fryti i farës sate do të jetë me të vërtetë pa fuqi, rrënjët e tua pa lëng, ndërsa degët e tua të thara dhe pa fruta". E para syve të të gjithëve, djali ra i vdekur shakull përdhé. Atëherë Jozefi u drodh, mori Jezuin dhe u kthye në shtëpi së bashku me të.

Me të ishte edhe nëna.

Papritmas, nga mbrapa, një tjetër fëmijë, edhe ai shërbëtor i paudhësisë, iu hodh vrulltaz në sup Jezuit duke dashur ta përqeshte apo ta godiste, nëse do t'i jepej mundësia. Jezui i tha: "Ti mos u kthefsh shëndoshë nga udha ku ecën!" E ai ra menjëherë i vdekur.

Prindërit e të vdekurit, që kishin parë ngjarjen, thërritën: "Ku është lindur ky djalë? Është më se e qartë se çdo fjalë e tij është e vërtetë dhe shpesh përmbushet qysh përpara se ta ketë shqiptuar". Prindërit e djalit iu afruan Jozefit e i thanë: "Largoje Jezuin nga ky vend! Nuk mund të banojë me ne në këtë bashkësi. Ose, të paktën, mësoje të bekojë në vend që të mallkojë". Jozefi iu qas Jezuit dhe e qortoi, duke i thënë: "Përse bën gjëra të tilla? Tashmë janë të shumtë ata që ankohen për ty; për shkakun tënd na urrejnë, dhe për shkakun tënd po durojmë ngacmimet e njerëzve".

Jezui iu përgjigj Jozefit, duke thënë: "Asnjë bir nuk është i dijshëm, përveç atij që ka nxënë nga i ati simbas diturisë së kësaj kohe, dhe mallkimi i atit dëmton vetëm ata që bëjnë të këqija".

Atëherë u tubuan kundër Jezuit dhe e akuzuan tek Jozefi. Kur pa këtë, Jozefi u frikësua tej mase, sepse i druhej dhunës dhe rebelimit të popullit të Izraelit. Por në këtë çast, Jezui e zuri nga veshi djalin e vdekur, e mbajti pezull mbi tokë, në prani të njerëzve, e kështu të gjithë e panë Jezuin tek fliste me të ashtu si babain me birin e vet. Shpirti i tij u rikthye në trup dhe ai filloi të jetonte sërish. E të gjithë mbetën të shashtisur.

Jezui në shkollë

Një mësues hebre me emrin Zakia e dëgjoi Jezuin tek shqiptonte fjalë të tilla dhe, duke parë që në të ekzistonte një njohje e pashëmbullt e virtytit, u hidhërua dhe filloi të fliste kundër Jozefit në një mënyrë të pamatur, të pamend e pa kurrfarë droje. Thoshte: "Nuk do ti të na e besosh djalin tënd me qëllim që të marrë mësime rreth dijeve njerëzore dhe druajtjes? Vë re se ti dhe Maria e doni birin tuaj më tepër se sa traditat e pleqve të popullit. Në të vërtetë është e domosdoshme që ne të nderojmë më tepër priftërinjtë e gjithë kishës së Izraelit, ndaj përkujdesemi që ai të ketë dashuri për fëmijët dhe të marrë mësime prej nesh në lidhje me doktrinën judaike."

Por Jozefi iu përgjigj: "E kush është vallë ai që mund ta mbajë e t'i japë mësime këtij fëmije? Nëse ti mund ta mbash e t'i japësh mësime, ne nuk jemi kundër që ti ta mësosh me të gjitha gjërat që duhen mësuar". Kur dëgjoi fjalët e Zakias, Jezui i tha atij: "Porositë e Ligjit, rreth të cilave ti fole pak më parë dhe të gjitha gjërat që përmende, duhet të vrojtohen nga ata që kanë marrë mësime në dijet njerëzore; por unë jam i huaj për gjyqet tuaja dhe nuk kam një baba prej mishi. Ti që lexon ligjet dhe je i nxënë, rri në Ligj; ndërsa unë kam qenë qysh përpara Ligjit.

Ndërsa ti që mëton se askush nuk mund të krahasohet me ty në lidhje me njohjen e doktrinës, do të marrësh mësime prej meje: në të vërtetë, askush tjetër nuk mundet të japë mësime rreth gjërave që ti përmende; këtë mund ta bëjë vetëm ai që është i denjë. Kur unë të lartësohem përmbi tokë, do t'i jap fund çdo përmendjeje të gjenealogjisë suaj. Ti nuk e di kur ke lindur: vetëm unë e di kur keni lindur dhe sa kohë do të zgjasë jeta juaj përmbi tokë".

Të gjithë ata që dëgjuan këto fjalë të qarta, u habitën dhe thirrën: "Oh, oh, oh, ky është një mister mrekullisht i madh dhe i mahnitshëm. Ne kurrë nuk kemi dëgjuar gjëra të tilla. Kurrë ndonjëherë nuk është dëgjuar diçka e tillë, as nga profetët, as nga farisejtë, as nga skribët e as nga ndokush tjetër. Ne e dimë se ku ka lindur ky; dhe ende nuk i ka mbushur pesë vjeç: e si vallë di të thotë kësi gjërash?" Farisejtë iu përgjigjën: "Ne nuk kemi dëgjuar kurrë fjalë të këtilla nga një fëmijë i moshës së tij."

Jezui iu përgjigj atyre: "Ju habiteni që një fëmijë mund të thotë gjëra të këtilla? Përse pra nuk më besoni mua për gjërat që ju thashë? Ju habiteni ngaqë ju thashë se e di kur jeni lindur: do t'ju them gjëra edhe më të mëdha e do të mbeteni shumë më të habitur. Unë kam parë Abrahamin, për të cilin ju thoni se është ati juaj, kam folur me të dhe ai më ka parë."

Me të dëgjuar këtë, njerëzit heshtën dhe askush prej tyre nuk guxoi të fliste më. Jezui u tha atyre: "Kam qenë midis jush bashkë me fëmijët dhe nuk më keni njohur. Ju kam folur si njerëzit e urtë dhe ju nuk e keni shquajtur zërin tim, sepse jeni më të vegjël se unë, e besimpakë."

Mësuesi Zakia i tha sërish Jozefit e Maries: "Jepmani djalin dhe do t'ia besoj mësuesit Levi, që ta ndihmojë të mësojë shkrimin dhe të nxërë". Atëherë Jozefi e Maria, duke e ledhatuar Jezuin, e çuan në shkollë që të mësonte shkrimin nga plaku Levi. Mbasi hyri në shkollë, Jezui qëndronte i heshtur. Mësuesi Levi po i mësonte Jezuit shkrimin duke filluar nga gërma e parë alef[23][21], e

---

[23][21] Alef: shkronja e parë e alfabetit hebraik. 'Alef' do të thotë edhe 'dem'.

Apokrifet

duke i thënë: "Përgjigju!" Por Jezui heshtte dhe nuk përgjigjej. Mësues Levi, i zemëruar, mori një fshikull dhe e qëlloi në kokë.

Por Jezui i tha mësuesit: "Përse më godet? Dije se, në të vërtetë, unë që u godita do t'i jap mësime atij që më godet, mjaft më tepër nga sa mund të marr mësime unë. Në të vërtetë, unë mund të t'i mësoj pikërisht ato gjëra që ti vetë je duke thënë. Por të gjithë ata që flasin janë të verbër dhe dëgjojnë ashtu si bronzi oshëtitës apo çaparja kumbuese, në të cilat nuk gjenden ato gjëra prej të cilave kuptohet tingulli."

Mandej, duke iu drejtuar Zakias, Jezui vijoi: "Çdo shkronjë, që nga alefi deri tek teti, dallohet nga radhitja. Pra, më së pari ti thuaj se ç'është teti dhe unë pastaj do të të them se ç'është alefi". Dhe mandej Jezui u tha sërish: "Ata që nuk njohin alefin, si munden të mësojnë tetin, hipokritë? Thoni më parë se ç'është alefi dhe unë pastaj do t'ju besoj kur të flisni për betin"[24 22]. Kështu Jezui nisi të pyeste për emrat e shkronjave një për një e tha: "Mësues i Ligjit, thuaj ç'është shkronja e parë, sepse ka shumë trekëndësha të shkallëzuar, të mprehtë, të ndarë përmidis, të përkundërt, të zgjatuar, të drejtë, të pezullt dhe të lakuar". Kur dëgjoi këto, Levi mbeti i mahnitur nga renditja e shumëfishtë e emrave të shkronjave.

Atëherë filloi t'u bërtiste atyre që po dëgjonin, duke u thënë: "Si mundet të jetojë mbi tokë ky? Përkundrazi, e ka hak të varet në një kryq të madh. Në të vërtetë, mund ta shuajë zjarrin dhe të shmangë vuajtjet e tjera. Besoj që ai ekzistonte përpara kataklizmës dhe është lindur përpara përmbytjes. Vallë, cili bark e ka mbartur? Apo cila nënë e ka lindur? A cilët gjinj e kanë mëkuar? Përpara këtij unë tërhiqem, prejse nuk mund t'i bëj ballë fjalës që del nga goja e tij; zemra ime mbetet e mahnitur kur dëgjon fjalë të këtilla, aq sa thua se Zoti është me të. Pikërisht unë, fatziu, rashë pré e qesëndisë së tij. Teksa mendoja se kisha takuar një nxënës, takova mësuesin tim, të cilin nuk e njihja. Çfarë të them? Nuk arrij t'i përballoj fjalët e këtij djali: do të iki nga kjo bashkësi, meqenëse nuk arrij t'i kuptoj këto gjëra. Unë, plaku, u mposhta nga një fëmijë, sepse nuk arrij ta gjej as

---

24[22] Beti: shkronja e dytë e alfabetit hebraik. Që këndej 'bayith', 'shtëpi'.

fillesën e as fundin e gjërave që ai thotë. Me të vërtetë, është e vështirë ta gjejmë të vetëm fillimin. Nuk gënjej, kur këmbëngul se në sytë e mi, veprimet e këtij djali, fillesat e të folurës së tij dhe qëllimet e synimeve të tij nuk kanë kurrgjë të përbashkët me njerëzit. Nuk e di nëse ky është magjistar apo zot; por, me siguri, një engjëll i Zotit flet brënda tij. Prej nga është, prej nga vjen dhe ç'do të bëhet me të, unë nuk e di."

Atëherë Jezui, me fytyrë të paqtë, buzëqeshi me fjalët e tij dhe foli me autoritet përpara të gjithë bijve të Izraelit që ndodheshin të pranishëm dhe dëgjonin: "Të pafrytshmit japin fryte, të verbërit shohin, çalamanët ecin drejt, skamnorët shijojnë begatinë dhe të vdekurit jetojnë sërish, me qëllim që secili të rikthehet në gjendjen e tij zanafillore dhe të mbetet në të, kjo është rrënja e jetës dhe e ëmbëlsisë së amëshuar". Mbasiqë vogëlushi Jezu foli kësisoj, çilembyll sytë u shëruan të gjithë ata që vuanin prej sëmundjesh të rënda. Dhe nuk guxonin të thonin diçka apo ta dëgjonin.

Mrekulli të tjera të Jezuit

Mbas kësaj, Jozefi e Maria u larguan bashkë me Jezuin drejt qytetit të Nazaretit: dhe ai qëndroi aty me prindërit. Një të shtunë, Jezui po luante me fëmijët mbi pullazin e një shtëpie; ndodhi që njëri nga fëmijët hodhi një tjetër fëmijë nga pullazi poshtë e ky vdiq. Prindërit e të vdekurit, pa e ditur si qe puna, nisën të ulërijnë kundër Jozefit e Maries, duke thënë: "Biri juaj hodhi përtokë fëmijën tonë dhe ai vdiq."

Jezui qëndronte i heshtur dhe nuk përgjigjej fare. Jozefi e Maria rendën drejt Jezuit dhe nëna e tij ju lut me fjalët: "Zoti im, thuajmë nëse ishe ti ai që e hodhi përtokë". Çilembyll sytë Jezui zbriti nga tarraca dhe e thirri djalin në emër, Zenon. Dhe ai iu përgjigj: "Zot". Jezui i tha: "Vallë isha unë ai që të hodhi nga tarraca?" Dhe ai iu përgjigj: "Jo, Zot". Prindërit e fëmijës që ish vrarë u çmeritën dhe mbas kësaj mrekullie që panë, e nderuan Jezuin.

Jozefi e Maria shkojnë prej aty në Jeriko

Jezui ishte gjashtë vjeç dhe e ëma i dha një kanë që të mbushte ujë në burim së bashku me fëmijët e tjerë. Mbasi kishte mbushur ujë, ndodhi që një nga fëmijët i dha një të shtyrë e kështu kana u përmbys e u thye. Por Jezui ndehu tunikën që e mbante veshur, mblodhi në të aq ujë sa ç'përmbante kana dhe ia solli së ëmës. Duke parë një gjë të tillë, ajo u mrekullua: mendonte thellë dhe i lumturohej zemra.

Një ditë Jezui mori pakëz grurë nga drithniku i së ëmës dhe e mbolli në një arë: gruri mbiu, u rrit dhe u shumëfishua në sasi të madhe; në fund, ai e korri vetë, mblodhi prodhimin, bëri tre duaj e ua dhuroi dishepujve të tij të shumtë.

Është një rrugë që del nga Jeriko dhe shkon drejt lumit Jordan, ku patën kaluar bijtë e Izraelit: thuhet se aty ka qëndruar Arka e Besëlidhjes. Jezui ishte tetë vjeç, kur doli nga Jeriko dhe shkoi drejt; rrugës, pranë bregut të lumit Jordan, gjendej një guvë në të cilën një luaneshë ushqente të vegjlit e saj, prandaj askush nuk mund të kalonte i sigurtë nëpër atë rrugë. Pra, Jezui, duke ardhur nga Jeriko, e dinte se në guvë ndodhej një luaneshë me të vegjlit e saj, por megjithatë hyri aty në sy të të gjithëve. Sapo luanët panë Jezuin, shkuan kah ai dhe e adhuruan; Jezui u ul diku brenda guvës dhe luanët e vegjël përhidheshin sa andej-këndej në këmbët e tij, e ledhatonin dhe luanin me të. Luanët më të vjetër qëndronin pak me tutje më koka të ulura, duke e adhuruar e duke e përgëzuar me tundjet e bishtit.

Atëherë njerëzit që gjendeshin më tutje, duke mos e parë Jezuin, thanë: "Nëse ai, ose prindërit e tij s'do të kishin kryer mëkate të rënda, nuk do të flijohej për luanët". Ndërsa njerëzit përbluanin gjëra të tilla dhe kishin rënë pré e frikës së madhe, ja! Jezui u shfaq përballë të gjithëve i prirë nga luanët, teksa këlyshët e tyre loznin duke u përhedhur në këmbët e tij. Prindërit e Jezuit, me kokën e ulur dhe pak mënjanë, rrinin e vështronin; edhe njerëzit e tjerë qëndronin mënjanë për shkak të luanëve, por nuk guxonin të bashkoheshin me ta.

Atëherë Jezui i tha popullit: "Kafshët janë më të mira se ju! Ato e njohin Zotin e tyre dhe e nderojnë, ndërsa ju, njerëz, ju që jeni krijuar simas shëmbëllëtyrës së Zotit, nuk e dini këtë. Kafshët më njohin dhe zbuten, ndërsa njerëzit më shohin dhe nuk më njohin".

Mandej në sy të të gjithëve, Jezui kapërceu lumin bashkë me luanët dhe ujët e Jordanit u përndá majtas e djathtas. Mandej, të gjithë e dëgjuan kur ai u tha luanëve: "Shkoni në paqe dhe mos i bëni dëm askujt; por edhe njeriu mos ju ngaftë derisa të ktheheni atje prej nga keni dalë". Ata e përshëndetën me zë, por edhe me trup, e pastaj shkuan kah vendet e tyre. Dhe Jezui u rikthye tek e ëma.

Jozefi, duke qenë zdrukthar, bënte vegla prej druri, zgjedha për qetë, parmenda, mjete për të mihur tokën dhe të volitshme për kultivimin, shtretër të drunjtë. Një ditë tek ai shkoi një djalosh i ri i cili porositi një shtrat prej shtatë kutësh. Jozefi urdhëroi shegertin e tij që ta priste drurin me një sharrë hekuri, simbas masës së kërkuar. Por ky nuk e ndoqi pikë për pikë masën e porositur e kështu njerën anë e bëri më të shkurtër se tjetrën. Jozefi, shumë i shqetësuar, filloi të vriste mendjen se ç'duhej të bënte.

Kur Jezui e pa të shqetësuar, prejse gabimi i bërë i dukej i pandreqshëm, i tha një fjalë ngushëlluese: "Eja, i tha, le të kapim anët e dërrasave, t'i afrojmë ndaj njëra tjetrës kokë për kokë dhe t'i barazojmë duke i tërhequr kah vetja: kësisoj do mund t'i bëjmë njëlloj." Jozefi iu bind atij që urdhëronte: e dinte se ai mund të bënte gjithçka që të dëshironte. Jozefi kapi anët e dërrasave dhe i mbështeti në mur, pranë vetes; Jezui mbajti dy anët e tjera të dërrasave dhe tërhoqi kah vetja dërrasën më të shkurtër, duke e bërë barabar me dërrasën që ishte më e gjatë. Mandej i tha Jozefit: "Tani shko e puno dhe bëj atë që ke premtuar të bësh." Dhe Jozefi e bëri atë që kishte premtuar se do të bënte.

Jezui në shkollë

Për herë të dytë ndodhi që Jozefi e Maria, të nxitur nga lutjet e popullit, ta dërgonin Jezuin në shkollë për të mësuar leximin. Ata e përmbushën këtë kërkesë dhe, simbas rregullave të pleqve, e çuan tek një mësues me qëllim që të mësonte rreth dijeve njerëzore. Mësuesi nisi ta mësonte në mënyrë të rreptë, duke i thënë: "Thuaj alef!". Por Jezui iu përgjigj: "Thuajmë ti më parë se ç'është beti, dhe unë do të të them se ç'është alefi". I zemëruar nga këto fjalë, mësuesi e qëlloi Jezuin, por pak mbasi e qëlloi vdiq.

Dhe Jezui u rikthye në shtëpi tek e ëma. Jozefi u frikësua dhe thirri pranë Marien; i tha: "Jam me të vërtetë i pikëlluar deri në vdekje për këtë djalë. Në të vërtetë, mundet që një ditë apo një tjetër ndokush ta rrahë në mënyrë djallëzore e ai të vdesë". Maria iu përgjigj: "Mos e mendo se mund të ndodhë kjo, njeri i Zotit. Përkundrazi, ji i sigurtë se ai që e ka dërguar për të lindur midis njerëzve, do ta mbrojë nga çdo djallëzi e, në emrin e tij, do ta ruajë nga e keqja."

Për të tretën herë Judejtë iu lutën Maries dhe Jozefit që ta çojnë, me karrocat e tyre, për të studiuar tek një tjetër mësues. Duke u druajtur nga populli, nga pafytyrësia e parisë dhe kërcënimet e priftërinjve, Jozefi e Maria e dërguan sërish në shkollë, gjithë duke e ditur se nuk mund të mësonte kurrgjësend nga njerëzit ai që vetëm nga Zoti e kishte marrë dijen e përkryer.

Me të hyrë në shkollë, Jezui, nën prijën e Shpirtit të Shenjtë, mori librin nga dora e mësuesit i cili po jepte mësimin e Ligjit përpara tërë popullit që po shikonte e dëgjonte dhe nisi të lexonte tashmë jo atë që ish shkruar në librin e tyre, por të fliste në shpirtin e Zotit të gjallë[25][23], a thua se prej një burimi të gjallë gurgullonte një rrëke ujërash dhe burimi mbetej gjithnjë plot. I mësonte popullit madhështinë e Zotit të gjallë me një fuqi të tillë, sa vetë mësuesi ra përmbys në tokë duke e adhuruar. Zemrat e njerëzve që ishin ulur aty përpara dhe kishin dëgjuar gjëra të këtilla, u përfshinë nga mahnitja.

Jozefi, me të dëgjuar tërë këto, rendi tek Jezui nga frika se mësuesi mund të vdiste; por sapo e pa, mësuesi i tha: "Ti nuk më ke dhënë një nxënës, por një mësues: kush mund t'u bëjë ballë fjalëve të tilla?"

Kësisoj u përmbush ajo që qe thënë nga psalmisti[26][24]: "Lumi i Zotit qe i mbushulluar me ujë. Ke gatitur ushqimin e tyre, sepse e tillë është përgatitja jote".

Mbas kësaj Jozefi u largua prej aty së bashku me Marien e

---

[25][23] Në hebraisht ALEHIM (Elohim) Chiim.

[26][24] Nga Mbreti David.

Jezuin, për t'u vendosur në Kafarnaun bregdetar, për shkak të dashakeqjes së njerëzve që ishin kundërshtarë të tyre.

Në kohën kur Jezui banonte në Kafarnau, në qytet ndodhej një njeri shumë i pasur me emrin Jozef; për shkak të sëmundjes së gjatë, ai vdiq në shtratin e tij. Kur dëgjoi vajtimet, të qarat dhe britmat që lëshonin njerëzit mbi të vdekurin, Jezui i tha Jozefit: "Përse nuk ia jep ndihmën e mirësisë tënde atij që ka të njejtin emër si edhe ti?" Jozefi u përgjigj: "Çfarë fuqie dhe aftësie kam unë, që të mund t'i jap mirësi atij?" Atëherë Jezui i tha: "Merre shaminë e kokës tënde, shko e vendose mbi fytyrën e të vdekurit dhe thuaji: "Krishti të shpëtoftë!" E menjëherë i vdekuri do të shpëtohet e do të çohet prej shtratit". Me të dëgjuar këtë, Jozefi, simbas urdhërit të Jezuit, shkoi menjëherë duke rendur, hyri në shtëpinë e të vdekurit, mori shaminë që kishte në kokë dhe e vendosi mbi fytyrën e atij që dergjej mbi shtrat, duke i thënë: "Jezui të shpëtoftë!" E menjëherë i vdekuri u çua nga shtrati dhe pyeti se kush ishte Jezui.

Dhe nga Kafarnau ata shkuan në qytetin e Betlehemit: Jozefi ndodhej në shtëpi me Marien e bashkë me ta edhe Jezui.

Një ditë Jozefi thirri pranë vetes djalin e tij të madh, Jakobin, dhe e dërgoi në kopështin e perimeve që të mblidhte bishtaja për të gatuar një gjellë. Jezui shkoi në kopësht pas vëllait të tij, Jakobit, pa i rënë në sy Jozefit e Maries. Teksa Jakobi mblidhte bishtaja, prej një vrime doli një nepërkë dhe e kafshoi në dorë Jakobin, i cili nisi të ulërinte nga dhimbja e tmerrshme. Po i binte të fikët dhe thoshte me zë të hidhur: "Ah, ah, një nepërkë e ndyrë më kafshoi dorën".

Jezui, i cili gjendej në anën tjetër, me të dëgjuar atë zë të hidhur rendi tek Jakobi, ia mori dorën e nuk bëri gjë tjetër veçse i fryu sipër dhe e freskoi: çilembyll sytë Jakobi u shërua, ndërsa nepërka ngordhi. Jozefi e Maria nuk dinin gjë rreth asaj që kishte ndodhur; por me të dëgjuar britmën e Jakobit dhe urdhërin e Jezuit, rendën në kopësht dhe e gjetën gjarpërin tashmë të ngordhur, ndërsa Jakobin të shëruar më së miri.

Jezui në familje

Kur Jozefi shkonte në gosti me të bijtë, Jakobin, Jozefin, Judën,

Simonin, si dhe dy bijat e tij, shkonin me ta edhe Jezui e Maria, e ëma, me motrën e saj Marien e Kleofës- e cila i qe dhënë nga Zoti Perëndi babait të saj Kleofës dhe nënës së saj Hana, prejse i kishin blatuar Zotit Marien, nënën e Jezuit-: kjo Mari qe quajtur me të njejtin emër "Maria", si ngushëllim për prindërit.

Kur gjendeshin bashkë, Jezui i shenjtëronte e i bekonte dhe ishte i pari që fillonte të hante e të pinte. Në të vërtetë, asnjëri prej tyre nuk guxonte të hante, të pinte, të ulej në sofër apo të thyente bukë, pa i bërë këto më së pari Jezui e pa i shenjtëruar. Nëse rastiste të mos ndodhej aty, ata e prisnin derisa të vinte. Ndërsa në rastet kur ai nuk donte të hante, hiqeshin mënjanë edhe Jozefi me Marinë e vëllezërit e saj, e bijtë e Jozefit. Këta vëllezër, duke patur përpara syve jetën e tij, si një far i ndritshëm, e respektonin dhe i druheshin. Kur Jezui flinte, çka se mund të ishte ditë apo natë, vezullima e Zotit farfurinte përmbi të. Që pastë lëvdime e përlëvdime në shekuj të shekujve. Amen.

Ungjilli i së vërtetës

1. Ungjilli i së vërtetës është ngazëllim për ata që kanë përjetuar nga Ati i së Vërtetës hirin për ta njohur Atë nëpërmjet fuqisë së Logosit[271], dalë nga Pleroma[282]: ai është në Mendimin

---

[27][1] Logosi, Verbi, pra, Fjala Hyjnore: sipas Kanonit Fjala është personi i dytë i Trinisë, Krishti, i cili është shprehja e përsosur e Atit (Kol 1: 15), shëmbëlltyra e Hyjut të padukshëm. Sa i përket Logosit, që në shek. II T.Z., nisi një mosmarrëveshje e ashpër midis Etërve të Kishës, veçanërisht në Lindje. Kundërshtitë vazhduan deri kur unitarianët u shtypën dhe literatura e tyre u shkatërrua. Në ditët e sotme, fatkeqësisht, gjendet me vështirësi ndonjë pjesëz e paprekur apo fragment i pandryshuar nga "Ungjijt" dhe "Komentarët", sikundër se nga shkrimet kundërshtuese që u përkasin unitarianëve, përjashto këtu atë që është cituar prej tyre në shkrimet e kundërshtarëve të tyre, si përshembull, patriku grek Foti dhe të tjerë përpara tij. Kështu, për sirianin e fundit të shek. II dhe fillimit të shek. III, Bar Disanin (zakonisht shkruhet 'Bardisanes'), Jezu Krishti ishte froni i tempullit të Fjalës së Zotit, por si ai, ashtu edhe Fjala ishin të krijuara.

[28][2] Pleroma: është elementi qendror i kozmologjisë fetare gnostike. Pleroma (gr. *πληρωμα*) përgjithësisht i referohet tërësisë së fuqive të Zotit. Termi do të thotë *plotëri* dhe si i tillë përdoret edhe në tekstet gnostike, edhe te *Letra drejtuar kolosianëve* 2:9. Gnosticizmi pohon se bota sundohet prej arkonëve (gr. *arkhon* 'sundimtar', nga *arkho* 'me sundu'), një prej të cilëve, sipas disa versioneve të Gnosticizmit, ishte dhe hyjnia e Besëlidhjes së Vjetër. Pleroma qiellore është tërësia e gjithçkaje që për ne përbën "hyjninë". Pleroma dendur i referohet Dritës që ekziston "mbi" (kjo fjalë nuk duhet kuptuar në kuptimin hapsinor) botën tonë, e cila bujtet prej qenieve shpirtërore, që janë vetëbijuar nga Pleroma. Këta qenie përshkruhen si *aeonë* (apo *eonë*, nga latinishtja kishtare, nga greqishtja *aion* 'epokë') (qenie të përjetshme) dhe ndonjëherë si *arkonë*. Jezui konsiderohet një aeon ndërmjetës, që u dërgua nga Pleroma, bashkë me plotësin e tij, Sofinë. Vetëm nëpërmjet tij njerëzimi mund të përtërijë dijen e bjerrë të prejardhjes hyjnore të njerëzimit, duke e risinkronizuar

dhe në Mendjen e Atit, ai që është quajtur "Shpëtimtari", sepse i tillë është emri i veprës që ai duhet të përmbushë për shpëtimin e atyre që nuk e kanë njohur Atin. Prandaj, emri Ungjill është shpallje e shpresës, një zbulesë për ata që e kërkojnë.

2. Të gjithë qenë vënë në kërkim të Atij, nga i cili patën dalë, e të gjithë ishin brenda Tij, të pakapshmit, të papërfytyrueshmit, Atij që është përmbi çdolloj mendimi. Mosnjohja e Atit ishte bërë burim ankthi e tmerri. Ankthi qe dendësuar si mjegull, aq sa askush nuk mund të shikonte. Për këtë arsye Gabimi u bë i fuqishëm: duke iu shmangur së vërtetës, e krijoi lëndën e vet në boshllëk. Bëri çmos të mbruante një krijesë, duke u rrekur të ndërfuste brënda bukurisë diçka që ishte e ngjashme me të vërtetën.

3. Kjo nuk mundi të sjellë poshtërim për Atë, të Pakapshmin, të Papërfytyrueshmin, sepse ankthi, harrimi dhe mashtrimi i gabimit nuk qenë kurrgjësend, teksa e Vërteta është e palëkundshme, e qëndrueshme dhe e pandryshueshme në bukuri. Prandaj, përçmojeni gabimin! Duke mos patur rrënjë, ai gjendej në mjegull në krahasim me Atin, duke iu përkushtuar përgatitjes së veprave të harrimit dhe tmerreve, përmes të cilave synonte t'i nxirrte nga rruga dhe t'i bënte robër ata që përfshinte. Por harrimi, i cili e kish prejardhjen nga gabimi, nuk ishte shpërfaqur: harrimi nuk gjendej brenda Atit, ndonëse pati ardhur në ekzistencë për shkak të tij; ajo që gjendet brenda Tij është dija, e cila qe shpërfaqur me qëllim që harrimi të zhdukej dhe njerëzit të mund ta njihnin Atin. Ndërsa harrimi erdhi në ekzistencë prejse njerëzit nuk e njihnin Atin. Por, sapo ata të njohin Atin, harrimi do të reshtë menjëherë së ekzistuari.

---

kësisoj me Pleromën. Tekstet gnostike e përfytyrojnë Pleromën si aspekt të Zotit, Parimit të Amshuar Hyjnor, që mund të kuptohet vetëm pjesërisht nëpërmjet Pleromës. Çdo "aeoni" (domethënë, aspekti të Zotit) i jepet një emër (herë-herë, disa syresh) dhe një plotës femëror (Gnosticizmi e shqyrtonte Hyjninë dhe Plotërinë në termat e bashkimit të mashkullit dhe të femrës). Miti gnostik vazhdon duke pohuar se plotësi femëror i *aeonit* të Urtisë, Sofia, u nda nga Pleroma për të mbrujtur Demiurgun, duke i dhënë fill kësisoj botës lëndore.

4. Ky është Ungjilli i atij që ata kërkojnë; u është shpërfaqur të përkryerve falë mëshirës së Atit. Mister i fshehtë, Jezu Krisht, nëpërmjet të cilit ai ka përndritur dhe u ka treguar udhën atyre që gjendeshin në errësirë për shkak të harrimit. Dhe kjo udhë është e vërteta që ai u ka mësuar atyre. Për këtë arsye, gabimi u zemërua me të, e përndoqi, e ndrydhi dhe e asgjësoi. E gozhduan në një dru dhe ai u shndërrua në frutin e njohjes së Atit; po për ata që hëngrën, nuk u bë shkak i kurrfarë shkatërrimi. Përkundrazi, për ata që hëngrën, u bë shkak ngazëllimi për zbulesën.

5. Në të vërtetë ai i gjeti në veten e tij, dhe ata e gjetën atë në veten e tyre: (atë që është) i pakapshëm, i papërfytyrueshëm, Atin e përkryer, atë që ka mbruajtur gjithçkanë, në të cilën gjendet gjithçka e për të cilin gjithçkaja ka nevojë. Në të vërtetë, ai përmbledh në vetvete përkryeshmërinë e tyre: nuk ia kishte dhënë gjithçkasë. Jo pse Ati është xheloz: e çfarë xhelozie mund të ekzistojë mes Tij dhe gjymtyrëve të veta? Nëse në këtë mënyrë ky eon do ta kishte mbajtur për vete përkryeshmërinë e tyre, ata nuk do të mund të ngjiteshin tek Ati, i cili ruan në vetvete përkryeshmërinë e tyre: ai (në të vërtetë) ua lejon atyre, me qëllim që ata të rikthehen tek ai dhe ta njohin me një njohje unike në përkryeshmëri. Ai është (ai) që ka krijuar gjithçkanë në të cilën ekziston gjithçka, e për të cilën gjithçkaja ka nevojë.

6. Siç ndodh me dikë që, duke qenë i panjohur nga të gjithë, dëshiron ta njohin, e kësisoj ta duan, – në të vërtetë, e për çfarë ka nevojë gjithçkaja përveçse të njohë Atin? – kështu vjen edhe ai, udhërrëfyes i qartë dhe i paqtë. Hyri në një shkollë, si mësues, dhe shqiptoi Fjalën. Tek ai shkuan ata që ishin të ditur, simbas mendimit të tyre, duke dashur ta vinin në provë; por ai i pështjelloi ata, duke i bërë të kuptonin se sa të zbrazët ishin. Ata e urryen, ngaqë nuk ishin vërtetë të ditur. Mbas tyre, atij iu afruan edhe fëmijët, të cilëve u përket dija e Atit: mbasi u kalitën, ata mësuan (t'i njihnin) tiparet e fytyrës së Atit. Njohën dhe u njohën, u përlëvduan dhe përlëvduan.

7. Në zemrat e tyre u zbulua Libri i jetës së të gjallëve, i cili është shkruar në Mendimin dhe në Mençurinë e Atit, i cili me tejkuptueshmërinë e tij ishte i mëpërparshëm në themelimin e gjithçkasë. Askush nuk kishte mundësi ta shtinte në dorë atë

(libër), meqenëse ish ruajtur për atë që do ta merrte, për atë do të ishte i papërlyer. Askujt prej atyre që besonin në shpëtimin nuk mund t'u shpërfaqej, deri kur ky libër të fanitej. Për këtë arsye, Jezui përdëllyes dhe besnik, pranoi me durim që t'i pësonte vuajtjet derisa e mori librin, ngaqë e dinte se vdekja e tij do të shndërrohej në jetë për shumëkënd.

8. Krejt si në rastin kur, përderisa testamenti nuk është lexuar ende, begatitë e kryefamiljarit të vdekur mbeten të fshehta, poashtu ishte fshehur edhe gjithçkaja, përderisa ishte i padukshëm Ati i Gjithçkasë, qenia që ekzistonte prej vetvetes, ai prej të cilit lëvizin tërë hapësirat. Prandaj u shfaq Jezui: ai e mori atë libër mbi vete, u gozhdua në një dru dhe e lartësoi përmbi kryq shpalljen e Atit. Oh, çfarë mësimi i madhërishëm! U poshtërua deri në vdekje ai që ish mveshur me jetë të amëshuar! Duke u zhveshur prej atyre zheleve të vdekshme, ai u vesh me një pavdekshmëri që askush s'mund t'ia heqë. Duke depërtuar në vende që qenë zbrazur për shkak të frikës, ai kaloi mespërmes vendeve të zhveshura për shkak të harrimit e u shndërrua në dije dhe përkryeshmëri, duke shpallur atë që gjendej në zemër të Atit dhe duke mësuar këdo që e mirëpriste mësimin e tij.

9. Ata që nxënë mësimin, pra të gjallët, të regjistruarit në librin e të gjallëve, e marrin doktrinën mbi vete, e marrin nga Ati duke u kthyer sërish kah Ai. Meqenëse përkryeshmëria e gjithçkasë gjendet në Atin, është e domosdoshme që gjithçkaja të ngjitet tek Ai. Atëherë, ai që di merr atë që i përket dhe e tërheq kah vetja. Ndërsa kush është i paditur mbetet nevojtar; e ajo që i nevojitet është e madhe, meqenëse ka nevojë për atë që e bën të përkryer.

10. Meqenëse përkryeshmëria e gjithçkasë gjendet në Atin, është e domosdoshme që gjithçkaja të ngjitet tek ai, që sekush të marrë atë që i takon; ai tashmë i ka regjistruar ata dhe i ka përgatitur për t'iu bashkuar atyre që kanë rrjedhur prej Tij. Ata, emrat e të cilëve Ai i ka njohur që në hershim, më në fund thirren, e kështu, njeriu i ditur është ai të cilit Ati i shqipton emrin. Ndërsa ai të cilit nuk i shqiptohet emri, është i paditur. E, në të vërtetë, si do mund të ishte në gjendje të dëgjonte njeriu,

emri i të cilit nuk është shqiptuar? Ngase, kush mbetet i paditur deri në fundin e fundit është krijesë e harrimit dhe ka për t'u shkatërruar së bashku me të. Nëse nuk është kështu, përse këta të mjerë nuk kanë emër, nuk kanë zë?

11. Kështu, nëse dikush zotëron gnosën, është një qënie e lartë. Nëse e thërrasin, dëgjon, përgjigjet dhe kthehet nga ai që e thërret, ngjitet tek ai, ngaqë e di për ç'arsye është thërritur. Meqenëse zotëron gnosën[293], ai përmbush vullnetin e atij që e ka thërritur, dëshiron t'i pëlqejë atij dhe i jepet prehja. Emri i Njëshit bëhet emri i tij. Ai që e njeh kësisoj gnosën, e di se prej nga vjen dhe ku shkon; ai di, në të njëjtën mënyrë siç di njeriu i cili, duke pasë qenë i dehur, i del të pirët dhe, ashtu esëll siç është, vë rregull midis gjërave që i përkasin.

12. Ai ka nxjerrë shumë njerëz nga gabimi, i ka udhëhequr deri në vendet prej nga qenë larguar duke rënë në gabim nga shkaku i thellësisë së atij që qarkon çdo vend dhe nuk qarkohet nga asgjë. Është çudi e madhe që ata ndodheshin në

---

[293] Fjala *gnosë* (gr. γνῶσις) i referohet një trajte të dijes shpirtërore, që për shumicën e njerëzve njihet si 'përndritje'. Fjala rrjedh nga i njëjti burim (nga prot-indo-evropianishtja) me fjalën sanskrite *gnana* (shqiptohet *njana*, por edhe *jnana*) që ka kuptim të njëvlefshëm në të gjitha traktatet budiste dhe hinduiste. Në Budizmin Theravada fjala për gnosë është añña (fjpfj. "dija me e lartë"). Dija së cilës i referohet gnostika nuk kushtëzohet nga sfondi i realitetit të dukurisë: ajo njihet si Brahma (Upanishadat), Dharmakaya (Budizmi Mahayana), Tao (Tao Te Ching) dhe Zot (fetë teiste). Ai që, pasi ka ndjekur një rrugë shpirtërore, ka nxënë dije transhendentale, quhet gnostik (Gnani apo Jnani në sanskritisht dhe indisht). Gnostik quhet edhe ndjekësi i një prej tri shkollave më të rëndësishme, që lulëzuan në kohën e Krishtërimit të hershëm. Por kisha e hodhi poshtë gnosticizmin, ngase ai mbeti tek universalja dhe e kuptoi Idenë si Imagjinatë, gjë që i binte ndesh vetvetishmërisë së ekzistencës së Krishtit (Kristos) në mish, *Xpristós én sarkí*. Docetistët thonë se Krishti (Kristos) ka pasur thjeshtë një trup të dukshëm dhe një jetë të dukshme. Mendimi qe kriptik. Kisha mbajti qëndrim të paepur kundrejt këtyre mëtimeve, në favor të një trajte të përcaktuar të personalitetit, dhe këtë ia bashkoi parimit të realitetit konkret.

Atin pa mundur ta njihnin e që mundën të dilnin vetë jashtë, ngaqë s'ishin të aftë ta kuptonin dhe ta njihnin Atë brenda të cilit ndodheshin! Ndodhi kështu, prejse vullneti i tij nuk qe shpërfaqur ende jashtë tij. Ai u shpërfaq si dije që bind të gjitha bijimet e tij.

13. Kjo është njohja e librit të gjallë, që ai ua ka zbuluar në fund eonëve si shkronja, përpara se ai vetë të shpërfaqej. Sepse ato nuk janë zanore e as bashkëtingëllore që ndokush mund t'i lexojë dhe të mendojë gjëra të kota, por janë shkronja të së Vërtetës, të cilat i shqipton vetëm ai që i njeh. Çdo shkronjë është e vërtetë e përsosur si një libër i përsosur, sepse janë shkronja të shkruara nga njësia; ato i ka shkruar Ati, me qëllim që nëpërmjet tyre eonët të mund ta njohin Atin.

14. Ndërsa urtësia e tij përsiat Logosin dhe doktrina e tij e shpreh, gnosa e tij shpërfaqet. Butësia e tij qëndron mbi të si një kurorë. Ngazëllimi i tij është bashkuar me të. Lavdia e tij e ka lartësuar. Shëmbëlltyra e tij e ka shpërfaqur. Prehja e tij e ka mirëpritur në vete. Dashuria e tij është mishëruar në të. Besimi i tij e ka qarkuar. Kështu, Logosi i Atit ecën përmes gjithçkasë, duke qenë frut i zemrës së tij dhe shprehí e pranisë së vullnetit të tij. Megjithatë ai mban gjithçkanë; ai kryen një zgjedhje dhe merr trajtën e gjithçkasë. Ai e dëlir dhe e rikthen tek Ati e tek Nëna, Jezuin me ëmbëlsi të pafundme. Ati zbulon kraharorin e Tij: (kraharori i tij është Shpirti i Shenjtë); shpërfaq gjithë ç'është e fshehur brenda tij: dhe ç'gjendet fshehur në Atin është Biri i Tij, - ashtu që falë përdëllimit të Atit, eonët të mund ta njohin e të reshtin së cfilituri në kërkim të Atit: kësisoj gjejnë prehje në Të duke e ditur që Prehja është Ai.

15. Mbasi i mbushulloi zbrazëtirat, shkatërroi dukjen e jashtme. Dukja e tij e jashtme është bota, së cilës i qe nënshtruar. Në të vërtetë, në vendin ku gjenden zilia e mospërputhja ka zbrazëti; ndërsa në vendin ku gjendet uniteti ka përkryeshmëri. Zbrazëtia ndodhi sepse ata nuk e njihnin Atin, por sapo Ati të njihet, zbrazëtia do të vdaret saora. Ashtu siç ndodh me padijen e dikujt, e cila vdaret në çastin kur njeriu fillon të dijë. Siç davaritet errësira në çastin kur vegon drita, ashtu edhe zbrazëtia zhbëhet prej përkryeshmërisë. Nga ky çast, dukja e jashtme nuk shfaqet

më: ajo do të davaritet duke u shkrirë me njësinë, teksa veprat e saj do të humbasin. Në (atë) çast njësia do t'i përsosë hapësirat. Brenda njësisë secili do ta rigjejë vetveten. Nëpërmjet gnosës, në njësi do të dëlirë vetveten nga ndryshmëria; do ta gllabërojë në vetvete lëndën: errësirën nëpërmjet dritës, vdekjen nëpërmjet jetës.

16. Pra, nëse këto gjëra i ndodhin secilit prej nesh, është e domosdoshme që çdonjëri të përkujdeset që banesa e tij të jetë e shenjtëruar dhe e paqtë për njësinë. Duhet të ndodhë si me njerëzit, të cilët, kur braktisin një vend, i thyejnë vazot jo të mira që gjenden në ndonjë qoshe, dhe për këtë pronari i banesës nuk dëshpërohet asfare, përkundrazi ndjehet i gëzuar, sepse në vend të atyre vazove të shëmtuara, ai ka ca të tjera të mbushura përplot e të përkryera. Në të vërtetë, i tillë është gjykimi që vjen nga lart e që ka gjykuar secilin, shpata e zhveshur me dy tehe që pret në të dyja anët: kur u shfaq Logosi, i cili ndodhet në zemrën e atyre që e parapëlqejnë, -nuk qe thjesht një tingull, por mori edhe trajtë trupore- një pështjellim i madh ndodhi midis vazove, sepse disa qenë bosh, disa rrinin drejt, disa qenë të përmbysura, disa qenë të dëlira, ndërsa të tjerat qenë bërë copë-copë. Të gjitha hapësirat u tronditën e u shkundulluan: në to nuk kishte qëndrueshmëri e as rend. Gabimi qe përfshirë nga angështia, duke mos ditur çfarë të bënte. Kur i afrohet gnosa, e cila përbën rrënim për të dhe për të gjitha bëmat e tij, gabimi ndjehet bosh, nuk ka kurrgjë brenda vetes.

17. E vërteta u shfaq e të gjitha bijimet e njohën. Duke qenë brenda së vërtetës, e përnderuan Atin me një fuqi të përkryer që i bashkon me Atin: njëmend secili e do të vërtetën, meqenëse e vërteta është goja e Atit; gjuha e tij është Shpirti i Shenjtë. Ai që i bashkohet së vërtetës i bashkohet gojës së Atit, sepse nga gjuha e tij do të marrë Shpirtin e Shenjtë: ai është shpërfaqje e Atit dhe zbulesë e Tij për eonët e vet.

18. Ai ka nxjerrë në pah atë që ish fshehur brenda tij. Ai e ka bërë të qartë. Në të vërtetë, kush është ai që ekziston përveçse Atit? Të gjitha hapësirat janë rrezatim i tij. Ato e kanë pranuar se prejardhja e tyre është tek Ai, ashtu si bijtë e një njeriu të përkryer. Ata e dinin se nuk kishin marrë ende një formë, e se

ende nuk kishin marrë nga një emër që Ati e krijon për secilin: atëherë marrin nga Ai një formë prej gnosës së Tij. Meqenëse, gjithë duke qenë brenda Tij, ata nuk e njohin; por Ati, i cili është i përkryer, i njeh hapësirat që janë brenda tij. Nëse dëshiron, Ai shpërfaq kë të dojë, duke i dhënë një formë e një emër: u jep atyre një emër dhe i fut në ekzistencë. Gjithë sa nuk kanë hyrë ende në ekzistencë, nuk e dinë fare se kush i ka krijuar. Sigurisht, nuk them se gjithë sa nuk kanë hyrë ende në ekzistencë janë kurrgjësend: ata janë brenda Tij. Kur Ai të dëshirojë e nëse do të dëshirojë, brenda një çasti do t'i shpërfaqë në ekzistencë. Përpara se të vegojnë të gjitha gjërat, Ai e di se çfarë do të krijojë; në të kundërt, fruti që nuk është shpërfaqur ende, nuk di asgjë e nuk bën asgjë. Kësisoj, çdo hapësirë që ndodhet në Atin, prejvjen nga Ai që është, por ai e ka kthyer në qenie duke e marrë nga mosqenia. Meqenëse kush nuk ka rrënjë, nuk lidh as fruta; por i thotë vetes: "Më është dhënë ekzistenca për t'u shkatërruar sërish". E do të shkatërrohet. Prandaj, gjithë çfarë nuk ka ekzistuar kurrë, nuk ka për të ekzistuar kurrë.

19. Çfarë do pra Ati, që ne të mendojmë për veten? Këtë: "Unë jam si hijet dhe fantazmat e natës". Kur drita vezullon, njeriu kupton se frika prej së cilës qe kapluar nuk qënkej asgjë. Ishin aq të paditur në lidhje me Atin, sa nuk e shihnin. Kjo padije mbillte frikë, pështjellim, paqëndrueshmëri, dyshim, pasiguri e mosmarrëveshje; të shumta qenë mashtrimet që i ngashnjenin; të shumta qenë budallallëqet e zbrazëta; thua se njerëzit qenë harruar në gjumë dhe kishin rënë pré e ëndrrave të trazuara; thua se iknin prej ndonjë gracke apo kteheshin të rraskapitur mbasi kishin ndjekur këtë apo atë; (a thua se) qëllonin ndokënd apo qëlloheshin prej ndokujt, rrëzoheshin prej së larti apo fluturonin në ajër pa pasur krahë; herë të tjera, sikur dikush orvatet t'i vrasë, edhe pse askush nuk i ndjek, ose sikur ata vetë janë duke vrarë fqinjët e tyre, duke qenë krejt të llangosur me gjakun e tyre; deri në çastin kur, mbasi kanë përjetuar tërë këto, rizgjohen: edhe pse qenë gjëndur mes tërë atij pështjellimi, ata nuk shohin kurrgjë, sepse e tërë ajo nuk paskej qenë kurrgjësend. Kështu u ndodh atyre që e asgjësojnë padijen si në një ëndërr që për ta nuk do të thotë kurrgjë; as edhe bëmat e tyre nuk vlejnë asgjë: i quajnë të zbrazëta, prandaj dhe

i braktisin si në një ëndërr natore; dhe e përnderojnë gnosën e Atit si dritën.

20. Kështu vepruan të gjithë ata që qenë përgjumësh, në kohën kur ishin të paditur; dhe kësisoj u ngritën me t'u zgjuar nga gjumi. I lumë është ai që vjen në vete dhe zgjohet. I lumë është ai që ua hap sytë të verbërve. Shpirti rendi vetëtimthi mbi ta, u dha dorën atyre që dergjeshin përtokë, ua forcoi gjymtyrët dhe i rimëkëmbi. U dha mundësinë për të nxënë gnosën e Atit dhe zbulesën e Birit. Kur ata e panë dhe e dëgjuan atë, Ati i lejoi të shijonin, të ndjenin kundërmimin dhe të preknin Birin e dashur, mbasi ai vegoi duke u sjellë Ungjillin e Atit të pakuptueshëm.

21. Të shumtë ishin ata që u përndritën dhe u kthyen kah ai. Disa iu kundërvunë atij, sepse ishin të huaj dhe, duke mos parë shëmbëlltyrën, nuk arritën ta njihnin; meqenëse ai kishte ardhur brenda në një forme trupore; nuk kishte kurrfarë pengese në udhën e tij, sepse atij i përkisnin si pavdekshmëria, ashtu dhe pakundërshtueshmëria.

22. Ai shpalli gjëra të reja, foli për atë që gjendet në zemrën e Atit, shqiptoi Logosin e përkryer. Përmes gojës së tij foli Drita, ndërsa zëri i tij lindi jetën. Ai u dha atyre mendimin, arsyen, përdëllimin, shpëtimin, fuqinë e një shpirti që vjen nga pafundësia e ëmbëlsia e Atit. Bëri të reshtin ndëshkimet dhe vuajtjet, ngaqë ishin pikërisht këto që kishin ndarë nga Ai shumë njerëz nevojtarë për përdëllimin, të cilët po prireshin kah gabimi dhe kurthet: i shpartalloi nëpërmjet fuqisë dhe i pështjelloi përmes gnosës. Ai u shndërrua në udhë për ata që ishin bjerrur udhën, në dije për ata që ishin të paditur, në zbulim për ata që kërkonin, në mbështetje për ata që luhateshin, në dlirësi për ata që ishin përlyer.

23. Ai është bariu i cili ka lënë nëntëdhjetë e nëntë dele që nuk qenë shmangur nga udha, dhe që ka shkuar të kërkojë delen e humbur. E kur e gjeti, u ngazëllye; sepse, në të vërtetë, nëntëdhjetë e nënta është një numër që mbahet në dorën e majtë, që e zotëron. Por sapo delja e humbur gjendet, i tërë numri kalon në (dorën) e djathtë. Kështu i ndodh atij që i mungon njëshi;

kësisoj, dora e djathtë tërheq atë që është munguese, e merr nga e majta dhe e kalon në të djathtën, e në këtë mënyrë numri bëhet njëqind.

24. Kjo është shenja e gjithë sa gjendet në zërin e tyre, pra të Atit. Për delen e rigjetur që kish rënë në një pus, ai punoi edhe të shtunën[304] e i dha jetë. E nxori atë dele nga pusi, me qëllim që zemrat tuaja të kuptojnë se ç'është e shtuna, në të cilën shpëtimi nuk duhet të mbetet joveprues; me qëllim që ju të flisni për ditën e cila vjen prej së larti dhe është pa natë, e për dritën që nuk perëndon ngaqë është e përkryer.

25. Thuajeni pra, me zemrën tuaj se ajo ditë e përkryer jeni ju, dhe se në ju banon drita që nuk shuhet kurrë. U flisni për të vërtetën atyre që e kërkojnë dhe për gnosën atyre që kanë mëkatuar duke qenë në gabim. Ju jeni bijtë e gnosës dhe të zemrës! Përforcojeni këmbën e atyre që luhaten, shtrijani dorën të sëmurëve. Ushqejini ata që kanë uri, ngushëllojini ata që vuajnë, mëkëmbini ata që dëshirojnë, zgjojini ata që flenë. Ju jeni vetëdija që josh. Nëse forca vepron në këtë mënyrë, ajo bëhet akoma më e fuqishme. Kujdesuni për veten tuaj, por mos u kujdesni për gjërat e jashtme që keni shmangur, që keni braktisur. Mos u ktheni tek gjërat që keni vjellë, për t'u ushqyer sërish me to. Mos u bëni strehë për djallin, sepse tashmë e keni shkatërruar përfundimisht. Mos i përforconi pengesat tuaja luhatëse, duke dashur t'i rimëkëmbni ato. Ai që nuk ka një ligj, nuk është asgjë: dëmton më tepër vetveten sesa ligjin. Në të vërtetë, i kryen veprat e veta si dikush që s'ka ligje. Ndërsa ai që është i drejtë i kryen veprat e veta për të tjerët. Ju, pra, zbatoni vullnesën e Zotit, meqenëse rridhni prej tij. Në të vërtetë, Ati është i dashur dhe në vullnetin e tij ka gjëra të mira. Ai ua ka njohur atë që është juaja, me qëllim që ju të gjeni prehjen tuaj.

---

[304] 'Punoi edhe të shtunën': Pushimin e të shtunës (sabatit), hebrenjtë e shtjellonin me kryerjen e krijimit (Zan 2: 2). Themelimi i së shtunës është shumë i vjetër, por zbatimi i saj mori rëndësi të veçantë pas shpërnguljes. Jezui thosh se Ligji s'duhej marrë qorrazi. Sepse të shtunën e shkeli edhe Davidi, edhe priftërinjtë në Tempull dhe se Ai, Biri i njeriut, është "Zoti i të shtunës".

26. Ajo që është juaja njihet nga frutet, meqenëse bijtë e Atit janë kundërmimi i tij, sepse e kanë prejardhjen nga hiri i fytyrës së tij. Ati e do kundërmimin e tij dhe e shpërfaq atë në çdo vend; nëse ajo përziehet me lëndën, Ai e shpall kundërmimin e vet në dritë dhe, në heshtjen e tij, ai e lejon që të marrë çdo trajtë e çdo tingull. Nuk janë veshët ata që e përthithin kundërmimin, por është Shpirti ai që ka aftësinë e nuhatjes dhe e tërheq ndaj vetes për ta kredhur në kundërmimin e Atit; e merr dhe e rikthen në vendin prej nga ka ardhur, (e rikthen) tek kundërmimi zanafillor atë (kundërmim të kumtuar), që tashmë është ftohur në një krijesë psikike si ujët e ftohtë; ka (rënë) në një tokë të paqëndrueshme dhe ata që e shohin, mendojnë: "Është tokë, e shpejt do të shpërbëhet sërish". Por nëse fryn një fllad, ajo ngrohet përsëri. Kundërmimet e ftohta burojnë nga ndarja.

27. Për këtë arsye erdhi besimi: për të shkatërruar ndarjen e për të sjellë ngrohtësinë e Pleromës së dashurisë, me qëllim që të ftohtët të mos kthehet më dhe të mbretërojë njësia e mendimit të përkryer. Ky është Logosi i Ungjillit, i zbulesës së Pleromës për ata të cilët presin që shpëtimi t'u vijë nga lart. Syçelët është shpresa e tyre dhe kah ajo janë kthyer ata, shëmbëlltyra e të cilëve është drita që kurrë s'ka hije në çastin kur mbërrin Pleroma.

28. Mangësia e lëndës nuk prejvjen nga pafundësia e Atit që arrin në kohën e mangësisë, ndaj askush nuk mund të thotë se prishshmëria ka ardhur në atë mënyrë. Përkundrazi, është thellësia e Atit ajo që shumëzohet; dhe në Të nuk ekziston mendimi i gabimit. Dhe misteri i rënies është një mister që resht së ngrituri, falë zbulimit të atij që ka ardhur nga ai që don ta kthejë sërish. Në të vërtetë, ky rikthim quhet shndërrim. Për këtë arsye paprishshmëria ka hukatur: e ka ndjekur atë që ka mëkatuar, që ai të mund të gjente prehjen. Falja është pikërisht teprica e dritës në mangësi, është Logosi i Pleromës.

29. Mjeku ngarend në vendin ku ndodhet i sëmuri, sepse i tillë është vullneti i tij. Atëherë, ai që vuan prej ndonjë mangësie nuk e fsheh atë, prejse (mjeku) ka atë për të cilën ai (i sëmuri) ka nevojë. Kështu, mangësia plotësohet nga Pleroma në të cilën nuk mungon asgjë, që (Ati) e ka dërguar për të mbushur

mangësinë, me qëllim që tani të marrë hirin; sepse kur gjendej në mangësi nuk kishte hir. Aty ku nuk ka hir ka mangësi. Në çastin kur ajo mori atë që i mungonte, Ai (Ati) shpalli se ajo që i kish munguar ishte Pleroma, pra zbulesa e dritës së vërtetë, e cila e ka përndritur ngaqë është e pandryshueshme. Kjo është arsyeja pse ata flasin për Krishtin mes tyre, me qëllim që gjithësa ishin të angështuar të konvertoheshin dhe ai t'i vajoste me bagëmin.

30. Vajosja është mëshira e Atit, i cili do të shfaqë përdëllim për ta. Ata që Ai ka vajosur janë përkryer. Janë vazot plot ato ndaj të cilave tregohet kujdes që të vulosen. Por kur vulosja vdaret, (vazoja) zbrazet; dhe arsyeja se pse mangësohet lidhet me vendin prej të cilit vdaret vajosja. Në këtë çast, edhe një hukamë mund ta tërheqë, simbas forcës së atij që e lëshon. Por tek ai që nuk ka mangësi, nuk ndodh kurrfarë zhvulosjeje e kurrfarë zbrazëtie, përkundrazi, Ati i përkryer e mbushullon me gjithë ç'ka i nevojitet. Ai është i mirë. Ai i njeh farërat e tij, sepse është Ai që i ka mbjellë në parajsën e vet. Parajsa e tij është vendi i prehjes së vet, është përsosmëria falë mendimit të Atit; e këto janë fjalë të përsiatjes së tij.

31. Secila nga fjalët e tij është shprehí e vullnetit të palakueshëm në shpërfaqjen e Logosit. Teksa gjendeshin në thellësi të mendimit të tij, Logosi që u shpall më së pari i shpërfaqi, me mençurinë që flet për Logosin, në hirin e heshtur. Ai qe quajtur "mendim", sepse përpara se të shpërfaqeshin, ishin brenda tij.

32. Ndodhi që ai (Logosi) të shfaqej më së pari në çastin kur i pëlqeu Vullnesës së atij që deshi. Vullnesa është ajo ku Ati prehet dhe i pëlqen. Asgjë nuk mund të ndodhë pa Të, asgjë nuk është e mundur pa vullnesën e Atit. Por vullnesa e tij është e pavrojtueshme. Vullnesa është gjurma e Tij, por askush nuk mund ta njohë, e as ta vëzhgojë për ta njohur. Por kjo mund të ndodhë në çastin që Ai do, paçka se shpërfaqja e saj nuk u pëlqen fare atyre; përpara Zotit kjo është vullnesa e Atit.

33. Ai e di fillesën e të gjithëve. Kur të vijë fundi i tyre, ai do t'i pyesë për gjërat që kanë bërë. Tashmë fundi qëndron në njohjen

e atij që është i fshehur. E ky është Ati, prej të cilit buron fillimi dhe tek i cili do të rikthehen të gjithë ata që janë krijuar prej tij. Sepse, nga ana tjetër, ata qenë krijuar për lavdinë dhe harenë e emrit të tij.

34. Por emri i Atit është Bir: ishte ai që në fillesë i dha emrin atij që buroi prej tij: ishte vetvetja; ai e lindi si Bir. I dha emrin që i takonte; është ai të cilit i përkasin të gjitha gjërat që e rrethojnë, Ati; i Tiji është emri, i Tiji është Biri. Ai mund të shihet, por emri është i padukshëm, meqenëse vetëm ai është misteri i së padukshmes, i caktuar për të mbërritur tek veshët që janë të mbushulluar me të.

35. Në të vërtetë, emri i Atit nuk është shqiptuar, por ai është shpërfaqur përmes Birit. Kaq i madh, pra, është emri! E kush do mund të jetë në gjendje ta shprehë këtë emër të madh, përveç atij që i përket ky emër dhe bijve të emrit mbi të cilët prehet emri i Atit, e në të cilin edhe ata prehen?

36. Meqë Ati nuk është i lindur, ai veç ka lindur një emër për vetveten përpara se të krijonte eonët, me qëllim që në krye të tyre të ishte emri i Atit, si Zot, pra emri i vërtetë, i qëndrueshëm në prijën e tij dhe në fuqinë e përkryer. Sepse ky emër nuk bën pjesë tek fjalët (e thjeshta) e as tek epitetet, por është i padukshëm.

37. Ai i ka dhënë një emër vetvetes, sepse është i vetmi që sheh vetveten; veç Ai ka fuqi t'i japë vetes një emër. Sepse ai që nuk ekziston, nuk ka një emër. Çfarë emri mund t'i jepet atij që nuk ekziston? Ndërsa ai që ekziston, ekziston me emrin e tij dhe e njeh vetveten. Dhënia e emrit është një e drejtë vetëm e Atit. Biri është emri i Tij. Pra, Ai nuk e ka mbajtur në të fshehtë, sadoqë ishte Biri; e vetëm atij ia ka dhënë emrin. Kësisoj, emri i tij është ai i Atit, ashtu sikundër emri i Atit është Bir. E në të vërtetë, ku mund ta gjejë mëshira një emër jashtë Atit?

38. Por, sigurisht, ndokush do mund t'i thotë të afërmit të tij: Kush vallë mund t'i japë një emër dikujt që ekzistonte përpara tij?, njëlloj sikur fëmijët të mos merrnin një emër nga ai që i ka lindur. Para së gjithash është e rëndësishme të mendojmë për këtë: çfarë është emri? Meqenëse ai është emër i vërtetë; është

emri që vjen nga Ati, vetë emri i Tij. Pra, ai nuk ka marrë një emër hua, si të tjerët, simbas mënyrës që e merr secili prej tyre. Përkundrazi, ky është emri i tij. Ai nuk ia ka dhënë askujt tjetër. Por është i pathënshëm dhe i pashprehshëm deri në çastin kur ai, që është i përkryer, e ka shqiptuar vetë. Ai e ka fuqinë ta shqiptojë emrin e tij dhe ta shohë.

39. Pra, kur Atij i pëlqeu që emri i tij të bëhej Biri i Tij i dashur, i dha emrin e vet atij që kish dalë nga thellësia; dhe ai foli për të fshehtat e Tij, duke e ditur se Ati është absolutisht i mirë. Pikërisht për këtë arsye, Ai e dërgoi, që të mund të fliste për vendin dhe për prehjen e tij, prej nga kishte ardhur e për të përlëvduar Pleromën, madhështinë e emrit të Tij dhe ëmbëlsinë e Atit. Ai do të flasë për vendin prej nga ka ardhur secili e për zonën në të cilën është përftuar qënia e tij thelbësore; do të nxitojë për t'a kthyer sërish atje, për ta tërhequr nga ky vend, vend në të cilin ai është gjendur duke ndjerë kënaqësi për vendin tjetër, duke e ushqyer dhe rritur në Të. Vendi i prehjes së tij është Pleroma.

40. Të gjithë bijimet e Atit janë Pleroma, e të gjitha rrezatimet i kanë rrënjët e tyre tek ai që i ka rritur të gjitha në vetvete dhe ua ka përcaktuar fatin. Mandej, secili nga ata u shpërfaq me qëllim që nëpërmjet mendimit të tyre të ishin të përkryer. Në të vërtetë, vendi ku ata e drejtojnë mendimin është rrënja e tyre, e cila i ngre në të gjitha lartësitë, deri tek Ati; ata mbërrijnë (atëherë) kokën e tij, që është prehja e tyre, dhe qëndrojnë aq pranë tij, sa mund të thuash që janë njësuar me fytyrën e Tij, nëpërmjet puthjeve.

41. Por ato (bijimet) nuk shfaqen si të lartësuara vetvetiu; ato nuk janë të privuara nga lavdia e Atit, nuk e mendojnë atë si të vogël, të ashpër, apo idhnak, po përkundrazi absolutisht të Mirë, të Patundur, të Ëmbël, që i njeh të gjitha hapësirat përpara se ato të hyjnë në ekzistencë, e që nuk ka nevojë për mësime.

42. Kjo është mënyra e të qënit për ata që zotërojnë diçka prej së larti, prej madhështisë së pamatë: janë prirur kah i Pashembullti, i Përkryeri, që është aty për ata; nuk zbresin në

Amenti[315]; janë të çliruar nga smira, nga ofshamat, nga vdekja, prehen në Atë që prehet; nuk vuajnë, as nuk përkushtohen në kërkimin e së vërtetës, sepse e vërteta janë ata vetë; Ati është brënda tyre dhe ata janë brenda Atit, meqenëse janë të përkryer dhe të pandashëm nga kjo (qenie) që është me të vërtetë e Mirë: nuk vuajnë asnjë lloj mungese, por prehen, të flladitur në Shpirt. I kushtojnë vëmendje rrënjës së tyre. Përqëndrojnë interesin e tyre ndaj (gjërave) në të cilat ai (Ati) gjen rrënjët e tyre dhe shpirti i tyre nuk pëson kurrfarë dëmi. Ky është vendi i të lumëve, ky është vendi i tyre.

43. Sa u takon të tjerëve, le ta dinë, në vendin e tyre, se unë, mbasi kam qenë në Vendin e prehjes, nuk jam në gjendje të them gjë tjetër. Do të banoj atje, e në çdo çast do t'ia kushtoj veten time Atit të gjithçkasë dhe tërë vëllezërve të vërtetë, mbi të cilët derdhet dashuria e Atij, e në midis të cilëve Ai nuk lejon të mungojë asgjë e Tij. Ata njëmend shpërfaqen në këtë jetë të vërtetë e të amëshuar, flasin për dritën e përkryer, janë të mbushur me farën e Atit që është në zemër dhe në Pleromë, teksa Shpirti i tij ngazëllehet dhe përlëvdon Atë në të cilin ishte, sepse Ai është i mirë. Bijtë e tij janë të përkryer, të denjë për emrin e Tij, sepse Ai është Ati e këta janë bijtë që ai i do.

---

[315] Amenti apo Amenteti: në mitologjinë e egjiptianëve të lashtë është pajtorja e portave të nëntokës, bashkëshortja e Akenit. Paraqitej në trajtën e një gruaje të veshur me petk mbretëror. Ajo i priste shpirtërat e të sapovdekurve, duke iu dhënë bukë e ujë te portat e nëntokës. Kulti i saj nuk ekzistonte, sado që përmendet në shumë himne dhe pjesë të Librit të të Vdekurve.

Ungjilli apokrif i Filipit

1. Një Hebre krijon një Hebre dhe ky është quajtur "ithtar"; por një ithtar nuk krijon një ithtar. Ata që gjenden në të Vërtetën janë si ata dhe krijojnë të tjerë; në të vërtetë, për të dytët është e mjaftueshme të hyjnë në ekzistencë.

2. Skllavi ëndërron vetëm të jetë i lirë, por nuk ëndërron pasuritë e zotërisë. Kurse biri nuk është vetëm bir, por i jepet edhe trashëgimia e të atit.

3. Ata që trashëgojnë nga një i vdekur, janë edhe vetë të vdekur dhe trashëgojnë gjëra të vdekura. Ata që trashëgojnë nga një i gjallë, janë edhe vetë të gjallë dhe trashëgojnë gjërat e gjalla dhe gjërat e vdekura. Ata që janë të vdekur nuk trashëgojnë asgjë. Në të vërtetë, si mund të trashëgojë një i vdekur? Por nëse ai që ka vdekur trashëgon nga ai që është i gjallë, ai nuk do të vdesë; përkundrazi, i vdekuri do të jetojë përsëri.

4. Një pagan nuk vdes, sepse ai nuk ka jetuar kurrë, që të mund të vdesë. Ai që ka besuar në të Vërtetën ka gjetur jetën, e ky njeri mund të rrezikojë të vdesë, sepse është i gjallë.

5. Që nga dita e ardhjes së Krishtit, bota është krijuar, qytetet janë hijeshuar, e gjithë ç'ka qenë e vdekur është flakur tutje.

6. Kur ne ishim Hebrej ishim jetimë dhe kishim vetëm nënën tonë. Por qëkurse jemi bërë të Krishterë kemi fituar një baba e një nënë.

7. Ata që mbjellin në dimër korrin në verë: dimri është bota, vera është një tjetër eon. Mbjellim në botë që të mund të vjelim në verë. Për këtë arsye nuk na leverdis që gjatë dimrit të lutemi: menjëherë mbas dimrit vjen vera, e kush mbledh në dimër, nuk do të mbledhë por do të qëmtojë.

8. Simbas mënyrës që dikush është, ashtu do të prodhojë edhe fryte. E kështu do jetë jo vetëm në ditët e zakonshme, por edhe Sabati do të jetë pa fryte.

9. Krishti ka ardhur për të shpërblyer një pjesë të njerëzve,

për të çliruar disa, e për të shpëtuar disa të tjerë. Ata që ishin të huaj, ai i ka shpërblyer dhe i ka bërë të tijët. Dhe ka ndarë të vetët, ata që i ka caktuar si peng, simbas vullnetit të tij. Jo vetëm qëkurse është shfaqur ai e ka sjellë shpirtin e tij sa herë ka dashur, por qysh se ekziston bota ai e ka sjellë shpirtin e tij. E kur ka dashur, atëherë ka ardhur për ta marrë sërish, meqë ai qe lënë si peng. Ishte në mes të hajdutëve dhe qe mbajtur i burgosur: ai ka çliruar dhe ka shpëtuar të mirët në këtë botë, e edhe të këqinjtë.

10. Drita dhe errësira, jeta dhe vdekja, gjithë ç'ndodhet djathtas e gjithë ç'ndodhet majtas, janë vëllezër midis tyre: nuk është e mundur të ndahen. Për këtë arsye as të mirët nuk janë të mirë, as të këqinjtë nuk janë të këqinj, as jeta nuk është jetë, e as vdekja nuk është vdekje. Prandaj, secila gjë do të shquhet simbas origjinës së ekzistencës së vet. Por ata që janë lartësuar përmbi botën, janë të pazgjidhshëm e të përjetshëm.

11. Emrat që u jepen gjërave tokësore ngërthejnë një mashtrim të madh, sepse e shmangin zemrën nga koncepte që janë origjinale kah konceptet që nuk janë origjinale. Ai që dëgjon fjalën "Zot" nuk kupton atë që është origjinale, por kupton atë që nuk është origjinale. Po kështu është edhe me fjalët "Atë", "Bir", "Shpirt i Shenjtë", "Jetë", "Dritë", "Ringjallje", "Kishë" e gjithë emrat e tjerë, nuk kuptohet ajo që është origjinale, por kuptohet ajo që s'është origjinale. Vetëm në rastet kur kemi arritur ta njohim atë që është origjinale, kuptojmë se këta emra janë në botë për të na mashtruar. Nëse ato do të ishin në eon, nuk do të ishin përmendur çdo ditë në këtë botë e nuk do të ishin përzierë mes gjërave tokësore. Ato e kanë fundin e tyre në eon.

12. Vetëm një emër nuk është përmendur në botë: emri që Ati i ka dhënë Birit. Ai është përmbi gjithçka. Është emri i "Atit", sepse Biri nuk do të bëhej Atë nëse nuk do të kishte marrë emrin e "Atit". Ata që e zotërojnë këtë emër e kuptojnë si të vërtetë, por nuk e shqiptojnë. Kurse ata që nuk e kanë, nuk e kuptojnë. Por e Vërteta ka shprehur emra në botë për këtë arsye: se nuk është e mundur të kuptohet pa emra. E Vërteta është unike dhe e shumëfishtë, e për dobinë tonë, për të na mësuar, për dashuri,

ajo Unike depërton nëpër shumë të tjera.

13. Arkondët deshën ta mashtrojnë njeriun, sepse panë se kishin të njejtën origjinë me ata që janë me të vërtetë të mirë. Ata morën emrin e gjërave që janë të mira e ua mveshën gjërave që nuk janë të mira, përmes pushtetit, përmes emrave, i mashtruan njerëzit duke i lidhur me gjërat që nuk janë të mira. E mandej, nëse ata u bëjnë atyre ndonjë nder, i largojnë nga ajo që nuk është e mirë dhe i afrojnë ndaj asaj që është mirë, që ata njohin. Sepse ata kanë vendosur ta marrin njeriun e lirë dhe ta shndërrojnë përgjithmonë në skllav.

14. Ekzistojnë disa fuqi që i japin këtë njeriut, duke mos dashur që ai të jetë i shpëtuar, që të mund të bëhen sundimtarët e tij. Sepse, nëse njeriu është skllavi i tyre, i bëhen flijime dhe i blatohen kafshë këtyre fuqive. E ajo që ata blatojnë është vërtetë e gjallë, por mbas blatimit vdes. Ndërsa sa i përket njeriut, ai i është ofruar Zotit i vdekur, por pastaj ka jetuar.

15. Përpara ardhjes së Krishtit, nuk kishte bukë në botë ashtu si në Parajsë, vendi ku jetonte Adami. Kishte shumë pemë për ushqimin e kafshëve, por nuk kishte grurë për ushqimin e njeriut. Njeriu ushqehej porsi kafshët, por kur erdhi Krishti, Njeriu i përkryer, solli bukën nga qielli me qëllim që njeriu të mund të mëkohej me ushqim njeriu.

16. Arkondët mendonin se gjithë ç'bënin njerëzit, e bënin për shkak të vullnetit të tyre, por Shpirti i Shenjtë përgatiste për ta çdo gjë në heshtje, ashtu siç dëshironte ai. U mboll gjithandej e Vërteta, ajo që ekzistonte qysh prej zanafillës, dhe të shumtë ishin ata që e panë teksa mbillej, por të paktë janë ata që do ta shohin kur të korret.

17. Disa kanë thënë se Maria ka mbetur shtatzënë me Shpirtin e Shenjtë. Ata e kanë gabim. Ata nuk dijnë çfarë thonë. E kur vallë ka ndodhur që një grua të mbetet shtatzënë nga një grua? Maria është virgjëresha që asnjë forcë nuk e ka dhunuar, e kjo është një anatemë e madhe për Hebrejtë, që janë apostuj e apostolikë. Kjo Virgjëreshë, që asnjë forcë nuk e ka dhunuar [...], dhe Fuqitë përlyhen. Dhe Zoti nuk do të kishte thënë: "Ati im që je në qiej", nëse nuk do të kishte patur një baba tjetër, por

do të kishte thënë thjesht: "Ati im".

18. Jezui u tha dishepujve: "[....], hyni në Shtëpinë e Atit, por mos prekni asgjë në Shtëpinë e Atit e mos merrni me vete asgjë.

19. "Jezu" është një emër i fshehtë, "Krisht" është një emër i shfaqur. Në të vërtetë "Jezu" nuk ekziston në asnjë gjuhë, po megjithatë emri i tij është "Jezu", siç e kanë quajtur. Sa për emrin "Krisht", domethënia e tij është "Mesia" në sirisht e në greqisht. Megjithatë, gjithë të tjerët e thërrasin simbas gjuhëve përkatëse. "Nazaretas" është e vetmja gjë që është zbuluar nga ç'është e fshehtë.

20. Emri Krisht përmbledh në vete të gjitha cilësitë: është qoftë njeri, qoftë engjëll, qoftë mister, qoftë Atë.

21. Ata që thonë se Jezui përpara ka vdekur e mandej është ringjallur, gabohen, sepse ai më së pari është ringjallur e mandej ka vdekur. Nëse dikush nuk përjeton më së pari ringjalljen nuk vdes, sepse "siç është e vërtetë që Zoti jeton", ai njeri tashmë është i vdekur.

22. Askush nuk fsheh një send të çmuar brenda një ene me vlerë të madhe, por shpeshherë thesare të pallogaritshme vendosen në një enë që ka vlerën e një dërrase. Kështu ndodh edhe shpirtin: ai është një send i çmuar dhe është mbyllur në një trup të neveritshëm.

23. Ka nga ata që frigohen se mos ringjallen lakuriq. Për këtë arsye, ata do të donin të ringjalleshin në mish, por nuk e dinë se pikërisht ata që mbartin mishin janë lakuriq. Ata që e zhveshin veten derisa mbeten cullak, nuk janë më lakuriq. As mishi e as gjaku nuk mund ta trashëgojnë Mbretërinë e Zotit. Kush është ai që nuk do të trashëgojë? Trupi që ne kemi. Kush është ai që do të trashëgojë? Trupi i Jezuit dhe gjaku i tij. Kjo është arsyeja që ai ka thënë: "Kush nuk do hajë mishin tim (Logos) e nuk do të pijë gjakun tim, nuk do të ketë jetë në vetvete." E çfarë janë këto gjëra? Mishi i tij është Logosi dhe gjaku i tij është Shpirti i Shenjtë (shpirt). Ai që është pagëzuar me këto gjëra, ka ushqim, pije e veshje. Unë, mandej, i qortoj edhe të tjerët, ata që thonë se nuk do të ketë ringjallje. Në të vërtetë të dyja palët e kanë

gabim. Ti thua se mishi nuk do të ringjallet: thuajmë atëherë çfarë do të ringjallet, me qëllim që ne të mund të të nderojmë. Ti thua se shpirti është brenda mishit, që ekziston madje edhe kjo dritë brenda mishit. Por është Logosi, është ky që ndodhet brenda mishit! Ky mish (Logos), në të cilin Gjithçka ekziston, lipset pra të ringjallet.

24. Në këtë botë, ata që veshin petka (shpirtëra) kanë epërsi ndaj petkave (trup); në Mbretërinë e Qiejve veshjet (shpirtëra) janë sipërore ndaj atyre që i veshin, për ujin dhe zjarrin që pastrojnë tërë vendin.

25. Ajo që është shfaqur, është e tillë falë asaj që është e dukshme; ajo që është e fshehtë, është falë asaj që është e fshehtë. Por ka gjëra të fshehta që ekzistojnë falë gjërave të dukshme. Ka një ujë në ujë dhe një zjarr në bagëm.

26. Jezui i ka sjellë të gjitha në të fshehtë. Në të vërtetë ai nuk u shfaq siç ishte, por u shfaq në një mënyrë që të mund ta shihnin. E kësisoj ai iu shfaq të gjithëve: të mëdhenjve iu shfaq si i madh, të vegjëlve si i vogël, engjëjve iu shfaq si engjëll e njerëzve si njeri. Për këtë arsye Logosi mbeti i fshehtë për të gjithë. Disa, në të vërtetë, e kanë parë duke besuar se po shihnin vetveten. Por kur ai iu është shfaqur në lavdi dishepujve të vet, në mal, ai nuk ishte i vogël. Qe bërë i madh, por i pati bërë të mëdhenj edhe dishepujt e tij, me qëllim që ata të mund të ishin në gjendje ta shihnin të madh.

Atë ditë, në lutjen e falenderimit, ai ka thënë: "Ti që ke arritur Përsosmërinë", Dritën me Shpirtin e Shenjtë, bashkoji engjëjt me ne, shëmbëlltyrat.

27. Mos e përçmo Qengjin, sepse pa atë nuk është e mundur të shihet Porta e Mbretërisë. Askush nuk mund të shkojë përpara Mbretit, nëse është lakuriq.

28. Të shumtë janë bijtë e njeriut hyjnor, më shumë se ata të Njeriut tokësor. Nëse bijtë e Adamit janë të shumtë në numur, sado që vdesin, shumë më tepër janë bijtë e Njeriut të përsosur të cilët nuk vdesin kurrë, por përtërihen në amëshim!

29. Ati përfton një bir, por biri nuk mund të përftojë një bir,

sepse ai që është përftuar nuk mund të përftojë. Biri fiton vetëm vëllezër, jo bij.

30. Të gjithë ata që janë përftuar në botë, disa janë përftuar nga natyra, të tjerët nga Shpirti. Ata që janë përftuar nga ky i fundit synojnë përtej Njeriut, sepse ushqehen nga premtimi i Vendit të epërm.

31. Ai që ushqehet nga goja, nëse nga ajo ka dalë fjala Logos e së vërtetës, duhet të ushqehet nga goja e të bëhet "i përkryer". Sepse e përkryera bëhet pjellore nëpërmjet një puthjeje dhe lind. Për këtë arsye, edhe ne puthim njëri-tjetrin dhe ngjizim njërin nga tjetri.

32. Ishin tri (Marie), që shoqëroheshin përherë me Zotin: nëna e tij Maria, e motra, dhe Magdalena, që quhej bashkëshortja. Në të vërtetë ishte "Maria": motra e tij, nëna e tij dhe bashkëshortja e tij.

33. "Atë" e "Bir" janë emra të thjeshtë, "Shpirt i Shenjtë" është një emër i dyfishtë. Ata janë në çdo vend: ata janë lart, ata janë poshtë, ata janë në të padukshmen, ata janë në të dukshmen. Shpirti i Shenjtë është në atë që është e dukshme, poshtë; është në të padukshmen, lart.

34. Shenjtorët shërbehen nga Fuqitë e mbrapshta. Në të vërtetë ato janë verbuar nga Shpirti i Shenjtë, aq sa besojnë se i shërbejnë njeriut, teksa veprojnë për shenjtët. Për këtë arsye, një ditë një dishepull e pyeti Jezuin rreth diçkaje që lidhet me botën dhe ai u përgjigj: "Pyet Nënën tënde dhe do të të japë diçka tjetër".

35. Apostujt u thanë dishepujve: „Pastë kripë çdo blatim i yni!" Ata e quanin Sofia: "kripë". Pa këtë asnjë blatim nuk është i pranueshëm.

36. Por Sofia është shterpë pa Birin. Për këtë arsye ajo është quajtur [...] kripë. Vendi ku [...] simbas mënyrës së tyre, është Shpirti i Shenjtë. Prandaj të shumtë janë bijtë e saj.

37. Ajo që ka babai, i përket birit; e babait "biri" për tërë kohën i duket i vogël, nuk ia beson atë që është e tija. Por kur bëhet burrë, babai i jep gjithë çfarë i përket.

38. Ata që kanë humbur, që i përfton Shpirti, kanë humbur për shkakun e tyre. Kësisoj, me të njejtën frymë, zjarri shpurritet dhe shuhet.

39. Një gjë është Akamoth e një tjetër është Ekmoth. Akamoth është thjesht Sofia, ndërsa Ekmoth është Sofia e vdekjes. Është kjo që njeh vdekjen e që është quajtur Sofia e vogël.

40. Ka kafshë që janë të nënshtruara ndaj njeriut, si viçi, gomari e të tjera kësodore. Ka të tjera që nuk janë të nënshtruara dhe jetojnë të veçuara nëpër vende vetmitare. Njeriu lëron fushën me kafshë që i nënshtrohen e për rrjedhojë, ushqen veten dhe kafshët, si ato që i janë nënshtruar, poashtu edhe ato që nuk i janë nënshtruar. E njejta gjë është edhe për Njeriun e përsosur. Ai punon me Fuqitë që i janë nënshtruar dhe përgatit çdo gjë për Ekzistencën. Meqenëse në këtë mënyrë është mbjellë i tërë vendi, si i miri dhe i keqi, ç'është djathtas e ç'është majtas. Shpirti i Shenjtë i mbledh bashkë dhe u prin Fuqive të nënshtruara e të panënshtruara, dhe atyre të veçuara. Sepse, me të vërtetë, ai [...] i bashkon, me qëllim që [...].

41. Nëse Adami është krijuar, ti do të shohësh se bijtë e tij janë një prodhim i shkëlqyer. Nëse ai nuk është krijuar, por lindur, ti do vëresh se fara e tij ka qenë e përsosur. Tani, ja tek është ai, i krijuar e i lindur. Ç'përsosmëri është kjo!

42. Më së pari ndodhi shkelja e kurorës e më pas vrasja. Dhe ai u ngjiz nga kurorëshkelja, sepse ishte bir i gjarpërit. Kësisoj u bë vrasës, siç qe edhe babai i tij, dhe vrau vëllain e vet. Sepse çdo bashkim që bëhet mes gjërash të ndryshme nga njëra-tjetra, është kurorëshkelje.

43. Zoti është ngjyrues. Ashtu si ngjyrat e bukura, që quhen të çiltra, vdesin me sendet që janë ngjyrosur, kështu është edhe me sendet e ngjyrosura nga Zoti: meqenëse ngjyrat e Tij janë të pavdekshme, edhe ato bëhen të pavdekshme falë ngjyrave të tyre. Tani Zoti, çdo gjë që kredh, e kredh në ujë.

44. Nuk është e mundur që ndokush të mund të shohë realitete origjinale, veç nëse bëhet si ato. E Vërteta nuk është për njeriun e kësaj bote: ai shikon diellin, por nuk është dielli,

ai shikon qiellin e tokën dhe tërë gjërat e tjera, por ato nuk janë kurrsesi origjinale.

Por ti ke parë ndonjerën nga gjërat e Vendit dhe je bërë një nga ato. Ti ke parë Shpirtin dhe je bërë Shpirt. Ti ke parë Krishtin dhe je bërë Krisht. Ti ke parë Atin dhe je bërë Ati. Prandaj, tani, ti sheh çdo gjë dhe nuk sheh vetveten. Por do ta shohësh veten tek Vendi, sepse gjithë çfarë do të shohësh, do të bëhesh.

45. Besimi merr, Dashuria jep. Askush nuk mund të marrë pa besimin, askush nuk mund të japë pa dashurinë. Për këtë arsye, që të mund të marrim, ne kemi besimin, por edhe me qëllimin që të mund të japim me sinqeritet, sepse, nëse ndokush jep pa dashuri, nuk përfton kurrfarë dobie nga ajo që jep.

46. Ai që ende nuk e ka ndjerë Zotin është ende hebre.

47. Apostujt që kanë qenë përpara nesh e kanë quajtur kështu: "Jezu Nazaren Krishti". Emri i fundit është "Krishti", i pari është "Jezu", ai në mes është "Nazaren".

"Mesia" ka dy kuptime: sa "Krisht" aq edhe "i kufizuar".

„Jezu" në hebraisht do të thotë: "Shpëtimtar". "Nazara" do të thotë: "E Vërteta", kësisoj "Nazaretasi" është "ai i së Vërtetës".

48. Nëse hidhet në baltë, margaritari nuk bëhet më pak i çmuar, nëse lyhet me vaj ballsami, bëhet edhe më i çmuar, por ai ka gjithnjë vlerë në sytë e pronarit. Kështu ngjet edhe me bijtë e Zotit: kudo që të jenë, ata kanë gjithnjë vlerë në sytë e Atit të tyre.

49. Nëse ti thua: "Unë jam hebre", askush nuk shqetësohet. Nëse ti thua: "Unë jam romak", askush nuk ndjehet i trazuar. Nëse ti thua: "Unë jam grek, barbar, skllav, i lirë", askush nuk e prish terezinë. Nëse ti thua: "Unë jam i krishterë", të gjithë shkundullohen. Le ta kem unë këtë emërtim, që [...] nuk mund ta durojnë: pra, këtë emër.

50. Zoti është një gllabërues njerëzish. Për këtë arsye njeriu i është bërë fli. Përpara se t'i flijohej njeriu i janë flijuar kafshët, sepse nuk ishin zota ata të cilëve u blatoheshin.

51. Vazot prej xhami dhe vazot prej argjile janë prodhuar me

anë të zjarrit. Por vazot prej xhami, nëse thyhen, rimbruhen sërish sepse e kanë prejardhjen nga fryma. Ndërsa vazot prej argjili, nëse thyhen, shkatërrohen fare, sepse ato janë krijuar pa frymën.

52. Një gomar që sillej rreth gurit të mullirit përshkoi njëqind milje duke ecur. Kur e zgjidhën, ai vuri re se gjendej po në të njejtin vend. Ka njerëz që ecin shumë, por nuk bëjnë hiç përpara. Kur për ta vjen mbrëmja, ata nuk kanë parë as qytete, as katunde, as krijesa, as peisazhe, as fuqi e as ndonjë engjëll. Të gjorët, janë rraskapitur më kot.

53. Kungata është Jezu; në fakt, në sirisht është quajtur Farisatha, pra: "ai që është i shtrirë". Në të vërtetë Jezui ka ardhur për të kryqëzuar botën.

54. Jezui hyri në punishten e ngjyrimit të Levit. Mori shtatëdhjetë e dy ngjyra dhe i derdhi në tinar. I nxori jashtë teksa ishin bërë të gjitha të bardha e tha: "Është me të vërtetë kështu, që Biri i njeriut ka ardhur si ngjyrues (larje pagëzuese).

55. Sofia, e cila është quajtur shterpë, është nëna e engjëjve. Bashkëshortja e Krishtit është Maria Magdalena. Jezui e donte Marien më shumë se të gjithë dishepujt dhe e puthte shpesh në buzë. Atëherë dishepujt e tij i thanë: "Përse e do atë më shumë se të gjithëve ne?" Shpëtimtari u përgjigj me fjalët: "Pse, a nuk ju dua të gjithëve si atë?"

56. Një i verbër dhe një që shikon, kur gjënden të dy në errësirë, nuk ndryshojnë nga njëri-tjetri. Por kur vjen drita, atëherë ai që shikon do ta shquajë dritën, ndërsa ai që është i verbër do të mbetet në errësirë.

57. Jezui ka thënë: "Lum si ai që ishte qysh përpara se të vinte në këtë botë! Sepse, ai që është, ishte e do të jetë.

58. Epërsia e njeriut nuk është në të dukshmen, por në të fshehtën. Për këtë arsye njeriu është zoti i kafshëve, që janë më të forta se ai, që janë të mëdha simbas asaj që është e dukshme e asaj që është e fshehtë dhe është ai që i mban ato me ushqim. Në të vërtetë, nëse njeriu ndahet prej tyre, ato vriten dhe kafshohen ndër vete. Ata kanë shqyer njëra-tjetrën derisa kanë

gjetur ushqim. Por tani kanë gjetur ushqim, sepse njeriu ka punuar tokën.

59. Nëse dikush kridhet në ujë dhe del përjashtë pa përjetuar asgjë, duke thënë: "Unë jam i krishterë", ai ka shtënë në dorë emrin; por nëse ai ndjen Shpirtin e Shenjtë, ka fituar dhuntinë e emrit. Kush ka marrë dhuntinë, nuk ka për ta humbur më; por kush e ka shtënë në dorë, i hiqet.

60. Ndodh ashtu si me martesën. Nëse njeriu hyn në ekzistencë përmes një misteri, misteri i martesës është i madh. Sepse pa të bota nuk do të ishte. Në të vërtetë baza e jetës është njeriu (rrezatim hyjnor), baza e njeriut është martesa (në bashkimin shpirtëror). Kini parasysh çiftimin e papërlyer, sepse ai ka fuqi të madhe. Shëmbëlltyra e saj është në bashkimin e mishit.

61. Mes shpirtërave të papastër ka shpirtëra mashkullorë e femërorë. Mashkullorë janë ata që u bashkohen shpirtërave që banojnë në një trup femëror; femëror janë ata që u bashkohen shpirtërave që gjenden në një trup mashkullor. Sepse ata janë të ndarë. Dhe askush nuk mund t'u shpëtojë atyre, kur e zotërojnë, derisa të marrë një pushtet mashkullor apo femëror, pra prej bashkëshorti apo bashkëshorteje. Tani, këtë e merr në pamjen e odës martesore. Kur femrat mendjelehta shohin një mashkull që është ulur vetëm, vërshojnë drejt tij, bëjnë shaka me të dhe e joshin. Në të njejtën mënyrë edhe burrat menjdjelehtë, kur shohin një femër që është ulur vetëm, e lajkatojnë dhe e ngucin, sepse dëshirojnë ta zotërojnë. Por kur shohin një burrë me të shoqen, ulur pranë e pranë, femrat nuk shkojnë dot tek burri dhe burrat nuk shkojnë dot tek gruaja. E njejta gjë ndodh nëse pamja dhe engjëlli bashkohen mes tyre (lartësim shpirtëror): nuk ka asnjë mundësi të shkojë drejt burrit ose drejt gruas. Ai që del nga bota nuk mund të mbahet më në këtë botë. Është e qartë se ai qëndron përmbi dëshirat, frikën dhe vdekjen. Ai është zot i natyrës, ai është sipëror ndaj xhelozisë. Por nëse këto gjëra ekzistojnë, e zotërojnë dhe ia zënë frymën. E si do mund të ishte në gjendje t'u shpëtonte atyre? Shpesh ka prej atyre që thonë: "Ne jemi besimtarë" për t'u shpëtuar shpirtërave të papastër dhe demonëve. Sepse, nëse do ta kishin njohur Shpirtin e Shenjtë, nuk do të kishte shpirtëra të papastër që do

mund të bashkoheshin me ta.

62. Mos ju druaj e as mos e duaj mishin. Nëse i druhesh, ai do të të robërojë. Nëse e do, ai do të të gëlltisë e do të të zërë frymën.

63. Ose do të gjendesh në botë, ose në ringjallje, ose në vënde të ndërmjetme. Mjafton të mos më qëllojë të gjendem në këtë! Në këtë botë ka të mira dhe të këqija. Ajo që është e mirë nuk është tërësisht e mirë e ajo që është e keqe nuk është tërësisht e keqe. Por përtej kësaj bote ka diçka të keqe, që është me të vërtetë e keqe, dhe ajo quhet "Ndërmjet". Ajo është vdekje. Teksa jemi në këtë botë, është e nevojshme të fitojmë ringjalljen për veten tonë, në mënyrë që, kur të jemi zhveshur nga mishi, të mund të gjendemi në Paqë (Lumturi Hyjnore) e të mos shkojmë për t'u endur në Ndërmjet. Në të vërtetë janë të shumtë ata që përhumben gjatë udhëtimit. Prandaj është mirë që njeriu të dalë nga kjo botë përpara se të ketë mëkatuar.

64. Ka nga ata që as duan e as munden. Ndërsa disa të tjerë, nëse duan, nuk kanë kurrfarë dobie, sepse nuk kanë vepruar. Në të vërtetë vetëm dashja i bën mëkatarë, ashtu si mosdashja e mosveprimi.

65. Një apostoliku iu shfaq shëmbëlltyra e disa personave që ishin mbyllur brenda një shtëpie ku kishte rënë zjarr, të lidhur me vargonj të zjarrtë e të hedhur në një det zjarri, që digjej kundruall tyre. E ata thonin: "Hidhni ujë në zjarr!" Por njerëzit thonin se nuk ishin në gjendje t'i shpëtonin, simbas vullnesës së tyre. Ata e pësuan vdekjen si ndëshkim, atë që është quajtur "errësirë e jashtme", sepse ka të bëjë me ujin dhe zjarrin.

66. Shpirti dhe fryma kanë hyrë në ekzistencë nga uji, nga zjarri e nga drita, që biri i odës martesore [...]. Zjarri është bagëmi, drita është zjarri. Unë nuk flas për këtë zjarr që nuk ka formë, po për tjetrin, forma e të cilit është e bardhë për atë që është krijuar me dritë e me bukuri e që rrezaton bukuri.

67. E vërteta nuk ka ardhur cullake në këtë botë, por ka ardhur me simbole dhe shëmbëlltyra. Ai nuk do ta marrë në ndonjë tjetër mënyrë. Ka një ringjallje dhe një shëmbëlltyrë të

ringjalljes. Dhe është vërtetë e domosdoshme që të ringjallemi nëpërmjet shëmbëlltyrës. Ç'është ringjallja? E shëmbëlltyra është e nevojshme që të rilindet nëpërmjet shëmbëlltyrës dhe odës martesore; shëmbëlltyra nëpërmjet shëmbëlltyrës, është e nevojshme të hyjmë te e Vërteta, që është rimëkëmbje.

Kjo është e pashmangshme për ata që jo vetëm përjetojnë emrin e Atit e të Birit e të Shpirtit të Shenjtë, por që i kanë mbajtur tamam për vete. Nëse ndokush i mban vetëm për vete, edhe emri do t'i hiqet. Tani këto përftohen me bagëmin e plotnisë së fuqisë së Kryqit, që apostujt kanë quajtur të djathtën e të majtën. Në të vërtetë, ky nuk është më një i krishterë, por një Krisht.

68. Zoti ka punuar çdo gjë në një mister: një pagëzim e një bagëm, një kungim e një çlirim, e një odë martesore.

69. Ai ka thënë: "Unë kam ardhur për t'i bërë gjërat e poshtme ashtu si gjërat e sipërme, e gjërat e jashtme si ato të brendshmet e për t'i bashkuar të gjitha tek Vendi". Ai është shfaqur këtu nëpërmjet simboleve dhe shëmbëlltyrave. Ata që thonë se dikush është sipër e dikush poshtë, gabohen. Në të vërtetë, ajo që është bërë e dukshme është ajo që quhet "ajo që është poshtë", e ajo së cilës i përkasin gjërat e fshehta është "ajo që gjendet sipër" tij. Në të vërtetë, do të qe mirë të thonim kështu: "e jashtmja" dhe e "brëndshmja" dhe "e jashtmja e së jashtmes". Për këtë arsye Jezui e ka quajtur zvetënimin "errësirë e jashtme", përtej së cilës nuk ka asgjë. Ai ka thënë: "Ati im që është në të fshehtën".

Ai ka thënë: "Hyr në odën tënde, mbyll portën pas vetes dhe lutju Atit tënd që është në të fshehtën", pra, që është në brendësi të të gjitha gjërave.

Tani, ajo që gjendet në brendësi të të gjitha gjërave është Pleroma. Veç saj nuk ka asgjë që të jetë brenda. Kjo është ajo që është quajtur: "ajo që gjendet sipër tyre".

70. Përpara Krishtit, qenë të shumtë ata që kishin dalë. Por atje, prej nga kishin dalë, nuk mund të riktheheshin më, e prej atje ku kishin hyrë, nuk mund të dilnin më. Por erdhi Krishti: i nxori ata që kishin hyrë, dhe i ndihmoi të hynin ata që kishin dalë.

71. Kur Eva gjendej në Adamin, vdekja nuk ekzistonte. Por më pas, kur ajo u nda, vdekja ia behu. Nëse ajo hyn sërish brenda tij e nëse ai e rimerr brenda vetes, vdekja nuk do të ekzistojë më.

72. "Zoti im, Zoti im! Përse, o Zot, më braktise? "Ai i ka thënë këto fjalë mbi kryq, sepse ajo [Ai] e ka ndarë shpirtin e tij nga Vendi, që qe kijuar prej Shpirtit të Shenjtë, si vepër e Zotit. Jezui u lartësua mbi vdekjen dhe u bë siç ishte më përpara. Por trupi i tij ishte i përkryer: ishte vërtetë prej mishi, por ai mish është mish origjinal, teksa yni nuk është origjinal, sepse ne zotërojmë një shëmbëlltyrë të atij origjinal.

73. Oda martesore nuk është për kafshët, as për skllevërit (psikikë), as për gratë e zotëruara (fëlliqësi), po për burrat e lirë (shpirtërorë) e për virgjëreshat (dlirësi).

74. Sigurisht që ne jemi krijuar nga Shpirti i Shenjtë, por jemi krijuar sërish nga Krishti, dy nga dy. Kemi patur miratimin e Shpirtit e kur jemi rikrijuar jemi bashkuar.

75. Pa dritën askush nuk mund ta shohë vetveten, as në ujë e as në pasqyrë; as ti nuk mund ta shohësh veten në Dritë pa ujë e pa pasqyrë. Për këtë arsye lipset pagëzuar në të dyja: në dritë e në ujë. E me të vërtetë drita është bagëm.

76. Ishin tri godina blatimi në Jeruzalem: njëra ishte me pamje nga jugu dhe quhej "Shenjti i Shenjtit", e treta ishte me pamje nga lindja dhe quhej "Shenjt i Shenjtorëve", vendi ku hynte vetëm Kryeprifti. Pagëzimi është godina "Shenjt", shëlbimi është "Shenjt i Shenjtit", dhe "Shenjt i Shenjtorëve" është oda martesore. Por oda martesore është sipërore ndaj këtyre të dyjave..

Ti nuk mund të shohësh [...] ata që luten [...] Jeruzalem [...] që quhet "Shenjti i Shenjtorëve" [...], jo odën martesore, por vetëm shëmbëlltyrën [...]. Perdja e saj është grisur nga lart poshtë, sepse lipsej që dikush nga poshtë të ngjitej lart.

77. Ata që janë mveshur me dritën e përkryer, nuk i shohin e nuk mund t'i ndalin fuqitë. Tani, duhet të mvishemi me këtë dritë përmes një misteri në bashkim.

78. Nëse gruaja nuk do të ishte ndarë nga burri, nuk do të kish

vdekur, bashkë me burrin. Ndarja e saj qe origjina e vdekjes. Kjo është arsyeja e ardhjes së Krishtit: për të asgjësuar ndarjen që ekzistonte qysh nga zanafilla, për t'i bashkuar sërish që të dy e për t'i dhënë jetë atyre që kishin vdekur nga ndarja dhe për t'i bashkuar.

79. Tani, gruaja bashkohet me burrin në odën martesore, e ata që janë bashkuar në odën martesore nuk do të ndahen kurrë më. Kjo është arsyeja që Eva është ndarë nga Adami: sepse ajo nuk ishte bashkuar me të në odën martesore.

80. Shpirti i Adamit ka ardhur në këtë jetë përmes një fryme. Bashkëshorti i tij është shpirti. Ajo që ia ka dhënë është Nëna e tij; e me shpirtin i është dhënë një frymë, në vend të tij. Për këtë arsye, kur është fshehur, ai ka shqiptuar fjalë që kishin epërsi ndaj Fuqive. Ato e patën cmirë sepse qenë ndarë nga bashkimi shpirtëror [...].

81. Në brigjet e lumit Jordan, Jezui ka rrëfyer plotninë e Mbretërisë së Qiejve që ekzistonte para Gjithçkasë. Mandej ai qe rilindur. Mandej qe birësuar. Mandej qe mirosur. Mandej qe shpëtuar. Mandej ka dhënë shpëtim.

82. Nëse është e mundur të kumtohet një sekret: Ati i Plotnisë është bashkuar me Virgjëreshën që ka zbritur, e ajo ditë është përndritur nga një flakë. Ai ka treguar odën e madhe martesore. Për këtë arsye trupi i tij, që ka hyrë në ekzistencë atë ditë, ka ardhur nga dhoma martesore, si ai që është lindur nga Bashkëshorti e Bashkëshortja. Kështu, falë tyre, Jezui ka rivendosur Plotninë te ajo. Dhe është e pashmangshme që çdo dishepull të hyjë në Paqën e tij.

83. Adami është lindur nga dy të virgjër: shpirti dhe toka e virgjër. Për këtë arsye, Krishti është lindur nga një virgjëreshë: për të ndrequr rënien që ka ndodhur në origjinë.

84. Ekzistojnë dy pemë në mes të Parajsës: njëra prodhon kafshë, tjetra prodhon njerëz. Adami ka ngrënë nga pema që prodhon kafshë dhe është bërë kafshë e ka lindur kafshë. Për këtë arsye bijtë e Adamit adhurojnë zota që kanë trajta kafshësh. Pema nga e cila Adami ka ngrënë fruta, është pema e Dijes. Për

këtë arsye, mëkatet janë bërë të panumërta. Nëse ai do të kishte ngrënë nga pema tjetër, frutat e pemës së jetës që prodhon njerëz, zotat do të adhuronin njeriun.

85. Kështu ndodh në botë: njerëzit krijojnë zota dhe adhurojnë krijimet e tyre. Do të ishte më e udhës që zotat të adhuronin njerëzit.

86. Në të vërtetë, veprat e njeriut vijnë nga fuqia e prandaj janë quajtur "fuqi". Vepra të tij quhen edhe bijtë e tij, që vijnë nga Prehja. Si rrjedhojë e kësaj, fuqia e tij gjendet në vepra, ndërsa Prehja shpërfaqet në bijtë e tij. E ti do të shohësh se kjo vijon deri tek shëmbëlltyra, që i përmbush veprat e saj simbas fuqisë së vet, por në prehje krijon bijtë e vet.

87. Në këtë botë skllevërit janë në shërbim të njerëzve të lirë, në Mbretërinë e Qiejve njerëzit e lirë do t'u shërbejnë skllevërve, bijtë e odës martesore do t'u shërbejnë bijve të martesës. Bijtë e odës martesore kanë vetëm një emër. Emri i secilit prej tyre është Paqë. Ata nuk kanë nevojë për veprim.

88. Soditja ka përparësi të mëdha. Është më shumë se sa në një vizion, për ata që janë në botë. Por lavditë e lavdive njerëzit nuk mund t'i shohin.

89. [...] Krishti ka zbritur në ujë, me qëllim që të dëlirë e të përkryejë ata që i ka përkryer në Emrin e Tij. Në të vërtetë ai ka thënë: "Është e nevojshme që ne të zbatojmë çdo drejtësi."

90. Ata që thonë se më së pari vdes e mandej ringjallesh, gabohen. Nëse nuk përjeton së pari ringjalljen, teksa je gjallë, kur vdes nuk përjeton asgjë. Madje kështu flitet edhe për pagëzimin, duke thënë se pagëzimi është një gjë e madhe, sepse nëse e bën do të jetosh.

91. Apostulli Filip ka thënë: "Jozef zdrukthari ka mbjellë një kopësht, sepse në zanatin e tij kishte nevojë për drurin. Është ai që e ka ndërtuar kryqin me pemët që ka mbjellë. Fara ka qenë Jezui, kryqi ka qenë pema.

92. Por pema e jetës është në mes të Parajsës, po ashtu ulliri prej nga vjen bagëmi, e falë të cilit vjen edhe ringjallja.

93. Kjo botë është një gllabëruese kufomash. Gjithë ç'është gllabëruar nga ajo është vdekje. E vërteta është një gllabëruese jete. Për këtë arsye, asnjë nga ata që ushqehen me të Vërtetën nuk vdes. Jezui ka dalë nga Vendi dhe së andejmi ka sjellë ushqimin, dhe atyre që dëshironin u ka sjellë Jetën, me qëllim që ata të mos vdisnin më.

94. Zoti ka mbjellë një Parajsë. Njeriu jetonte në Parajsë. Kishte bashkim e nuk ekzistonte ndarja [...] Lum njerëzit që duke qenë në të, nuk dëshirojnë të ndahen më. Kjo Parajsë është vendi ku do të më thuhet: "Ha këtë e mos ha atë simbas dëshirës sate". Është vendi ku unë do të ha nga të gjitha, meqë atje është pema e dijes. Atje, ajo ka vrarë Adamin, këtu pema e dijes i ka dhënë jetë njeriut. Ligji ishte pema. Ajo kishte fuqinë për të dhënë dijen e së mirës e së keqes. Por ajo as e largonte nga e keqja, as e vendoste tek e mira, por ka krijuar vdekjen për ata që e kanë ngrënë. Sepse kur ka thënë: "Ha këtë, mos ha atë" i ka dhënë zanafillë vdekjes së tij.

95. Bagëmi është sipëror ndaj pagëzimit, sepse ne jemi quajtur të krishterë nëpërmjet bagëmit, jo nëpërmjet pagëzimit. Në të vërtetë Ati ka mirosur Birin, Biri ka mirosur apostujt e apostujt na kanë mirosur neve. Ai që është mirosur zotëron Tërësinë. Ai zotëron Ringjalljen, Dritën, Kryqin, Shpirtin e Shenjtë. ATI ia ka dhënë këto gjëra në odën martesore, dhe ai i ka marrë.

96. Ati ishte në birin e biri në atin. Kjo është Mbretëria e Qiejve.

97. Me të drejtë Jezui ka thënë: "Disa kanë hyrë në Mbretërinë e Qiejve duke qeshur e kanë dalë nga kjo botë duke qeshur". Një i krishterë [...] dhe çilembyll sytë ka zbritur në ujë dhe ka dalë zot i Tërësisë. Sepse e qeshura e tij nuk shfaqet si formë dëfrimi, por si përbuzje ndaj kësaj bote, që nuk është e denjë për Mbretërinë e Qiejve. Nëse ai e përbuz dhe e konsideron marrëzi, do largohet prej saj duke qeshur.

98. Kështu është edhe për bukën, për kupën e për vajin, ndonëse krahas tyre ka edhe gjëra më sipërore.

99. Bota është krijuar si pasojë e një shkeljeje. Në të vërtetë

ai që e ka krijuar dëshironte ta bënte të paprishshme e të pavdekshme, por ai ka kryer një shkelje dhe nuk e ka përmbushur shpresën e tij. Në të vërtetë, paprishshmëri të botës nuk ka patur e nuk ka patur paprishshmëri të atij që ka bërë botën. Në të vërtetë nuk ka paprishshmëri në vepra, por në bij dhe asnjë vepër nuk mund ta fitojë paprishshmërinë, veç në u shndërroftë në bir. Por ai që nuk ka mundësinë të marrë, gjithaq më tepër nuk do mundë as të japë!

100. Kupa e bekimit përmban verë dhe përmban ujë, sepse shërben si simbol i gjakut për të cilin bëhet frut falenderimesh dhe është përplot me Shpirtin e Shenjtë e me Njeriun terësisht të përkryer, e kur e pijmë marrim brenda vetes sonë Njeriun e përkryer.

101. Uji i gjallë është një lëndë. Është e domosdoshme që të mvishemi me Njeriun e Gjallë. Për këtë arsye, kur dikush vjen për t'u zhytur në ujë, zhvishet nga rrobat për t'u veshur me të.

102. Nga kali lindet kali, nga njeriu lindet njeriu, nga zoti lindet zoti. Kështu ndodh me Bashkëshortin dhe Bashkëshorten: bijtë e tyre e kanë prejardhjen nga oda martesore. Nuk ka patur asnjë hebre që është lindur nga grekët, qëkurse ligji ka qenë në fuqi. E edhe ne vetë e kemi patur origjinën nga hebrejtë, para se të bëheshim të krishterë. Ti ke parë [...]. Këta janë quajtur "populli i zgjedhur" i Shpirtit të Shenjtë, e njeriu origjinal është Biri i njeriut dhe fara e Birit të njeriut. Kjo është quajtur në këtë botë raca nistore.

103. Ata janë vendi ku gjenden bijtë e odës martesore. Bashkimi në këtë botë i burrit e i gruas është vendi i fuqisë dhe i dobësisë. Në eon forma e bashkimit është e ndryshme, por ne i quajmë me këta emra.

104. Por ka të tjerë sipërorë ndaj të gjithë emrave me të cilët thirren, sipërorë ndaj dhunës. Sepse, atje ku është dhuna, gjenden edhe ata që janë më të fortë se dhuna. Ata që gjenden atje nuk janë një gjë e një tjetër, por janë që të dyja e njejta gjë; ai që gjendet këtu është ai që nuk do të jetë në gjendje t'i kapërcejë caqet e mishit.

105. Prej atyre që zotërojnë Tërësinë, jo domosdoshmërisht të gjithë e njohin vetveten. E në të vërtetë, ata që nuk njohin vetveten nuk do ta gëzojnë atë që zotërojnë, por ata që e kanë mbërritur njohjen e vetvetes do ta gëzojnë.

106. Njeriu i përkryer jo vetëm që nuk mund të preket, por as nuk mund të shihet. Sepse, nëse shihet, mund edhe të preket. Nuk ka asnjë mënyrë tjetër për ta bërë tëndin këtë hir, përveçse duke u mveshur me Dritën e përkryer e duke u bërë vetë Dritë e përkryer. Kur të jetë mveshur me të, ai do të shkojë në Dritë. E tillë është Drita e përkryer.

107. Është e domosdoshme që ne të bëhemi njerëz të përkryer përpara se të kemi dalë nga bota. Ai që e ka arritur Tërësinë pa i mbizotëruar këto vende, nuk mund të mbizotërojë Vendin. Por ai do të shkojë në Ndërmjet, meqë është i papërkryer. Vetëm Jezui e di fundin e këtij njeriu.

108. Njeriu i shenjtë është tërësisht i shenjtë, tashmë edhe në trup. Sepse, nëse ka marrë bukën, ai do ta bëjë të shenjtë, e kështu edhe kupën apo të gjitha gjërat që do të marrë ai do t'i pastrojë. E si vallë nuk do ta pastrojë edhe trupin?

109. Në të njejtën mënyrë që Jezui e ka përkryer ujin e pagëzimit, ashtu e ka zbrazur edhe vdekjen. Si rrjedhojë e kësaj, ne me të vërtetë hyjmë në ujë, por nuk hyjmë në vdekje, me qëllim që të mos hidhemi sërish në shpirtin e botës. Kur ajo fryn, vjen dimri; kur fryn Shpirti i Shenjtë, vjen vera.

110. Ai që zotëron njohjen e së vërtetës është njeri i lirë; e njeriu i lirë nuk bën mëkat, sepse kush kryen mëkat është skllav i mëkatit. Nëna është e vërteta, por gnosa është babai. Ata të cilëve nuk u është lejuar mëkati, bota i quan të lirë. Atyre që nuk u është lejuar të mëkatojnë njohja e së vërtetës ua lartëson zemrat, pra i bën të lirë dhe i ngre sipër tërë vendit. Por dashuria ndërton: ai që është bërë i lirë falë gnosës, shndërrohet në skllav të atyre që ende nuk kanë mundur të lartësohen deri në lirinë e gnosës; sepse vetëm gnosa i bën të aftë për të qënë të lirë. Dashuria nuk merr asgjë. Në të vërtetë, si do mund të merrte ndonjë gjë, në një kohë kur asaj i përket gjithçka? Ajo nuk thotë: "Kjo është imja" ose "Ajo është imja", por thotë: "Kjo është jotja".

111. Dashuria shpirtërore është verë e balsam. Atë e gëzojnë të gjithë ata që janë mirosur me të, dhe e gëzojnë edhe ata që ndodhen pranë tyre, kur ata që janë mirosur ndodhen të pranishëm. Nëse ata që janë mirosur me balsam largohen prej tyre dhe shkojnë, ata që nuk janë të mirosur, vetëm kur ata janë larg prej tyre, vijojnë të mbeten në kutërbimin e tyre të keq. Samaritani i ka dhënë njeriut tjetër veçse verë dhe vaj. Kjo nuk është gjë tjetër veçse mirosje. Dhe ai ia ka shëruar plagët, sepse dashuria fshin një shumësi mëkatesh.

112. Atij që e do gruaja, i ngjajnë të gjithë fëmijët që ajo sjell në këtë botë. Nëse është i shoqi, ata i ngjajnë të shoqit, nëse është dashnori, ata i ngjajnë dashnorit. Shpeshherë, nëse një grua shkon në shtrat me të shoqin ngaqë është e detyruar, por zemra e saj është pranë dashnorit, fëmijët që ajo sjell në jetë janë të ngjashëm me dashnorin. Por ju që jeni me Birin e Zotit, mos duani botën, por duani Jezuin, me qëllim që ata që ju lindni të mos i ngjajnë botës, por t'i ngjajnë Jezuit.

113. Njeriu bashkohet me njeriun, kali me kalin, gomari bashkohet me gomarin. Çdo lloj bashkohet me llojin e vet. Kështu shpirti bashkohet me shpirtin, Logosi bashkohet me Logosin e Drita bashkohet me Dritën. Nëse ti bëhesh njeri, njeriu do të të dojë, nëse ti bëhesh shpirt, shpirti do të bashkohet me ty, nëse ti bëhesh Dritë, është drita ajo që do bashkohet me ty, nëse ti bëhesh njëri prej atyre që ndodhen lart, ata që ndodhen lart do të gjejnë prehje tek ti. Nëse ti bëhesh kalë, gomar, buall, qen, dash apo çdolloj kafshe tjetër prej atyre që ndodhen jashtë e poshtë, ti nuk do mund të jesh i dashur as nga njerëzit, as nga shpirti, as nga Logosi, as nga Drita, as nga ai që ndodhet lart, as nga ai që ndodhet brënda. Ata nuk do mund të gjejnë prehje në ty, e ti nuk do mund të bëhesh pjesë e tyre.

114. Kush është skllav përkundër vullnetit të tij, ai do mund të bëhet i lirë. Por kush është bërë i lirë me lejen e zotërisë së tij dhe është lidhur vetë me skllavëri, nuk do mund të jetë më i lirë.

115. Punimi i arave përbëhet nga katër elementë: dërgohet në hambar ajo që është përftuar nga uji, toka, ajri, drita. Kulti i Zotit është poashtu i përbërë nga katër elementë: besimi, shpresa,

dashuria, gnosa. Toka jonë është besimi ku kemi rrënjët, uji është shpresa, prej së cilës ushqehemi, ajri është dashuria, prej së cilës jemi rritur, ndërsa drita është gnosa, e cila na ka pjekur.

116. Hiri është fshatari; fara e fshatarit janë njerëzit që ngjiten kah lartësitë e qiellit, dhe i bekuar shërbëtori që nuk ka gënjyer shpirtrat e tyre! Ky është Jezu Krishti. Ai ka gënjyer vëndin e tërë dhe nuk ka rënduar mbi askënd. Për këtë arsye, bekuar qoftë ai që është i tillë, sepse është Njeriu i Përkryer. Në të vërtetë ai është Logos.

117. Na bëni pyetje në lidhje me të, sepse është e vështirë për ta ndrequr. Si do mund ta ndreqim këtë gjë të madhe? Si do mund t'i japë ajo prehje secilit?

118. Para së gjithash është e nevojshme të mos brengosim askënd, si të madhin ashtu dhe të voglin, qoftë besimtar apo jobesimtar; gjithashtu, duhet t'i japim prehjen atyre që prehen në të mirën. Ka nga ata që ngazëllohen t'i japin prehje njeriut që është në të mirën. Por kush bën të mirën nuk mund t'u japë prehje atyre, sepse ai nuk vjen simbas vullnesës të tij. Por e ka të pamundur të brengosë, në mënyrë të tillë sa ata të ndjehen të ndrydhur. Në të vërtetë ai që është në të mirën nganjëherë i brengos. Nuk është kështu, por i brengos ligështia e tyre. Kush zotëron natyrën, i jep hare së mirës. Po për shkak të kësaj, disa brengosen rëndë.

119. Një zot shtëpie është përkujdesur dhe i ka siguruar gjërat e të gjitha llojeve: qoftë bij, skllevër, bagëti, qen, derra, grurë, qoftë elb, kashtë, bar, kocka, mish e lende. Por ai ishte njeri i urtë dhe e dinte mënyrën e të ushqyerit të secilit. Përpara të bijve ai ka shtruar bukë, vaj ulliri e mish; përpara skllevërve ai ka shtruar vaj ricine e grurë; kafshëve u ka dhënë elb, kashtë dhe bar; qenve u ka hedhur kocka, ndërsa derrave u ka hedhur lende dhe mbeturina buke. Kështu bën edhe dishepulli i Zotit. Nëse është njeri i urtë, ai e di gjendjen e dishepujve. Trajtat e trupit nuk do ta mashtrojnë, por ai do të ketë parasysh prirjen shpirtërore të secilit, e do të flasë me të. Në këtë botë ka shumë kafshë që kanë mveshur një formë njerëzore. Kur t'i shquajë, derrave do t'u hedhë lende, bagëtive do t'u hedhë elb, kashtë

e bar, ndërsa qenve do t'u hedhë kocka. Skllevërve do t'u japë perime të freskëta, bijve do t'u japë atë që është e përkryer.

120. Ekziton Biri i njeriut e ekziston edhe biri i Birit të njeriut. Jezui është Biri i njeriut, ndërsa biri i Birit të njeriut është ai që është krijuar nga Biri i njeriut. Birit të njeriut ia ka dhënë Zoti të drejtën për të krijuar. Ai mund të lindë.

121. Kush ka përjetuar krijimin është krijesë, kush ka përjetuar lindjen është i lindur. Kush krijon nuk mund të lindë. Kush lind ka fuqi për të krijuar. Në të vërtetë thuhet: "Kush krijon, lind". Por prodhimi i tij është një krijesë. Për këtë arsye veprat nuk janë bij, por shëmbëlltyrat e tyre. Kush krijon, punon në mënyrë të dukshme e edhe ai vetë është i dukshëm. Kush lind, punon në të fshehtë, e edhe ai vetë është në të fshehtë. I linduri nuk është si shëmbëlltyra. Ai që krijon, krijon hapur, por kush lind, lind bij në të fshehtë.

122. Askush nuk mund ta dijë cila është dita në të cilën burri e gruaja bashkohen. Sepse martesa në botë është mister, për ata që kanë marrë grua. Por, nëse martesa e papastër është e fshehtë, martesa e panjollosur është shumë më tepër një mister origjinal! Ajo nuk është diçka mishërore, por është e pastër, nuk i përket dëshirës, por vullnetit. Nuk i përket errësirës së natës, por i përket ditës e dritës. Nëse martesa është në mënyrë të zbuluar, bëhet paturpësi, dhe bashkëshortja, jo vetëm kur merr në vete farën e një burri tjetër, por edhe kur del nga dhoma e gjumit dhe e shohin, sillet në mënyrë të paturpshme. Ajo mund t'i rrëfehet vetëm të atit, së ëmës, mikut të bashkëshortit e bijve të odës martesore. Këtyre u lejohet të hyjnë përditë në odën martesore, por të tjerët nuk mund të dëshirojnë gjë tjetër veçse të dëgjojnë zërin e saj, të shijojnë kundërmimin e saj e të ushqehen me dromcat që bien nga tryeza, si qentë. Bashkëshortët dhe bashkëshortet u përkasim odës martesore. Askush nuk mund ta shohë bashkëshortin me bashkëshorten, veç në u bëftë vetë një prej tyre.

123. Kur Abrahami u përgëzua të shihte atë që kishte për të parë, e rrethpreu mishin e lafshës së tij, duke treguar se është e domosdoshme të shkatërrojmë mishin dhe mbetjet

e kësaj bote. Përsa kohë pasionet e tyre rrinë të fshehta, janë dhe mbeten gjallë; nëse shfaqen, vdesin, simbas shembullit të njeriut që është i dukshëm: përderisa rropullitë e njeriut janë të fshehta, njeriu jeton; nëse rropullitë bëhen të dukshme e dalin jashtë prej tij, njeriu vdes. Kështu ndodh edhe me pemën: përderisa rrënjët e saj janë të fshehta, ajo lulëzon dhe rritet; nëse rrënjët dalin jashtë, pema thahet. Kështu ndodh për çdo prodhim të kësaj bote, jo vetëm për atë që është e dukshme, por edhe për atë që është e fshehtë. Në të vërtetë, përderisa rrënjët e gabimit janë të fshehta ai qëndron i fortë, por kur rrënjët shquhen, gabimi shpërbëhet. Kjo është arsyeja që Logosi ka thënë: "Tashmë sëpata është vënë tek rrënjët e pemëve". Ajo jo vetëm do krasitë, "ajo që është krasitur mugullon sërish", por sëpata do të presë thellazi derisa të shkulë rrënjët. Dhe Jezui ka shkulur rrënjët e tërë vendit; ndërsa të tjerët vetëm pjesërisht. Sa na takon neve, secili duhet të gërmojë thellë deri në rrënjën e gabimit. Dhe ai me të vërtetë do të shkulet, kur ne ta kemi shquajtur. Sepse, nëse ne nuk arrijmë ta shquajmë gabimin, ai i shtrin rrënjët brenda nesh dhe prodhon fryte në zemrat tona. Ai na zotëron dhe ne bëhemi skllevërit e tij. Na mban të burgosur, ashtuqë ne të bëjmë atë që nuk duam, e të mos bëjmë atë që duam. Ai është i fuqishëm, ngaqë ne nuk e njohim, e përsa kohë të ekzistojë, ai punon. Për ne, padituria është nëna e gabimit. Padija është në shërbim të vdekjes: ajo që rrjedh prej padijes as ka ekzistuar, as ekziston, e as do të ekzistojë. Ndërsa ata që janë në të vërtetën, do të jenë të përkryer kur e tërë e vërteta do të shpërfaqet. Sepse e vërteta është si padija: kur është e fshehur, pushon në vetvete, po kur shpërfaqet dhe shquhet përlëvdohet, e në këtë është shumë më e fuqishme se padija dhe gabimi. Ajo jep liri.

Logosi ka thënë: "Nëse ju njihni të vërtetën, e vërteta do t'ju bëjë të lirë. Padija është skllavëri, ndërsa dituria liri. Nëse ne gjejmë të vërtetën, do të gjejmë frytet e së vërtetës në veten tonë. Nëse bashkohemi me të, ajo do të prodhojë përkryeshmërinë tonë.

124. Tani ne kemi atë që është shpërfaqur, në krijim. Ne themi që janë gjërat e fuqishme ato që nderohen, e që gjërat e fshehta

janë të ligështa e të përçmuara. Është kështu edhe për gjërat e shpërfaqura nga e vërteta: ato janë të dobëta e të përçmuara, teksa ato të fshehtat janë të forta e të nderuara. Tani, misteret e së Vërtetës shpërfaqen përmes trajtash e shëmbëlltyrash.

125. Por oda martesore është e fshehtë. Ajo është Shenjti i Shenjtërve. Tani perdja e mban të fshehtë që Zoti të qeverisë krijimin, po kur perdja të griset e ajo që është në brendësi të shpërfaqet, atëherë kjo godinë do lihet e shkretë, ose, me gjasë, do shkatërrohet. Por hyjniteti nuk do të largohet tërësisht nga këto vende brenda Shenjtit të Shenjtërve, sepse ajo nuk do mund t'i bashkohet Dritës, nëse nuk përziehet me Pleromën pa mangësi, por do të qëndrojë nën flatrat e Kryqit e nën krahët e tij. Ajo do jetë për ta arka e shpëtimit, kur përmbytja e ujërave t'u lëshohet përsipër. Nëse do të jenë edhe ata të morisë së priftërinjve, ata mund të hyjnë përtej perdes me Kryepriftin. Për këtë arsye perdja nuk është shqyer vetëm së larti, se kësisoj do të qe hapur vetëm për ata që janë lart, dhe as nuk është shqyer vetëm së poshtmi, se kësisoj do të qe hapur vetëm për ata që janë poshtë. Por është shqyer nga lart poshtë. Gjërat lart na janë shpërfaqur neve që jemi poshtë, me qëllim që të mund të hyjmë në fshehtësinë e së Vërtetës. Kjo është me të vërtetë ajo që është e nderuar, që është e fuqishme. Por ne depërtojmë atje nëpërmjet trajtash të përçmuara e gjërash të dobëta. E janë vërtetë të përçmuara, në krahasim me lavdinë e përkryer. Ka një lavdi që qëndron më lart se lavdia, ka një fuqi që është më lart se fuqia. Për këtë arsye, përkryeshmëria na është shpërfaqur neve bashkë me të fshehtat e së Vërtetës, e Shenjti i Shenjtërve është shpërfaqur dhe oda martesore na ka ftuar brenda. Me të vërtetë, përsa kohë që këto gjëra janë në të fshehtë, e keqja shkakton paaftësi dhe nuk largohet nga fara e Shpirtit të Shenjtë "në të vërtetë jemi skllevër të mëkatit", por sapo ato të shpërfaqen, drita e përkryer përhapet mbi secilin, e të gjitha ata që do gjenden në të kanë për të përjetuar bagëmin. Atëherë skllevërit do jenë të lirë dhe të burgosurit do të çprangosen.

126. Çdo bimë që gjendet në qiej është mbjellë nga Ati im, që është në qiej, e nuk do të çrrënjoset më. Ata që janë të ndarë, do të bashkohen e do të bëhen të përkryer. Të gjithë ata që do të

hyjnë në odën martesore do të lindin në dritë. Në të vërtetë ata nuk do të lindin si në martesat që ne shohim, sepse ato ndodhin natën: në të vërtetë nëse drita vezullon natën, shuhet. Ndërsa misteret e kësaj martese kryhen ditën dhe në dritë. Ajo Ditë e Ajo Dritë nuk perëndojnë kurrë.

127. Nëse dikush bëhet bir i odës martesore, do të përjetojë Dritën. Nëse dikush nuk e përjeton përsa kohë që është në këtë vend, nuk do mund ta përjetojë në Vendin tjetër. Ai që e përjeton atë Dritë, nuk do mund as të shihet e as të pengohet; e askush nuk do mund ta brengosë një njeri të tillë, edhe kur ai banon ende në botë ose është duke e lënë botën. Ai tashmë e ka përjetuar të Vërtetën nëpërmjet shëmbëlltyrave: bota është bërë si një eon, sepse eoni është për të Pleroma, dhe është bërë kështu: i është shpërfaqur vetëm atij, dhe nuk është fshehur në errësirë ose në natë, por në një Ditë të përkryer e në një Dritë të shenjtë.

Ungjilli i Judës
Hyrje: Incipit

Shtjellimi i fshehtë[32][1] i zbulesës[33][2], që Jezui bëri duke biseduar me Judën gjatë një jave[34][3], tri ditë para kremtimit të Pashkës[35][4].

Misioni i Jezuit në tokë

Kur Jezui u shfaq në tokë, ai kreu shumë mrekulli dhe çudira të mëdha për shpëtimin e njerëzimit. E meqenëse disa [ecnin] në udhën e së drejtës, ndërsa të tjerët shkonin në udhën e gabuar, u thërritën dymbëdhjetë apostujt[36][5].

32[1] Ose "diskutim", "diskurs", "fjalë" (në gjuhën kopte, nga greqishtja, logos). Hyrja e këtij teksti mund të përkthehet edhe: "Fjala e fshehtë zbuluese" ose "Fjala e fshehtë e shpjegimit". Teksti kopt i Ungjillit të Judës përmban një numër të konsiderueshëm fjalësh me prejardhje greke, të përdorura si huazime.

33[2] Ose "shpallje", "shpjegim", "pohim" (kopt, nga greqishtja, *apophasis*). Në veprën e tij *Rrëzimi i të gjitha herezive* (6. 9. 4- 18. 7) Hipoliti i Romës citon një tjetër vepër që i mvishet Simon Magut, ku përdoret i njejti term grek në titullin: *Apophasis megalé*, ose "zbulesë e madhe" (ose "shpallje", "shpjegim", "pohim"). Incipit, ose "kapelë", i tekstit që paraqesim, risjell "Rrëfimin e fshehtë të zbulesës së Jezuit" (apo diçka e ngjashme). Nënshkrimi "Ungjilli i Judës" , gjendet në fund të tekstit.

34[3] Fjalë për fjalë "në tetë ditë", me gjasë ka kuptimin: një javë.

35[4] Ose ndoshta, me më pak gjasa, "tri ditë para Vuajtjes së tij". Ungjilli i Judës na ofron kronikën e ngjarjeve, të përshkruara sikur ato kanë ndodhur në një periudhë të shkurtër kohe, deri në tradhëtinë që i bëhet Jezuit nga ana e Judës. Në Testamentin e Ri, shfl. Mateun 21: 1-26-56; Lukën 19: 28-22: 53; Gjonin 12: 12- 18: 11.

36[5] Rreth thërritjes së dymbëdhjetë apostujve, shfl. Mateun 10: 1-4; Markun 3: 13-19; Lukën 6: 12- 16.

Ai nisi t'u fliste atyre për misteret[376] e botës së përtejme e rreth kohës që lipsej për të mbërritur tek fundi. Shpeshherë ai nuk u shfaqej dishepujve të tij si vetvetja, por u fanitej atyre si fëmijë[387].

Skena I: *Jezui bisedon me dishepujt: lutja e Falenderimit ose Kungata*

Një ditë ai ishte me dishepujt në Judé, dhe i gjeti së bashku, të ulur në përnderim të thellë[398]. Kur [iu afrua] dishepujve {34}, ata u tubuan, u ulën dhe blatuan një lutje falenderimi[409] mbi bukën, [dhe ai] qeshi[4110].

Dishepujt i thanë [atij]: "Mësues, përse qesh për lutjen [tonë]

---

[376] Kopt, nga greqishtja, *emmusterion*, këtu e në vijim.

[387] Koptishte sahidike *brot*, të cilën e interpretojmë si një formë të bohairikes *bortef*, "vegim". Mbi Jezuin që shfaqet si fëmijë, shfl. Libri i fshehtë i Gjonit (Kodiku II Nag Hammadi), 2; Zbulesa e Palit 18; Hipoliti i Romës *Rrëzimi i të gjitha herezive* 6. 42. 2, ku autori kumton se Fjala (Logos) iu fanit Valentinit si një fëmijë; Ungjilli i Tomës 4. Mbi Jezuin si vegim, shfl. Aktet e Gjonit, Kuvendimi i Dytë i Setit të Madh, dhe Zbulesa e Pjetrit nga Nag Hammadi.

[398] Fjalë për fjalë, "duke ushtruar (ose praktikuar) përdëllimin e tyre" (kopt, pjesërisht nga greqishtja *euergumnaze etmntnoute*, shfl. 1 Timoteu 4: 7).

[409] Kopt, nga greqishtja, *euereukharisti*.

[4110] Skena na kujton pjesërisht hollësi të Darkës së Fundit, veçanërisht bekimin e bukës, ose përshkrimin e disa ushqimeve të tjera të shenjta përbrënda hebraizmit apo krishterimit. Gjuha e veçantë që përdoret këtu të sjell ndërmend, edhe më tepër, kremtimin e kungatës në gjirin e krishterimit; shfl. Një kritikë plotësuese në Ungjillin e Judës, e formave të adhurimit në brendësi të Kishës ortodokse në lindje e sipër. Mbi qeshjen e Jezuit, shfl. Kuvendimi i Dytë i Setit të Madh 56; Zbulesa e Pjetrit 81; pasazhe të tjera në Ungjillin e Judës.

të falenderimit?"⁴²¹¹. Bëmë atë që është e drejtë"⁴³¹².

Dhe ai iu përgjigj atyre duke thënë: "Unë nuk po qesh me ju. <Ju> nuk e bëni këtë sipas vullnetit tuaj, por sepse besoni këtë, që zoti juaj [do të] përlëvdohet"⁴⁴¹³.

E ata thanë, "Mësues, je ti [...] biri i zotit tonë"⁴⁵¹⁴.

Jezui u tha atyre: "Si më njihni? Në të vërtetë po ju them⁴⁶¹⁵, asnjë brez prej gjithë sa janë midis jush nuk do të më njohë"⁴⁷¹⁶.

Dishepujt prezantohen

Kur dëgjuan këto fjalë, dishepujt u pezmatuan dhe u zemëruan, dhe në zemrat e tyre nisën të mallkonin emrin e tij.

Kur Jezui e pikasi se ata nuk ishin në gjendje [ta mirëkuptonin, u tha] atyre: "Përse ky trazim ju ka shtyrë në zemëratë? Zoti

---

42¹¹ Ose "eukarestia" (kopt, nga greqishtja, *eukharistia*).

43¹² Ose "Mos vallë nuk kemi bërë atë që është e drejtë?"

44¹³ Ose "[do të marrë] një falenderim". Një fjali e këtillë mund të përkthehet edhe në formë pyetjeje: "por, përmes kësaj do të përlëvdohet zoti juaj?" Zoti i quajtur zot nga dishepujt, nuk është hyu i lartë dhe sipëror, por arkondi i botës.

45¹⁴ Shfl. Shpalljen e Pjetrit tek Mateu 16: 13-20, Markun 8: 27-30 e Lukën 9: 18- 21. Në të vërtetë, këtu dishepujt gabimisht kujtojnë se Jezui është biri i zotit të tyre.

46¹⁵ Ose "Amen ju them". Është shpallje e zakontë autoriteti tek thëniet e Jezuit në letërsinë e hershme të krishterë. Këtu, e edhe ndokund tjetër tek Ungjilli i Judës, ajo është bërë nëpërmjet koptishtes *hamën* (nga hebraishtja '*amen*).

47¹⁶ Në Ungjillin e Judës dhe në tekste të tjera Setiane, brezat njerëzorë dallohen nga "ai brez" (koptisht tgenea etemmau), brezi i madh i Setit, pra i gnostikëve. Vetëm ai që bën pjesë në "këtë brez" është në gjendje ta njohë natyrën e vërtetë të Jezuit. Tjetërkund në letërsinë Setiane, psh. në Zbulesën e Adamit, populli i Setit mund të quhet poashtu "ata njerëz" (koptisht nirõme etemmau).

juaj që është brenda jush dhe [...]⁴⁸¹⁷ {35} kanë shkaktuar inat [brenda] shpirtërave tuaj. Njëri prej jush që është [mjaft i fortë] mes njerëzve, le ta shpërfaqë jashtë njeriun e përkryer dhe të qëndrojë drejt përpara fytyrës sime"⁴⁹¹⁸.

Dhe të gjithë thanë: "Nuk e kemi atë forcë".

Por shpirtërat e tyre⁵⁰¹⁹ nuk guxonin të qëndronin përkundrejt [tij], me përjashtim të Judë Iskariotit. Ai arriti t'i qëndronte përkundruall, por nuk mundi ta shihte në sy, dhe e uli kryet⁵¹²⁰.

E Juda [i tha] atij, "E di kush je ti dhe prej nga ke ardhur. Ti ke ardhur nga mbretëria⁵²²¹ e amëshuar e Barbelit⁵³²². E unë nuk

---

48¹⁷ Me gjasë [fuqitë e tij] ose diçka e tillë.

49¹⁸ Riformimi i kësaj pjese të tekstit është i pasigurtë. Këtu Jezui don të thotë se pezmi që ka pushtuar zemrat e tyre është cytur nga zoti që gjendet brënda tyre. Ai i sfidon ata, për të bërë të mundur që njeriu i vërtetë- ai shpirtëror- të shfaqet dhe të qëndrojë më këmbë kundruall tij.

50¹⁹ Këtu, por edhe tjetërkund në tekst, "shpirt" duket se do të thotë "qënie e gjallë"; shfl. Ungjillin e Judës 43, 53.

51²⁰ Mes dishepujve, vetëm Juda është ai që ka forcë të qëndrojë më këmbë kundruall Jezuit, gjë të cilën e bën me përunjësi dhe respekt. Në lidhje me Judën që ul vështrimin përpara Jezuit, shfl. Ungjillin e Tomës 46, ku është thënë se, njerëzit duhet të shfaqin një formë të tillë përunjësie duke i ulur sytë përpara Gjon Pagëzorit.

52²¹ Ose "eon", këtu e në vijim të tekstit.

53²² Në Ungjillin e Judës, është vetë Juda ai që shpall se kush është në të vërtetë Jezui. Shprehja se Jezui vjen nga mbretëria (ose eoni) e amëshuar e Barbelit, në terma Setiane është e barazvlefshme me pohimin se, ai vjen nga mbretëria e epërme hyjnore dhe që është bir i Zotit. Në tekstet Setiane, Barbeli është Nëna Hyjnore e Gjithçkasë, shpesh e quajtur Parathënësja (Pronoia) e Atit, Qënies së Pafundme. Duket se emri Barbel është mbështetur mbi një formë të *Tetragrammatonit*, emri i shenjtë me katër gërma i Zotit hebre, dhe me sa duket rrjedh nga hebraishtja: ndoshta "Zot. (shfl. El) në (b-) katër (arb (a)". Në lidhje me përshkrimin e Barbelit në literaturën Setiane, shiko Librin e fshehtë të Gjonit II:

jam i denjë ta shqiptoj emrin e Atij që të ka dërguar"[54][23].

Jezui flet me Judën vetëm për vetëm

Duke e ditur se Juda meditonte mbi gjëra tjera të larta, Jezui i tha atij, "Veçohu nga të tjerët dhe unë do të të tregoj të fshehtat e mbretërisë[55][24]. Për ty është e mundur të mbërrish atje, por vuajtjet tuaja do të jenë të shumta.{36} Sepse një tjetër ka për të të zëvendësuar, me qëllim që dymbëdhjetë {dishepujt}të mund ta mbërrijnë plotninë me zotin e tyre."[56][25]

E Juda i tha: "Kur do të m'i thuash këto gjëra, dhe [kur][57][26] do të lartohet dita e madhe e dritës për këtë brezni?[58][27]

Por, mbasi ai i tha këto fjalë, Jezui u largua prej tij.

Skena 2: *Jezui iu shfaqet sërish dishepujve*

Mëngjesin që pasoi, mbasi kishte ndodhur kjo[59][28], Jezui iu

---

4-5; Libri i Shenjtë i Shpirtit të Padukshëm (i njohur edhe si Ungjilli i Egjiptianëve; Kodiku III Nag Hammadi) 42, 62, 69; Zostriani 14, 124, 129; Alogjeni i Huaji 51, 53, 56; Tri Format e Mendimit të Parë 38.

54[23] Ai që ka dërguar Jezuin është Zoti i pashprehshëm. Pashprehshmëria e hyjnores është pohuar me ngulm edhe në Ungjillin e Judës 47 dhe është theksuar në tekstet Setiane, si tek Libri i fshehtë i Gjonit, Libri i Shenjtë i Shpirtit të Padukshëm, si dhe tek Alogjeni, i Huaji. Në Ungjillin e Tomës 13, në mënyrë të ngjashme Toma i thotë Jezuit: "Mësues, goja ime është krejtësisht e paaftë për të thënë se çfarë je ti".

55[24] Ose Mbretëria e Zotit.

56[25] Shfl. Aktet 1: 15-26, rreth zgjedhjes së Matias për të zëvendësuar Judën në rrethin e të dymbëdhjetëve, me qëllim që të plotësohej sërish numri i tyre.

57[26] Ose "[si]."

58[27] Juda pyet rreth të fshehtave të premtuara dhe përlëvdimit përfundimtar të asaj breznie, por Jezui largohet krejt befas.

59[28] Ose "Në mëngjesin e ditës tjetër".

fanit sërish dishepujve⁶⁰²⁹.

Dhe ata i thanë: "Mësues, ku ke qenë dhe çfarë ke bërë qëkurse u largove prej nesh?".

E Jezui u tha atyre: "Shkova tek një tjetër brezni, e madhe dhe e shenjtë"⁶¹³⁰.

Dishepujt i thanë: "Zot, cila është breznia që është më sipërore ndaj nesh dhe më e shenjtë se ne, e cila nuk gjendet tani në këtë mbretëri?"⁶²³¹

Me të dëgjuar këto fjalë, Jezui qeshi dhe u tha atyre: "Përse po mendoni në zemrën tuaj rreth breznisë së fortë e të shenjtë? {37} Në të vërtetë⁶³³² po ju them, asnjë i lindur [i] këtij eoni nuk do ta shohë atë [brezni], e asnjë aradhë engjëjsh të yjeve nuk sundon përmbi të, dhe askush që ka lindur i vdekshëm nuk mund të lidhet me të, meqenëse ajo brezni nuk vjen [...] që është bërë [...]. Breznia e atyre që gjenden midis [jush] vjen nga breznia e njerëzimit [...] fuqi, që [...] fuqitë e tjera [...] për [... të cilat] ju qeverisni."⁶⁴³³

Kur dishepujt [e tij] dëgjuan këtë, secili prej tyre u trazua në shpirt. Nuk mundën të nxirrnin asnjë fjalë.

60²⁹ Fjala "sërish" është e nënkuptuar në tekst.

61³⁰ Jezui u lë të kuptojnë se ai ka shkuar përtej kësaj bote, në një mbretëri tjetër, me sa duket në mbretërinë shpirtërore të asaj breznie.

62³¹ Mbretëri apo eonë të tillë janë të vetmet, këtu në tokë, që janë thjesht kopje ose pasqyrime të eonëve dhe mbretërive sipërore. Kjo skemë diskutohet gjerësisht edhe më tutje në tekst; karakteri i saj platonik është i qartë, por koncepti platonik i mbretërisë së ideve të botës sonë është interpretuar në mënyrë gnostike në Ungjillin e Judës dhe në tekste të tjera, veçanërisht në ato setiane.

63³² Amen.

64³³ Në këtë pasazh, mes tjerash Jezui duket se thotë se breznia e madhe vjen nga lart dhe që është e paepur; njerëzit që bëjnë pjesë në këtë botë inferiore jetojnë në gjendje vdekshmërie dhe nuk mund ta mbërrijnë atë brezni të madhe.

Një ditë tjetër Jezui erdhi tek [ata]. Dhe ata i thanë [atij]: "Mësues, të kemi shquajtur në një [vegim], sepse kemi parë [ëndrra...] të mëdha [...]"[65][34]

[Dhe ai tha]: "Përse <ju> jeni [kur... ju] keni shkuar të fshiheni?"[66][35] {38}

Dishepujt shikojnë tempullin dhe bisedojnë

Ata[67][36] [thanë: "Kemi parë] një shtëpi të madhe me [një altar] të madh [brënda saj, dhe] dymbëdhjetë burra- ata janë priftërinj, do të thonim- dhe një emër[68][37]; e një plym njerëzish që prisnin ndanë altarit[69][38], [derisa] priftërinjtë [... të pranonin] blatimet. [Por] ndejtëm në pritje."

65[34] Këtu teksti mund të ndreqej, me cilësinë e provës, si vijon: "meqenëse kemi parë [ëndrra] të mëdha [natën] në të cilat kanë ardhur për [të të arrestuar]"; në një rast të tillë është e mundur që dishepujt ta kenë fjalën për paralajmërimin e arrestimit të Jezuit në Kopshtin e Getsemanit. Shih edhe Mateu, 26: 36-56.

66[35] Nëse versioni i propozuar në shënimin e mësipërm pranohet, këtu mund të jetë fjala për dishepujt që ikin dhe fshihen të tmerruar, kur Jezui arrestohet. Shfl. Mateun 26-56; Markun 14: 50-52.

67[36] Këtu teksti na bën me dije se dishepujt kanë një vizion të Tempullit hebraik të Jeruzalemit ose, më me pak gjasa, që kanë shkuar ta vizitonin atë; kësisoj tregojnë atë që kanë parë (shih përemrin e vetës së parë shumës "ne" në këtë pasazh). Në paragrafin e ardhshëm, Jezui i referohet qartazi asaj që dishepujt "kanë parë"; kjo ofron pjesërisht justifikim për mbushjen e boshllëqeve që paraqiten në këtë paragraf. Në ungjijtë e Besëlidhjes së Re, shfl. dëshmitë mbi vizitën e Jezuit dhe të dishepujve të tij në Tempull; tek Mateu 21: 12-17, 24: 1-25: 46; Marku 11: 15-19, 13: 1-37; Luka 19: 45-48, 21: 5-38; Gjoni 2: 13-22.

68[37] Me sa duket, emri i Jezuit; shfl. Ungjillin e Judës 38 ("emri [yt]) dhe 39 ("emri im"). Në kontekstin e Tempullit të Jeruzalemit, përmendja e një "emri" mund edhe të kuptohet si aluzion për emrin e pashprehshëm të Zotit (Jahveh) në botën hebraike.

69[38] Këtu teksi duket se përsërit në mënyrë të parënshme në sy "në altar" (një rast diktografie).

[Jezui tha]: "Me çfarë ngjajnë [priftërinjtë]?"[70][39]

Dhe ata [thanë: "Disa[71][40]...] dy javë; [disa] flijojnë bijtë, të tjerë bashkëshortet, në lavdërim [e][72][41] përunjësi ndaj njëri-tjetrit; disa flenë me burra; të tjerë janë përfshirë në [vrasje][73][42]; disa kryejnë një numër të madh mëkatesh dhe veprimesh të palejueshme. Dhe njerëzit që rrinë [kundruall] altarit i drejtojnë [lutje[emrit tënd, {39} e në të gjitha veprat e mangësive[74][43] të tyre, flijimet përmbusheshin deri në fund [...]".

E me të thënë këto, ata u qetësuan, sepse ndjeheshin të turbulluar.

Jezui bën një shpjegin alegorik të vegimit të tempullit

Dhe Jezui u tha atyre: "Përse jeni turbulluar? Në të vërtetë po ju them[75][44], të gjithë priftërinjtë që rrijnë kundrejt atij altari thërrasin emrin tim. E prapë po ju them, emri im është shkruar mbi këtë [...] të breznive të yjeve nëpërmjet breznive njerëzore. [Dhe ata] kanë mbjellë në emrin tim pemë pa fryte, në një mënyrë që shkakton turp".[76][45]

70[39] Plotësimi është i pasigurtë, por i arsyeshëm në kontekst.

71[40] Mbi këtë paragraf, shfl. përshkrimin polemik të krerëve të Kishës ortodokse që po lindet, në interpretimin alegorik të vizionit të Tempullit, paraqitur nga Jezui në Ungjillin e Judës 39-40.

72[41] Ose "[o]".

73[42] Plotësimi është i pasigurtë.

74[43] "Defekt" "mangësi" (kopt. *sōōt*), është një term teknik në tekstet setiane e në të tjerët, për të treguar mungesën e dritës dhe të njohjes hyjnore, e cila mund të mbërrihet duke u ngjitur tek Nëna, zakonisht Sofia, Dija e Zotit, e për rrjedhojën e humbjes së ndriçimit. Shfl., psh, Letra e Pjetrit drejtuar Filipit 3-4 (Codex Tchacos), 135 (Kodiku VIII Nag Hammadi). Pjesa në fjalë është marrë nga ky libër. Mbi Sofinë e vdekshme, shfl. Ungjilli i Judës 44.

75[44] Amen.

76[45] Përmendja e mbjelljes së pemëve pa fryte, dhe e thënë në emër të

Apokrifet

Jezui u tha atyre: "Ata që ju keni parë duke pranuar blatimet në altar, është çfarë ju jeni[77][46]. Ai është zoti të cilit i shërbeni, dhe jeni ju dymbëdhjetë burrat që vërehen. Bagëtitë që keni parë tek çohen për t'u flijuar, janë plymi i njerëzve që ju shmangni {40} përpara atij altari. [...][78][47] do të vijë e do të përdorë kështu emrin tim, dhe breznitë e të devotshmëve do të mbeten besnikë ndaj tij. Mbas tij[79][48] një tjetër njeri [nga kurvëruesit] do të vijë[80][49], e një tjetër nga vrasësit e bijve[81][50] do të vijë, e një tjetër prej

---

Jezuit, me gjasë është një akuzë kundër atyre që predikojnë në emrin e tij, por dhe që shpallin një ungjill pa ndonjë përmbajtje të frytshme. E njejta shëmbëlltyrë e pemës që mban fryte ose nuk mban, gjendet në Zbulesën e Adamit 76, 85; shfl. Ungjilli i Judës 43. Mbase është i krahasueshëm me fikun e vyshkur tek Mateu 21: 18-19 e Marku 11: 12-14.

77[46] Në tërë këtë paragraf, Jezui e interpreton vegimin e Tempullit, që kanë përjetuar dishepujt, si një metaforë të mësimeve të gabuara religjioze, mesa duket në gjirin e Kishës ortodokse që po lindte. Priftërinjtë janë dishepujt e ndoshta pasardhësit e tyre në Kishë, ndërsa bagëtitë e çuara në kasaphanë janë viktimat e zbatimit religjioz të pasaktë brenda vetë Kishës.

78[47] Ndoshta "[Arkondi (ose zotëria) i kësaj bote]"; shfl. Korintasve 2: 8.

79[48] Ose, me gjasë pak a shumë si, "Mbas atij".

80[49] Kopt, nga greqishtja, *parista* (dy rreshta më përpara, *parhista*). Personat që "janë" mund të jenë krerët e Kishës ortodokse në formim, të cilët në këtë paragraf polemik janë gjykuar për përkushtimin në ndihmë të arkondit të kësaj bote. Këtu e në pjesët që vijojnë, kjo fjalë mund të përkthehet edhe "përfaqëson", në vend të "vjen".

81[50] Me gjasë, këtu teksti don të na kumtojë se krerët e Kishës ortodokse, që është në lindje e sipër, janë imoralë në jetët e tyre dhe vënë në rrezik jetën e bijve të Zotit, duke i çuar drejt vdekjes shpirtërore. Kjo shëmbëlltyrë mund të krahasohet me kafshët që çohen drejt vdekjes gjatë flijimeve në tempull.

atyre që flenë⁸²⁵¹ me burra, dhe ata që agjërojnë⁸³⁵², dhe pjesa tjetër e njerëzve të përdhosjes dhe të gjërave të palejueshme e të gabimit, e edhe ata që thonë: 'Ne jemi engjëj'; ata janë yjet që çojnë çdo gjë në fundin e vet. Meqenëse breznive njerëzore u është thënë: 'Shiko, Zoti e ka pranuar flijimin tënd nëpërmjet duarve të një prifti, apo qoftë një misionari të gabimit. Por është Zoti, Zoti i universit⁸⁴⁵³, ai që sundon: 'Në ditën e fundme, ata do të nxirren para turpit"⁸⁵⁵⁴. {41}

Jezui u tha {atyre}: "Reshtni së fli[juari] në altar atë që keni [...], sepse ata janë përmbi yjet dhe engjëjt tuaj, e tashmë kanë mbërritur atje në fund⁸⁶⁵⁵. Kështu, bëni që të ... [kurthohen]⁸⁷⁵⁶ përpara jush, bëni që ata të shkojnë [*rreth 15 rreshta të humbur*]⁸⁸⁵⁷ brezni [...].

Një furrtar nuk mund ta ushqejë tërë krijimin {42} nën këtë [qiell]⁸⁹⁵⁸. E [...] atyre [...] dhe neve [...].

82⁵¹ Këtu lexojmë *nrefnkotk* në vend të *nrefnkokt* të dorëshkrimit. Akuza e zvetënimit seksual është tipike për arsyetimet polemike. Për kundërshtarët shpesh thuhet se janë njerëz imoralë.

83⁵² Ose "agjërojnë". Për një trajtim të tillë negativ të agjërimit shih Ungjillin e Tomës 6.

84⁵³ Ose i "Gjithçkasë", që nënkupton plotninë e mbretërisë sipërane hyjnore (kopt. *ptĕref*).

85⁵⁴ Kur të vijë fundi, krerët e Kishës ortodokse do të ndëshkohen për paudhësitë e veprimeve të tyre.

86⁵⁵ Me sa duket këtu Jezui thotë se krerët e Kishës ortodokse janë të fortë, por që kohës së tyre po i vjen fundi.

87⁵⁶ Ose "qortohen". Leximi dhe domethënia e tekstit janë të ndryshme. Kopt. (siç duket, *šōnt*, në kuptim të ngushtë "i pleksur") mund të përkthehet edhe të "grinden", apo "në luftë".

88⁵⁷ Një fotografi e mbijetuar e një prej shqyrtimeve që i janë bërë kodikut, sadoqë nuk është mjaft e qartë, nxjerr në pah shumë fjalë dhe shprehje.

89⁵⁸ Kjo frazë mund të jetë një proverb i lashtë që lidhet me caktimin

Jezui tha: "Reshtni së luftuari me mua. Secili prej jush ka yllin e tij[90][59], e se[cili-*mungojnë rreth 17 rreshta*] {43} në [...] në atë[91][60] që ka mbërritur [...burimin] për pemën[92][61] [...] e këtij eoni [...] për një kohë [...] por ai[93][62] ka mbërritur për të ujitur parajsën e Zotit[94][63], dhe [breznia][95][64] që do të jetojë, meqë [ai] nuk do ta përlyejë [vazhdën e jetës] të asaj breznie, por [...] për tërë amëshimin".[96][65]

Juda i kërkon Jezuit shpjegime rreth asaj breznije dhe rreth breznive njerëzore

e qëllimeve të arsyeshme të personave, në këtë rast, lexuesit e Ungjillit të Judës që përballen me kundërshtinë e Kishës ortodokse të origjinës. Nga ana tjetër, mund të kuptohet edhe si kritikë e eukarestisë ashtu siç kremtohet në Kishën ortodokse.

90[59] Ky lloj mësimi, këtu e edhe në pjesë të tjera të Ungjillit të Judës, simbas të cilit çdonjëri ka një yll të vetin, na kujton mendimin e Platonit tek *Timeu*. Mbas një pohimi nga ana e krijuesit të botës, thuhet se krijuesi "i caktoi secilit shpirt nga një yll", duke shpallur që, kush do ta jetonte mirë kohën që i ish caktuar, do të kthehej e do të banonte në yllin e tij të lindjes (41d-42d; kjo pjesë është kumtuar gjerazi në komentin e këtij libri). Mbi yllin e Judës, shfl. Ungjillin e Judës 57.

91[60] Ose "ajo që".

92[61] 61) Pema e përmendur në këtë pjesë të fragmentuar te tekstit mund të jetë një ndër pemët e parajsës. Nëpër tekstet gnostikë flitet shpesh për pemët e Kopshtit të Edenit, dhe pema e njohjes (greqisht *gnõsis*) së të Mirës e së Keqes është konsideruar shpesh si një burim i njohjes së Zotit. Shfl. Libri i fshehtë i Gjonit II: 22-23.

93[62] Ose "ai". Këtu e në rreshtat që vijojnë, identifikimi i përemrave vetorë është i pasigurtë.

94[63] Shfl. Zanafilla 2: 10.

95[64] Ose "racë". Këtu e në pjesë të tjera të tekstit, në vend të fjalës kopte *genea*, e përdorur zakonisht, koptishtja shfaqet me *genos*. Të dy termat e kanë prejardhjen nga greqishtja.

96[65] Fjalë për fjalë "nga amëshimi në amëshim".

E Juda i tha [atij: "*Rabb*]i ⁹⁷⁶⁶, çfarë lloj fruti prodhon ajo brezni?".⁹⁸⁶⁷

Jezui tha: "Shpirtërat e çdo breznie njerëzore do të vdesin. Por kur ata njerëz të kenë përmbushur kohën e mbretërimit dhe shpirti⁹⁹⁶⁸ t'i braktisë, trupat e tyre do të vdesin, por shpirtërat e tyre do të rrojnë, dhe ata do të jenë të lartësuar".

Juda tha: "E çfarë do të bëjë pjesa tjetër e breznive njerëzore?"

Jezui tha: "Nuk mund {44} të shpërndash fara mbi [shkëmb] dhe pastaj të vjelësh frutin¹⁰⁰⁶⁹. [Kjo] është edhe rruga [...] brezi i [korruptuar]¹⁰¹⁷⁰ [...] dhe Sofia¹⁰²⁷¹ e korruptuar [...] dora që ka krijuar popullin vdekatar, ashtu që shpirtërat e tyre të ngjiten në mbretëritë e amëshuara e të epërme. [Në të vërtetë]¹⁰³⁷² po ju

---

97⁶⁶ Titulli "rabbi" (shumë i riplotësuar) është fjala hebraike që përdoret për "mësues".

98⁶⁷ Bëni krahasime në ndryshim me Ungjillin e Judës 39, rreth atij që mbjell pemë pa fryte.

99⁶⁸ Shpirti apo fryma e jetës? Mbi shpirtin e frymën, shfl. edhe Ungjillin e Judës 53.

100⁶⁹ Krh. parabolën e mbjellësit tek Mateu 13: 1-23, Marku 4: 1-20, Luka 8: 4-15; shih edhe Ungjillin e Tomës 9, ku thuhet se fara e hedhur në shkëmb nuk mund të lëshojë rrënjë e të prodhojë kallëza gruri.

101⁷⁰ Ose "racë", si sipër.

102⁷¹ Ose "Dije": në traditën gnostike, ajo pjesë e dijes hyjnore që rrëzohet nga mungesa e gjykimit e që më në fund riaftësohet sërish në plotninë e hyjnores. Shpeshherë, në literaturën e krishtere dhe hebraike, Sofia personifikohet si një figurë femërore dhe luan një rol qendror në shumë tekste gnostikë, përfshirë edhe ato Setianë. Shfl, psh, rrëfimin e rënies së Sofisë në Librin e fshehtë të Gjonit II: 9-10, i rimarrë për koment në këtë libër. Biri i Sofisë, simbas shkrimeve gnostike, është demiurgu Saklas ose Yaldabaoth. Shfl. Ungjillin e Judës 51.

103⁷² Amen.

Apokrifet

them, [...] engjëll [fuqi]¹⁰⁴⁷³ do të jetë në gjendje të shohë që [...] këta të cilëve [...] brezni të shenjta [...]".

E me të thënë këtë, Jezui u nis.

Skena 3: *Juda rrëfen një vegim dhe Jezui përgjigjet*

Juda tha: "Mësues, ashtu siç i ke dëgjuar të gjithë ata, tani më dëgjo mua. Sepse kam përjetuar një vegim të madh".

Kur dëgjoi këtë, Jezui qeshi e i tha: "Ti, i trembëdhjetti shpirt¹⁰⁵⁷⁴, përse mundohesh kaq shumë? Por fol, e unë do të kem durim me ty".

Dhe Juda i tha: "Në këtë vegim pashë vetveten, teksa dymbëdhjetë dishepujt po më mbytnin me gurë {45}dhe po më përndiqnin [ashpërsisht]. E edhe unë erdha në vendin ku [...] mbas teje. Pashë [një shtëpi...]¹⁰⁶⁷⁵, dhe sytë e mi nuk mund t'ia [kupto]nin madhësinë. Shumë persona rrinin përreth, e ajo shtëpi <kishte> një çati me degë dhe gjethe¹⁰⁷⁷⁶, e në mes të shtëpisë gjendej [një turmë-*mungojnë dy rreshta*-], që thonin¹⁰⁸⁷⁷: 'Mësues, merrmë së bashku me këta njerëz'".

104⁷³ Ndoshta "engjëll i fuqisë [së madhe]".

105⁷⁴ Ose "i trembëdhjetti demon" (kopt, nga greqishtja, *daimōn*). Juda është i trembëdhjetti sepse është dishepulli i përjashtuar nga rrethi i të dymbëdhjetëve, dhe është një demon sepse identiteti i tij i vërtetë është shpirtëror. Krahasoni rrëfimet e Sokratit dhe të *daimōn*-ëve apo *daimonion*-ëve të tij, tek *Simpoziumi* i Platonit, 202e-203a.

106⁷⁵ Juda risjell një vegim në të cilin është sulmuar ashpërsisht nga dishepujt e tjerë (shfl. Ungjilli i Judës 35-36, 46-47). Në vegim, ai arrin në një vend e përmend edhe Jezuin ("mbas teje"); atje gjendet në një shtëpi të madhe hyjnore, e Juda kërkon të pranohet së bashku me të tjerët që janë duke hyrë. Mbi shtëpinë ose banesën hyjnore, shfl. Gjoni 14: 1-14. Mbi ngjitjen dhe shndërrimin e fundëm të Judës, shfl. Ungjilli i Judës 57-58.

107⁷⁶ Leximi është i hamendshëm dhe korrigjon një gabim të dukshëm shkrimor.

108⁷⁷ Fjalët "duke thënë" janë të nënkuptuara në tekst.

[Jezui] u përgjigj me fjalët: "Judë, ylli yt të ka shmangur". E vijoi: "Asnjë që është lindur vdekatar nuk është i denjë të hyjë në shtëpinë që ti ke parë, prejse ai vend është caktuar për të lumët[78]. Atje nuk sundojnë as dielli e as hëna, por të shenjtët banojnë[79] përgjithmonë, në mbretërinë e amëshuar së bashku me engjëjt e shenjtë[80]. Shiko, të kam shpjeguar të fshehtat e mbretërisë {46} dhe të kam mësuar gabimin e yjeve; e dërgo[...] mbi dymbëdhjetë eonët".

Juda pyet për fatin e vet

Juda tha: "Mësues, a mos vallë fara ime[81] gjendet nën pushtetin e sunduesve?"[82]

Jezui u përgjigj me fjalët: "Eja, që unë [-*mungojnë dy rreshta*-], porse ti do të vuash disi kur të shohësh mbretërinë dhe tërë breznine".

Kur dëgjoi këtë, Juda i tha atij: "Po ç'e mirë është kjo që kam marrë unë? Përse më ke larguar nga ajo brezni?"

Jezui u përgjigj e tha: "Ti do të jesh i trembëdhjeti[83], e do të

---

[78] Ose "shenjtër", këtu e në vijim.

[79] Ose "do të jenë".

[80] Rreth këtij përshkrimi apokaliptik të qiellit, shfl. Zbulesa 21: 23. Simbas Librit të fshehtë të Gjonit II: 9, emrat e të lumëve a të shenjtërve do të banojnë në mbretërinë e tretë të amëshuar, shtëpia e prejardhjes së Setit, me të tretin të përndritur Daveitai. Shfl. edhe Librin e Shpirtit të Madh të Padukshëm III: 50-51.

[81] Fara është pjesa shpirtërore e një personi, shkëndija e brëndshme hyjnore e, kolektivisht, pasardhësit e atij që ka prejardhje hyjnore. Kështu, në tekstet gnostikë Setianë, mund të përkufizohet fara ose pasardhësit e Setit.

[82] Ose "arkondë", këtu e në vijim, dmth. sunduesit e kësaj bote, veçanërisht fuqitë kozmike që bashkëpunojnë me demiurgun. Kjo fjali mund të përkthehet edhe "që fara ime të nënshtrojë sunduesit?"

[83] Mbi Judën si të trembëdhjettë, shfl. Ungjilli i Judës 44, ku thuhet se

jesh i mallkuar nga breznitë e tjera, por do të arrish të sundosh përmbi ta.[115][84] Në ditët e fundit do ta mallkojnë ngritjen tënde[116][85] {47}në [brezninë] e shenjtë".

Jezui i mëson Judës kozmologjinë: Shpirti dhe i Vetëkrijuari

Jezui tha: "[Eja], që unë të mund të të rrëfej [të fshehta që][117][86] askush nuk i [ka] parë kurrë. Sepse lart ekziston një mbretëri e madhe dhe e pafund, hapësirën e së cilës nuk e ka parë asnjë brezni engjëjsh, [ku] është [një] [Shpirt][118][87] i madh, i padukshëm,

Që asnjë engjëll s'e pa kurrë,

Dhe asnjë rrahje zemre kurrë s'e kuptoi,

E që nuk pati kurrë një emër".[119][88]

---

ai është i trembëdhjetti shpirt ose demon.

115[84] Mbi Judën që mallkohet, krahasoni gjykimet tek Mateu 26: 20-25, 27: 3-10; Marku 14: 17-21; Luka 22: 21-23; Gjoni 13: 21-30 dhe Veprat 1: 14-20. Këtu thuhet se Juda është i përçmuar nga dishepujt e tjerë, por që në të vërtetë do të lartësohet përmbi ta si dishepull i shquar.

116[85] Ose "rikthimin lart". Përkthimi është i pasigurtë. Me sa duket teksti aludon për ndonjë lloj shndërrimi apo ngjitjeje, si në Ungjillin e Judës 57 (shndërrimi i Judës) ose 2 Korintasve 12: 2- 4 (ngjitja ekstatike e një njeriu, Palit, në qiellin e tretë).

117[86] Ose "gjëra të fshehta". Plotësimi është i pasigurtë. Për një pasqyrë më të plotë të kozmologjisë Setiane, shfl. Librin e fshehtë të Gjonit dhe Librin e Shenjtë të Shpirtit të Madh të Padukshëm.

118[87] Ose "[Shpirti] i Madh i Padukshëm", emër që nëpër shumë tekste Setianë i mvishet- si psh. Libri i fshehtë i Gjonit dhe Libri i Shenjtë i Shpirtit të Madh të Padukshëm-hyut transhendental.

119[88] Shfl. 1 Korintasve 2: 9; Ungjilli i Tomës 17; Lutje e Palit Apostull A. Teksti paralel në Lutjen valentiniane të Apostullit Pal i afrohet pjesërisht formulimit tek Ungjilli i Judës: "Ajo që sytë e engjëllit kurrë nuk kanë [parë], që sytë e sunduesve nuk kanë dëgjuar, e që nuk është lartuar

"Dhe vegoi një re vezullore[120][89]. Dhe ai[121][90] tha: 'Le të shfaqet një engjëll[122][91] e të bëhet shërbëtori im'.[123][92]

"Një engjëll i madh, i Vetëkrijuari[124][93] i përndritur dhe hyjnor, doli nga retë. Për shkak të tij, katër engjëj të tjerë u shfaqën nga një re tjetër, dhe ata u bënë shërbëtorë[125][94] të të Vetëkrijuarit engjëllor[126][95]. Dhe i Vetëkrijuari tha: {48}'Le [...]

---

në zemrën e njeriut, që bëhet engjëllor, krijuar simbas shëmbëlltyrës së zotit të shpirtëzuar kur qe formuar, në fillesë". Pashprehshmëria e transhendenca e hyjnores është theksuar në shumë tekste gnostikë, veçanërisht në ato Setianë. Shfl. Librin e fshehtë të Gjonit II: 2-4; Librin e Shenjtë të Shpirtit të Madh të Padukshëm III: 40-41; Alogjeni i Huaji; Ireneu i Lionit, Kundër herezive 1. 29. 1- 4, mbi "gnostikët" ose "Barbelognostikët" ("gnostikët e Barbelit"); Ungjilli simbas Judës. Disa rreshta të Librit të fshehtë të Gjonit, të cilat ilustrojnë përshkrime të transhendencës hyjnore, janë risjellë për komentin e këtij libri.

120[89] Ose "re prej drite", shpërfaqje e pranisë së lavdishme qiellore të hyjnores. Retë prej drite shfaqen shpeshherë edhe në përshkrimet e lashta të teofanive: psh., në rrëfimet e shndërrimeve të Jezuit tek ungjijtë e Testamentit të Ri, ato shoqërojnë zbulesat e lavdisë (Mateu 17: 5-6; Marku 9: 78; Luka 9: 34-35). Në Librin e Shenjtë të Shpirtit të Madh të Padukshëm, një rol i rëndësishëm luhet edhe nga retë hyjnore; në Librin e fshehtë të Gjonit, Ati i Gjithçkasë është i ngjyruar me dritë.

121[90] Shpirti.

122[91] Ose "lajmëtar", këtu e në vijim të tekstit.

123[92] Ose "si ndihmësi im" "për të më ndenjur pranë" (kopt, nga greqishtja, *parastasis*). Shih fjalën *parista/ parhista* tek Ungjilli i Judës 40.

124[93] Ose "i Vetëlindur", "i Vetëngjizur" (kopt *autogenēs*, nga greqishtja), këtu e në vijim të tekstit. I Vetëkrijuari, në mënyrë tipike, është Biri i Zotit nëpër tekstet setianë; shfl. Librin e fshehtë të Gjonit II: 7-9; Libri i Shenjtë i Shpirtit të Madh të Padukshëm III: 49, IV: 60; Zorostrianos 6, 7, 127; Alogjeni i Huaji 46, 51, 58.

125[94] Sërish në kopt, nga greqishtja, *parastasis*.

126[95] Në librin e fshehtë të Gjonit II: 7-8, katër Vezullorët, Harmozel,

të shfaqet [...]', e ai u shfaq [...]. Dhe ai [krijoi] vezullorin[127][96] e parë për të mbretëruar mbi të. Ai tha: 'Engjëj të shfaqen për t'i shërb[yer]',[128][97] dhe një mizëri e panumërt u shfaq. Ai tha: '[Bëni që një eon i përndritur[129][98] të shfaqet', e ai u shfaq. Ai krijoi vezullorin e dytë [për] të mbretëruar mbi të, së bashku me një mizëri engjëjsh të panumërt që t'i shërbenin. Kjo është mënyra me të cilën ai krijoi pjesën tjetër të eonëve të përndritur. Ai i bëri të mbretëronin mbi ata, dhe krijoi për ta një mizëri të panumërt engjëjsh që do t'i ndihmonin[130][99].

Adamasi dhe vezullorët

"Adamasi[131][100] ndodhej në rënë e parë të shndritshme[132][101], të cilën nuk e ka parë asnjë engjëll mes atyre që quhen "Zot". Ai {49} [...] që [...] shëmbëlltyrën a ngjashmërinë e [këtij] engjëlli. Ai bëri që [breznia] e pakorruptueshme e Setit[133][102]

Oroiael, Daveitai dhe Elelet, krijohen nëpërmjet të Vetëkrijuarit. Shfl. edhe Librin e Shenjtë të Shpirtit të madh të Padukshëm III: 51-53; Zostriani 127-128; Tri forma të Mendimit të Parë 38-39.

127[96] Kopt, nga greqishtja, *phōstēr*, këtu e në vijim të tekstit.

128[97] Ose "për të blatuar adhurim" "për të blatuar nderim" (kopt *šemše*, këtu e në vijim të tekstit).

129[98] Ose "një eon prej drite".

130[99] Simbas tekstit, mbretëria hyjnore është përplot me vezullorë, eonë e engjëj të ardhur në ekzistencë nga fjala krijuese e të Vetëkrijuarit, për t'i shërbyer hyjnores e për ta adhuruar.

131[100] Adamasi është Adami, njeriu i parë i Zanafillës, i kuptuar këtu, si dhe në shumë tekste të tjerë gnostikë, si qenia njerëzore shembullore e mbretërisë hyjnore dhe si shëmbëlltyrë e lartë e njerëzimit. Shfl., psh., Librin e fshehtë të Gjonit II: 8-9.

132[101] Reja e parë e shndritshme është shpërfaqja fillimore e hyjnores; shfl. Ungjillin e Judës 47.

133[102] Fjala është për Setin birin e Adamit, edhe ai në mbretërinë hyjnore; shfl. Zanafilla 4: 25-5: 8. Roli i Setit si djali i madh i breznisë që merr emrin prej tij ("ajo brezni") dëshmohet gjerësisht nëpër shkrimet

të vegonte [...] të dymbëdhjetët [...] të njëzetekatërtët [...]. Ai bëri që shtatëdhjetë e dy vezullorët të vegonin në breznînë e pakorruptueshme, simbas vullnesës së Shpirtit. Të shtatëdhjetë e dy vezullorët veguan në breznînë e pakorruptueshme, simbas vullnesës së Shpirtit, që numri i tyre të ishte pesë për secilin".[134][103]

"Të dymbëdhjetë eonët e dymbëdhjetë vezulloreve përbëjnë atin e tyre, me gjashtë qiej për secilin eon, kështuqë janë shtatëdhjetë e dy qiej për shtatëdhjetë e dy vezullorë, e për çdonjërin {50} [prej tyre pesë] kupa qiellore, [aq sa numurohen] treqind e gjashtëdhjetë [kupa qiellore...]. Atyre u jepet pushtet dhe një aradhë e [madhe] engjëjsh [të panumërt] për lavdin adhurim, [e pas kësaj edhe] shpirtëra[135][104] të virgjër[136][105] për lavdinë e [adhurimin] e të gjithë eonëve dhe të qiejve e të kupave të tyre qiellore[137][106].

Setiane; shfl. edhe Ungjillin e Judës 52.

[134][103] Në fund, gjithçka ndodh simbas vullnesës së hyjnores, Shpirtit.

[135][104] Tek Eugnosti i Lumë, në një pasazh mbi eonët përmenden shpirtërat e virgjër, e ky pasazh (Kodiku III Nag Hammadi: 88-89, i risjellë në koment) është mjaft i afërt me tekstin në shqyrtim. Shfl. edhe Sofia ("Dija") e Jezu Krishtit (Kodiku III Nag Hammadi), 113; Mbi origjinën e botës, 105-106.

[136][105] Në tekstet Setiane, termi "i virgjër" është përdorur si epitet për shpërfaqje dhe fuqi të ndryshme hyjnore, me synim nxjerrjen në pah të dëlirësisë. Në librin e Shenjtë të Shpirtit të Padukshëm, psh., këtë të fundit, Barbeli, Joueli e Plesitea janë quajtur "të virgjër", e përmenden madje edhe entitetet të tjerë të virgjër.

[137][106] Këta eonë e vezullorë, fuqitë shpirtërore të universit, përfaqësojnë pikëpamje të botës, veçanërisht të kohës dhe të njësive të saj. Mbi 12 eonët, shih muajt e vitit apo shenjat e zodiakut. Mbi 72 qiejtë dhe vezullorët, shih numrin tradicional të kombeve të botës simbas traditës gojore hebraike. Mbi 360 qiejtë, shih numrin e ditëve të vitit diellor (30 ditë për çdo muaj, në dymbëdhjetë muaj), përjashto pesë ditë të ndërkallura. Ky pasazh i Ungjillit të Judës është i ngjashëm me Eugnostin e Lumë III: 83-84 (i risjellë për koment); gjithashtu, në rreshtat vijues të

Kozmos, kaos dhe botë e skëterrës

"Moria e atyre të pavdekshmeve është quajtur kozmos, ose rrënim[138][107] nga Ati dhe nga shtatëdhjetë e dy vezullorët që janë me të Vetëkrijuarin dhe shtatëdhjetë e dy eonët e tij. Njeriu i parë u shfaq në Të[139][108] me fuqitë e tij të pakorruptueshme. Dhe eoni që vegoi me brezninë e tij, eoni ku gjenden reja e dijes dhe[140][109] engjëlli, është quajtur {51} El[141][110]. [...] eon [...] mbas atij [...] tha: 'Le të krijohen dymbëdhjetë engjëj [për] të sunduar mbi kaosin e [skëterrën]'. Ja shiko, prej reve vegon një [engjëll] me fytyrë vetëtitëse prej zjarrit dhe të zhyer nga gjaku aq sa nuk shquhet. Nebro quhej[142][111], që do të thotë 'rebele'[143][112]; për të tjerët është

Eugnostit të Lumë, autori flet për një numër të ngjashëm eonësh, qiejsh dhe kupash qiellore.

[138][107] Kozmosi ynë, në ndryshim nga mbretëria sipërore hyjnore është i prekshëm nga humbja, e kësisoj mund të përkufizohet si vend i rrënimit.

[139][108] Ose "në të", apo *në kozmos*.

[140][109] Kopt, nga greqishtja, *gnõsis*.

[141][110] El është një emër i lashtë semitik për Zotin. Në tekstet Setianë, emrat e ndërlidhur si Eloaios, ravijëzojnë fuqi e pushtete të kësaj bote. Libri i fshehtë i Gjonit përmend edhe Elohim, fjalë hebraike për Zotin në Shkrimet.

[142][111] Në librin e Shenjtë të Shpirtit të Madh të Padukshëm III: 57, Nebruel është një demon i madh i gjinisë femërore që bashkohet me Saklasin dhe lind dymbëdhjetë eonët; shfl. edhe rolin e Nebruelit në tekstet manikeiste. Këtu emri Nebro jepet pa prapashtesën nderuese -el (edhe "Zot" në gjuhën hebraike; krh. më sipër: El). Në Librin e fshehtë të Gjonit II: 10, demiurgu Yaldabaoth ka pamjen e një gjarpëri me fytyrë luani dhe sy si shkrepëtima rrufesh. Në Librin e Shenjtë të Shpirtit të Madh të Padukshëm III: 56-57, Sofia e materies shfaqet e përgjakur: "Një ré (e quajtur) Sofia e materies shfaqet... [Ajo] kundronte rrathët [e kaosit], dhe fytyra e saj dukej... në pamjen e saj... gjak".

[143][112] Ose "fëlëshues" (kopt, nga greqishtja, *apostatës*). Nebro, me gjasë rrjedh nga Nebrod i Zanafillës 10: 8-12 (shfl. 1: 10) i Biblës së të Shtatëdhjetëve, ku Nebrodi (hebreu Nimrod) pasqyron traditën e

Yaldabaoth[144][113]. Por akoma një tjetër engjëll, Saklas[145][114], doli nga reja. Nebro krijoi kështu gjashtë engjëj e Saklas gjithashtu, që të ishin shërbëtorë, e këta lindën dymbëdhjetë engjëj në qiej, e secili prej tyre mori një pjesë në qiej".[146][115]

Arkondët dhe ëngjëjt

"Të dymbëdhjetë arkondët folën me dymbëdhjetë engjëjt: 'Secili prej jush {52} [...] e ata [...] brezni [-*mungon një rresht-*] engjëj':

I pari është [S]eti, që është quajtur Krisht[147][116].

---

një figure të mirënjohur legjendare të Lindjes së Mesme në lashtësi. Ka mundësi që fjala Nimrod të ketë lidhje në hebraisht me fjalën "rebel".

144[113] Yaldabaoth, i zakonshëm si emër i demiurgut në tekstet setianë, me gjasë do të thotë "bir i kaosit" (ose, më pak e mundur, "i (S)abaoth") në aramaisht.

145[114] Saklas (ose Sakla, si në Ungjillin e Judës 52) është një tjetër emër i zakonshëm i demiurgut në tekstet Setianë. *Saklas* (ose *Sakla*) do të thotë në aramaisht "budalla".

146[115] Sintaksa e kësaj fraze nuk është krejtësisht e qartë, kështuqë roli i Saklas dhe marrëdhënia e tij me Nebronin mbeten të pasaktësuara. Nëse Nebroni e Saklasi krijuan secili nga gjashtë engjëj, shuma e engjëjve që ata lindën është dymbëdhjetë. Shfl. Librin e Shenjtë të Shpirtit të madh të Padukshëm III: 57-58: "Saklasi [engjëlli] i madh [shquajti] Nebruelin, demonin e madh që është me të. [Së bashku] ata lindën shërbyes engjëllorë. Saklasi [i tha] Nebruelit, [demonit] të madh: 'Le të krijohen dymbëdhjetë mbretëri në... mbretëri, botëra...'. Përmes vullnesës së të Vetëkrijuarit, [Sakla] engjëlli i madh tha: 'Do të jenë... në numrin shtatë...'".

147[116] Këtu, si nëpër tekstet e tjerë setianë, Krishti përshkruhet si shpërfaqje e Setit në këtë botë. Në librin e Shenjtë të Shpirtit të Madh të Padukshëm III: 63-64, teksti i referohet "atij që është i pakorruptueshëm, i ngjizur nga Fjala [Logos], Jezui i gjallë, me të cilin është mveshur Seti i madh". Në tri Format e Mendimit të Parë 50, Fjala, ose Logos, pohon, "Unë zgjodha Jezuin. E hoqa nga druri i urrejtshëm [kryqi] dhe e vendosa në vendet ku banon Ati". Shfl. Ungjilli i Judës 56.

I [dyti] është Harmatoti, që është [...]

I [treti] është Galila.

I katërti është Jobeli.

I pesti [është] Adonaiosi.

Ata janë të pestët që qeverisin mbi botën e vdekshme e para së gjithash, mbi kaosin".[148¹¹⁷]

Krijimi i njerëzimit

"Atëherë Saklasi u tha engjëjve të tij: 'Le të krijojmë një njeri me ngjashmëri dhe shëmbëlltyrë.'[149¹¹⁸] Dhe bënë Adamin dhe bashkëshorten e tij Evën, që mes reve quhej Zoe[150¹¹⁹]. Meqenëse nëpërmjet këtij emri të gjitha breznitë kërkojnë njeriun, e mes tyre secili e thërret gruan me këta emra. Tani, Saklasi nuk {53} sund[onte...] hequr [...] brez[nitë...] ky [...]. Dhe [arkondi i tha]

[148¹¹⁷] Në Librin e Shenjtë të Shpirtit të Madh të Padukshëm III: 58, nëpërmjet Nebruelit e Saklasit janë lindur dymbëdhjetë engjëj, shumë prej të cilëve kanë emra të ngjashëm ose të njejtë me emrat e përmendur këtu, e përmendet edhe Kaini (pasazhi është cituar për koment në këtë libër). Përmendja në këtë libër, mund të na kujtojë thënien e Ireneut të Lionit (*Kundër herezive* 1. 31. 1), simbas së cilës hartuesit e Ungjillit të Judës i bëjnë thirrje pushtetit të Kainit, sadoqë emri i tij nuk gjendet i përmendur në këtë tekst që ka mbetur nga Ungjilli i Judës. Në librin e fshehtë të Gjonit II: 10-11 ofrohet një listë e tillë emrash dhe thuhet se shtatë nga këta sundojnë mbi shtatë sferat e qiellit (të Diellit, të Hënës dhe të pesë planetëve që njiheshin deri atëherë: Mërkuri, Afërdita, Marsi, Jupiteri e Saturni) e që pesë të tjerë sundojnë thellësinë e humnerës.

[149¹¹⁸] Shfl. Zanafilla 1: 26. Relacione të tilla rreth krijimit të një qënieje njerëzore gjenden në tekste të tjerë setianë e nganjëherë, në tradita mjaft më të zhvilluara, pohohet se njeriu është krijuar simbas shëmbëlltyrës së Zotit suprem dhe në ngjashmëri me arkondin e kësaj bote. Shfl. Librin e fshehtë të Gjonit II: 15, risjellë për koment në këtë libër.

[150¹¹⁹] Zoe, greqisht për "jetë", është emri i Evës në Biblën e të Shtatëdhjetëve.

Adamit: 'Ti do të jetosh gjatë, me bijtë e tu'".[151][120]

Juda pyet për fatin e Adamit dhe të njerëzimit

Dhe Juda i tha Jezuit: "[Sa] është e gjatë koha gjatë së cilës krijesat njerëzore do të jetojnë?"

Jezui tha: "Përse pyet rreth kësaj, sa për Adamin, me breznine e tij, e ka jetuar harkun e tij kohor atje ku ka fituar mbretërinë e vet, me jetëgjatësi së bashku me arkondin e tij?"[152][121]

Juda i tha Jezuit: "A humbet shpirti i njeriut?"

Jezui tha: "Kjo ndodh sepse Zoti urdhëroi Mikaelin t'ua japë atyre shpirtin e njerëzve si hua, ashtu që të mund të shërbenin, por i Madhi e urdhëroi Gabrielin[153][122] t'i jepte shpirtëra breznisë së madhe pa arkond përmbi ta[154][123], ose shpirtin dhe frymën[155][124].

151[120] Shfl. Zanfilla 1: 28, 5: 3-5. Me gjasë demiurgu thoshte të vërtetën: në fakt, duket se personat e përshkruar në kapitujt e parë të librit kanë patur një jetë tejet të gjatë.

152[121] Kjo frazë është e paarritshme dhe përkthimi i pasigurtë, por me gjasë do të thotë që Juda pyet rreth Adamit në botën e tij, rreth gjatësisë së jetës së tij e rreth Zotit të tij, të gjitha gjëra të parëndësishme për të. Në fund, fraza lexohet në mënyrë të fjalëpërfjalshme: "në të njejtën masë me arkondin e tij?"

153[122] Mikaeli dhe Gabrieli janë kryeengjëjt e shquar.

154[123] Ose "breznia pa mbret" duke iu referuar breznisë së Setit, me përdorimin e një përshkrimi që është i vazhdueshëm në tekstet Setianë, duke treguar se populli i Setit është i pashtrueshëm.

155[124] Zoti, me sa duket zoti i kësaj bote, u jep shpirtin dhe frymën e jetës (fryma e jetës? Shfl. mbase Zanafillën 2: 7) njerëzve, nëpërmjet Mikaelit, si hua, ndërsa Shpirti i Madh u jep dhuntinë e shpirtit dhe frymës, nëpërmjet Gabrielit, si dhuratë. Zanafilla 2: 7 mund të interpretohet në mënyrë krijuese tek tekstet e tjerë gnostikë, përfshirë edhe ato setianë; shfl. Librin e fshehtë të Gjonit II: 19: "Ata [pesë vezullorët që janë sipër] i thanë Yaldabaothit: 'Frymoje me pakëz nga shpirti yt fytyrën e Adamit, dhe trupi do të mëkëmbet'. Ai frymoi shpirtin e tij mbi Adamin. Shpirti është fuqia e nënës së tij [Sofia], por ai nuk kuptoi, sepse jetonte në

Për rrjedhojë, (pjesa e [mbetur] e shpirtërave {54}[-*një rresh i humbur-*][156][125].

Jezui flet për shkatërrimin e të ligjve me Judën dhe të tjerët

"[...] dritë [-*pothuajse dy rreshta të humbur-*] përreth [...] që [...] shpirti [i cili është] në ty[157][126] banon në këtë [mish] mes breznive të engjëjve. Por Zoti vendosi që dija[158][127] t'i [jepej] Adamit e pasardhësve të tij[159][128], ashtuqë mbretërit e kaosit e të skëterrës të mos sundonin përmbi ta".

Juda i tha Jezuit: "Kësisoj, çfarë do të bëjnë ato brezni?"

Jezui tha: "Në të vërtetë[160][129] po ju them[161][130], për të gjithë ata yjet sjellin gjëra të përfunduara[162][131]. Kur Saklasi e përmbush

---

padije. Fuqia e Nënës doli nga Yaldabaothi dhe hyri në trupin fizik që ishte bërë për të qenë si ai që vjen prej zanafillës. Trupi lëvizi dhe u bë i fuqishëm. Dhe u ndriçua". Mbi shpirtin dhe frymën në tekstin e paraqitur, shfl. edhe Ungjillin e Judës 43.

156[125] Këtu teksti kopt përmend, ndokund, *toou*, ose "mal', por mund të trajtohet edhe si {en}*toou*, "ata". Në paragrafin pasardhës të fragmentuar, shfaqen format përemërore të vetës së dytë shumës, gjë që mbase tregon se Jezui ndodhej së bashku me disa persona e jo veç me Judën. Ka gjasa që në bisedë të mund të ishin përfshirë edhe dishepujt e tjerë.

157[126] Në shumës.

158[127] Përsëri kopt., nga greqishtja, *gnõsis*.

159[128] Ky pasazh na propozon se *gnõsis*, ose dija, i qe dhënë Adamit e kësisoj njerëzimit. Mënyra sesi vihen në zotërim njëra e tjetra, shtjellohet hollësisht nëpër tekste të tjerë gnostikë, përfshirë edhe ata setianë, ku ngulmohet se njerëzimi e ka dijen e që, përkundrazi, arkondët mëndjemëdhenj të kësaj bote nuk e kanë.

160[129] Këtu e në vijim të tekstit, fjala kopte *alètbõs* (nga greqishtja) është përdorur në vend të *hamên*, siç ka ndodhur edhe më parë në tekst.

161[130] Në shumës.

162[131] Përmendjet e yjeve, me ndikimet e tyre dhe shkatërrimin

jetëgjatësinë që i qe caktuar, ylli i parë do të vegojë me breznitë, dhe ata do ta përfundojnë atë që thonë se dëshirojnë të bëjnë. Atëherë do të kurvërojnë në emrin tim e do të vrasin bijtë e tyre[163][132] {55}, e ata [*një fjalë në të ardhme...*] dhe [-*rreth gjashtë rreshta e gjysmë të humbura*-] emrin tim, dhe ai [*një fjalë në kohën e ardhme...*] ylli yt përmbi eonin e [tre]mbëdhjetë".

E, mbas kësaj, Jezui [qeshi].

[Juda tha]: "Mësues, [përse qesh me ne]?"[164][133]

[Jezui] u përgjigj [duke thënë]: "Unë nuk qesh [me ju], por me gabimet e yjeve, sepse këta gjashtë yje enden sipër me këta pesë luftëtarë, e të gjithë do të rrënohen me krijesat e tyre".[165][134]

Jezui flet për të pagëzuarit dhe për tradhëtinë e Judës

Juda i tha Jezuit: "Shiko, çfarë do të bëjnë të pagëzuarit në emrin tënd?"[166][135]

Jezui tha: "Në të vërtetë po [ju] them, ky pagëzim {56} [...] emrin tim [-*rreth nëntë rreshta të humbur*-] mua. Në të vërtetë po të them, Juda, [ata që] i blatojnë flijime Saklasit[167][136] [...] Zot

---

përfundimtar, janë astronomike dhe apokaliptike.

163[132] Shfl. Ezekielin 16: 15-22, si dhe Ungjillin e Judës 38 e 40, mbi vrasjen e fëmijëve dhe kurvërimet.

164[133] Restaurimi është i pasigurtë.

165[134] Ka mundësi që yjet që enden të jenë pesë planetët (Mërkuri, Afërdita, Marsi, Jupiteri e Saturni), së bashku me Hënën. Simbas teorisë së lashtë astronomike dhe astrologjike, këta trupa qiellorë mund të na sundojnë e të ndikojnë në jetët tona në mënyrë të pakëndshme. Shfl. edhe Ungjillin e Judës 37.

166[135] Domethënë të krishterët e pagëzuar në emër të Krishtit. Megjithatë, nuk është e qartë nëse duhet nënkuptuar si kritikë ndaj pagëzimit të zakonshëm, si në tekstet e tjerë setianë.

167[136] Mbi blatimin e flijimeve për Saklasin, shfl. mbase Ungjillin e Judës 38-41.

[*-tre rreshta të humbur-*] gjithë çfarë është e keqe".

"Por ti do të jesh më i madhi mes tyre. Meqenëse ti do të flijosh njeriun me të cilin jam mveshur[168137].

> *Briri yt tashmë është ngritur,*
>
> *zemërata jote është ndezur,*
>
> *ylli yt është shfaqur vezullues,*
>
> *e zemra jote është {...}*".[169138] {57}

"Në të vërtetë, [...][170139] jote e fundit [...] bëhet [-*rreth dy rreshta e gjysmë të humbur-*], meqë ka për t'u shkatërruar. E atëherë shëmbëlltyra[171140] e breznisë së madhe të Adamit do të lartësohet, sepse kjo brezni, e cila e ka prejardhjen nga mbretëritë e përjetshme, ekziston qysh përpara qiellit, tokës dhe engjëjve[172141]. Tani shiko, të është thënë gjithçka. Ngreji sytë dhe vëzhgo renë dhe dritën brënda saj, e yjet përreth. Ylli që tregon rrugën është ylli yt"."[173142]

Juda çoi vështrimin dhe vërejti renë e shndritshme, dhe hyri

168[137] Fjalë për fjalë "që më mbart" (kopt, nga greqishtja, *etrphorei emmoei*). Juda merr nga Jezui udhëzime për ta ndihmuar, duke flijuar trupin mishëror ("njeriun") që mbështjell apo mban veten e vërtetë të Jezuit. Vdekja e tij, me ndihmën e Judës, shihet si çlirim i personit të brendshëm shpirtëror.

169[138] Mbi vargjet poetike të cilat përshkruajnë se si Juda të përgatitet për aktin e tij shpëtimdhënës të tradhëtisë, shfl. pjesë nga Psalmet. Vargu i fundit mund të restaurohet duke e lexuar "{bërë e fortë}" apo diçka e ngjashme.

170[139] Mbase mund të restaurohet me "në të vërtetë [them...]" apo diçka të ngjashme.

171[140] Kopt, nga greqishtja, "*tupos*". Teksti, i bërë me {*tu*}*pos*, mund edhe të trajtohet si {*to*}*pos*, "vend" (gjithnjë nga greqishtja).

172[141] Ose, Ajo e Setit është një brezni paraekzistuese që e ka prejardhjen nga Zoti.

173[142] Fjalë për fjalë, Juda është ylli i përmendur në tekst.

brenda saj¹⁷⁴¹⁴³. E ata që ndodheshin në tokë¹⁷⁵¹⁴⁴ dëgjuan një zë që vinte nga reja, i cili thoshte, {58} [...] brezni e madhe [...] ... shëmbëlltyrë [...] [-*rreth pesë rreshta të humbur-*]¹⁷⁶¹⁴⁵. (145)

Përfundimi: Juda tradhëton Jezuin

[...] Priftërinjtë e tyre të lartë ankoheshin ngase [ai]¹⁷⁷¹⁴⁶ kishte shkuar në dhomën e miqve¹⁷⁸¹⁴⁷ për të thënë lutjet e tij¹⁷⁹¹⁴⁸. Por disa skriba ndodheshin atje, duke e vëzhguar me vëmendje për ta arrestuar gjatë lutjes, ngaqë u druheshin popullit, sepse të gjithë e njihnin si profet¹⁸⁰¹⁴⁹.

Ata iu afruan Judës dhe i thanë: "Çfarë bën ti këtu? Ti që je

---

174¹⁴³ Ky pasazh mund të përkufizohet si shndërrim i Judës. Ai është i përligjur nëpërmjet përlëvdimit në renë e shndritshme, rreth së cilës dëgjohet një zë. Si në dëshmitë e shndërrimit të Jezuit (Mateu 17: 1-8, Marku 9: 2-8., Luka 9: 28-36; shfl. ; shfl. Librin e Alogjenit 61-62, mandej Ungjillin e Judës në Codex Tchacos), këtu Juda hyn në një re të shndritshme, lart, dhe një zë hyjnor flet.

175¹⁴⁴ Ose "poshtë".

176¹⁴⁵ Pjesa më e madhe e fjalëve të shqiptuara nga zëri hyjnor në re ka humbur me boshllëqet e tjera, por ka mundësi që lavdëron Judën, ose jep përfundime mbi domethënien e ngjarjeve të përshkruara. Në lidhje me zërin hyjnor në Ungjijtë e Dhjatës së Re, shfl. dëshmitë e shndërrimit të Jezuit dhe mbi pagëzimin. (Mateu 3: 13-17; Marku 1: 9-11; Luka 3: 21-22).

177¹⁴⁶ Jezu. Është i mundur edhe zëvendësimi me "[ata]", ose "Jezui e dishepujt".

178¹⁴⁷ Kopt, nga greqishtja, *kataluma*. E njejta fjalë është përdorur tek Marku 14: 14 e Luka 22: 11 për dhomën e miqve në të cilën qe kremtuar Darka e Fundit.

179¹⁴⁸ Kjo fjali mund të përkthehej edhe në një mënyrë më të drejtpërdrejtë: "Priftërinjtë e tyre të lartë ankoheshin: "[Ai] është (ose [Ata] kanë) shkuar në dhomën e miqve për lutjet e tij".

180¹⁴⁹ Shfl. Mateun 26: 1-5; Markun 14: 1-2; Lukën 22: 1-2; Gjonin 11: 45-53.

dishepull i tij".

Juda iu përgjigj atyre ashtu siç ata dëshironin. I dhanë të holla dhe ai ua dorëzoi atyre[181150].

UNGJILLI I JUDËS[182151]

[181150] Shfl. Mateun 26: 14-16; Markun 14: 10-11, 41-50; Lukën 22: 3-6, 45-53; Gjonin 18: 1-11. Përmbyllja e Ungjillit të Judës, e paraqitur në terma të imët dhe zbutës, nuk paraqet të dhëna mbi kryqëzimin e vërtetë të Jezuit.

[182151] Këtu formulimi i titullit të nënshkruar nuk është "Ungjilli simbas [*pkata o kata*] Judës", ashtu siç ndodh në pjesën më të madhe të teksteve ungjillore, por është "Ungjilli i [*en-*] Judës". Ka gjasa që një titull i tillë synon të na sugjerojë se ky është ungjilli, ose Lajmi i Mirë, mbi Judën e mbi vendin e tij në traditë. Gjesti që ai kreu, përfundon teksti, nuk është një "lajm i keq", por i mirë për Judën e për të gjithë ata që do të ndiqnin atë dhe Jezuin.

Ungjilli i Maries

Fatkeqësisht ky Ungjill ka humbur në pjesën e tij më të madhe.

[...] materia do të shkatërrohet, apo jo? Shpëtimtari tha: "Të gjitha gjërat e natyrës, të gjitha lindjet, të gjitha krijimet ekzistojnë brënda njëra-tjetrës e mes njëra-tjetrës, dhe mandej davariten sërish në rrënjët e tyre. Sepse natyra e materies shpërbëhet vetëm në rrënjët e natyrës së vet".

Pjetri i tha: Meqenëse na ke shtjelluar çdo gjë, shtjellona edhe këtë: Ç'është mëkati në botë?". Shpëtimtari u përgjigj: "Nuk ka asnjë mëkat. Në të vërtetë, jeni ju që e bëni mëkatin, kur kryeni veprime që janë të së njejtës natyrë me kurorëshkeljen, e cila është quajtur "mëkati".

"Për këtë arsye erdhi midis jush e mira, në thelbin e çdo natyre për ta rikthyer në rrënjën e vet". Dhe vijoi: "Prandaj sëmureni dhe vdisni, sepse ju doni atë që është e gënjeshtërt, atë që do t'ju gënjejë. Ai që mund të kuptojë, le të kuptojë."

"Materia i dha fillesë një pasioni që s'kish të ngjashëm, i cili u parapri nga diçka që është kundër natyrës. Atëherë pasoi një çrregullim në tërë trupin. Për këtë arsye ju thashë: Kini guxim! Nëse jeni të pikëlluar, merrni guxim në praninë e formave të larmishme të natyrës".

"Paqja qoftë me ju! Përjetofshi paqën time! Kini mendjen që askush të mos ju gënjejë me fjalët: 'Shikoni këtu!' ose 'Shikoni atje!' Në të vërtetë Biri i njeriut është brenda jush. Ndiqeni! Kush e kërkon e gjen".

"Shkoni, pra, dhe predikoni Ungjillin e Mbretërisë. Nuk kam shpallur ndonjë porosi tjetër përpos atyre që ju kam caktuar. Dhe as ju kam dhënë ndonjë ligj si ligjvënës, me qëllim që të mos jeni të detyruar prej tij.".

"Si mund të shkojmë tek paganët dhe t'u predikojmë atyre Ungjillin e Mbretërisë së Birit të njeriut? Nëse ata nuk e kursyen atë, si do mund të na kursejnë neve?". Atëherë Maria u çua, i përshëndeti të gjithë, dhe u tha vëllezërve të saj: "Mos qani, mos jini të brengosur, dhe as të pavendosur. Hiri i tij do të jetë i tëri me ju dhe do t'ju mbrojë. Le të lëvdojmë, më mirë, madhështinë e tij, meqenëse ai na ka përgatitur dhe na ka bërë njerëz".

Pjetri i tha Maries: "Motër, ne e dimë se Shpëtimtari të donte më tepër se gratë e tjera. Na i përcill fjalët e Shpëtimtarit që të kujtohen, ato që di ti e jo ne; ato që ne nuk i kemi dëgjuar fare." Maria u përgjigj me fjalët: "Atë që për ju është e fshehtë, unë do t'ua përcjell".

"Unë, tha Maria, e pashë Zotin në një vegim, dhe i thashë: "Zot, sot të kam parë në një vegim". Ai m'u përgjigj duke thënë: "E lume, ti që nuk je luhatur nga pamja ime. Në të vërtetë, atje ku është mendja, atje është edhe thesari". Unë i thashë: "Zot, tani më thuaj: ai që sheh vegimin, e sheh nëpërmjet frymës apo nëpërmjet shpirtit?"

"Shpëtimtari u përgjigj me fjalët: 'Ai nuk sheh nëpërmjet frymës, e as nëpërmjet shpirtit, por nëpërmjet mendjes, e cila ndodhet midis të dyjave, është ajo që e sheh vegimin dhe...'"

" ... Dhe lakmia tha: "Nuk të kam parë kur ke zbritur, ndërsa tani të shoh tek ngjitesh lart. Pra, si është e mundur që ti më gënjen duke ditur që më përket". Fryma u përgjigj: "Unë të kam parë, teksa ti as më ke parë e as më ke njohur. Unë të kam shërbyer si veshje, por nuk më ke njohur." Me të thënë këtë, ajo u largua tutje e ngazëllyer dhe e hareshme.

"Pastaj shkoi tek fuqia e tretë që quhet padije. Kjo e pyeti frymën: "Ku shkon? Je zënë në ligësi, por je zënë. Mos gjyko!" Fryma tha: "Përse më gjykon, kur unë nuk të kam gjykuar? Unë jam zënë, ndonëse unë nuk kam zënë. Nuk më kanë njohur. Por unë kam vënë re se gjithçkaja është hapërdarë, si gjërat dhe natyrat tokësore, ashtu edhe ato hyjnore".

"Mbasiqë kishte lënë pas vetes fuqinë e tretë, fryma u ngjit lart dhe shquajti fuqinë e katërt. Ajo kishte shtatë trajta. E para është errësirë; e dyta është lakmi; e treta është padije;

e katërta është emocion i vdekjes; e pesta është mbretëria e mishit; e gjashta është urtësia budallaqe e mishit; e shtatta është dija idhnake. Këto janë shtatë fuqitë e zemërimit.

"Ato e pyetën frymën: "Prej nga vjen, vrasëse e njerëzve? Për ku je nisur, kapërcyese e hapësirave?". Fryma u përgjigj me fjalët: "Ajo që më lidh është vrarë, ajo që më qarkon është hequr mënjanë, lakmia ime është asgjësuar, ndërsa padija ime ka vdekur. Në një botë jam liruar prej një bote, në një typos prej një typosi sipëran, nga prangat e harrimit, që është i përkohshëm. Tani e mbrapa unë do të mbërrij në heshtje prehjen e kohës, të çastit, të eonit."

Por Andrea iu kundëvu, duke u thënë vëllezërve: "Flisni, çfarë mendoni në lidhje me ato që tha ajo. Unë, të paktën, nuk besoj se Shpëtimtari t'i ketë thënë këto. Me gjasë, këto doktrina janë tjetërlloj mësimesh."

Rreth këtyre gjërave foli edhe Pjetri. Ai i pyeti ata në lidhje me Shpëtimtarin: "Vallë i ka folur ai vërtetë fshehtas dhe jo haptas një gruaje, pa ditur ne asgjë? Mos duhet të ndërrojmë mendje të gjithë e të dëgjojmë atë? Mos vallë ai e ka vënë atë përmbi ne?"

Atëherë Maria nisi të qante dhe i tha Pjetrit: "Pjetër, vëllai im, çfarë beson ti, pra? Beson se unë i kam sajuar këto në zemrën time, apo që unë gënjej në lidhje me Shpëtimtarin?"

Levi iu kundërvu Pjetrit duke thënë: "Ti je gjithnjë i rrëmbyer, Pjetër! Tani unë po të shoh si i vërsulesh gruas siç bëjnë armiqtë. Nëse Shpëtimtari e ka bërë të denjë, kush je ti që e hedh poshtë? Nuk ka dyshim, Shpëtimtari e njeh mirë. Për këtë arsye e donte atë më shumë se neve. Ajo që duhet të bëjmë është të na vijë turp, ne duhet të mvishemi me njeriun e përkryer, të trajtësohemi ashtu sikundër ai na ka urdhëruar, dhe të përhapim Ungjillin pa shpallur as edhe një urdhëresë tjetër e as ndonjë ligj tjetër, përveç atyre që na ka thënë Shpëtimtari."

Kur Levi tha këto fjalë, ata u përudhën që të përhapnin lajmin dhe të predikonin.

Ungjilli i Bartolomeut[183][1]

Rreth pyetjeve që Bartolemeu i Lumë dhe apostujt e tjerë i bëjnë Zotit Jezu Krisht

Në atë kohë, përpara vuajtjeve të Zotit Jezu Krisht, qenë tubuar së bashku të gjithë dishepujt, të cilët po e pyesnin, duke i thënë: "Zot, na i rrëfe të fshehtat e qiellit". Jezui u përgjigj: "Nuk mund t'ju flas për këto, deri në ditën kur ta kem lënë trupin tim prej mishi".

---

[183][1] Ungjilli që i mvishet Bartolomeut (Rreth pyetjeve që Bartolemeu i Lumë dhe apostujt e tjerë i bëjnë Zotit Jezu Krisht) është shkruar nga një autor anonim i shek. III. Ungjilli parashtron një varg zbulesash të Jezuit pas ringjalljes së tij, si dhe legjenda të ndryshme që qarkullonin në atë kohë për vuajtjet, vdekjen dhe ringjalljen e tij. Shën Bartolomeu (?-?) ishte një nga të dymëdhjetët. Emri Bartolome rrjedh nga aramaishtja bar Tôlmay, që do të thotë 'biri i brazdave', sepse, me gjasë, ishte pendar. Dendur identifikohet me Natanaelin e Gjon ungjillorit. Në ungjijt sinoptikë të Mateut, Markut dhe Lukës, Filipi dhe Bartolomeu përmenden gjithnjë bashkë, kurse Nanataeli nuk përmendet asnjë herë. Nga ana tjetër, në Ungjillin sipas Gjonit, përmenden Filipi dhe Natanaeli, por nuk thuhet asnjë fjalë për Bartolomeun. Sipas traditës siriane, emri i vërtetë i Bartolomeut ishte Jezu. Sipas Besëlidhjes së Re, Bartolomeu ishte njëri prej dishepujve të cilëve iu shfaq Jezui pas ringjalljes në Detin e Tiberit (Gjn 21: 2). Ai dëshmon edhe për Ngjitjen e Jezuit (Vap 1: 4, 12, 13). Thuhet se pas Ngjitjes, Bartolomeu filloi udhëtimin misionar në Indi, ku la edhe një kopje të Ungjillit të Mateut. Në veprat e artit ai dendur paraqitet me një thikë të gjatë, apo si në "Gjyqin e Fundit" të Mikelangjelos, me lëkurën që i varet mbi krah. Sipas traditës, në Armeni ai u rrop përsëgjali dhe pasandaj u kryqëzua kokëposhtë. Për këtë arësye u zgjodh shenjti mbrojtës i lëkurpunuesve. Mendohet se bashkë me Shën Judë Tadeun ai përhapi në shek. I Krishtërimin në Armeni. Prandaj kisha armene quhet Kisha Apostolike Armene, kurse të dy shenjtët pajtorë të kësaj kishe. Dita e festës: 24 gushti.

Por, mbasi vuajti dhe u ringjall, të gjithë... apostujt e vështronin pa guxuar ta pyesnin, meqenëse fytyra e tij nuk ishte më ajo e para, sadoqë shpërfaqte virtyte të përndritshme.

Por Bartolomeu iu afrua e i tha: "Zot, kam gjëra për të të thënë". Jezui iu përgjigj: "Shumë i dashur Bartoleme, e di se ç'dëshiron të më thuash. Pyetmë, pra, dhe unë do të të përgjigjem rreth gjërave që dëshiron, e do të t'i kujtoj unë vetë nëse ti nuk i mban mend më."

Bartolemeu pyeti: "Zot, kur ti gjendeshe i mbërthyer në kryq, unë të kam ndjekur që nga larg; ndërsa të gjithë apostujt qenë tërhequr mbrapa, unë të kam ndjekur. Të kam parë të varur në kryq dhe engjëjt që vinin aty për të të adhuruar. Dhe, kur u bë natë, unë të vështroja dhe vura re se ti ishe bërë i padukshëm në kryq. Dëgjoja vetëm zërat në ferr dhe, papritmas, më zunë të dridhurat nga frika. Thuamë, Zot, ku ke shkuar prej kryqit?"

Jezui në mbretërinë e të vdekurve

Jezui iu përgjigj: "Bartolemeu im i Lumë, që e ke parë këtë mister, tani ty do të të flas për gjithë çka më pyete. Kur u bëra i padukshëm në kryq, zbrita në mbretërinë e të vdekurve për të çliruar Adamin, Isakun e Jakobin, simbas kërkesës së kryeengjëllit Mikael."

Atëherë Bartolemeu e pyeti: "Zot, çfarë zëri ishte ai që u dëgjua?". Zoti iu përgjigj: "Kur zbrita në mbretërinë e të vdekurve bashkë me engjëjt për të këputur zinxhirët e hekurt dhe portat e Skëterrës, Skëterra thërriste: "O Belzebul[184:2], o Satana[185:3], për shkakun tënd Zoti zbriti në tokë." Dhe engjëjt thërrisnin: "Mohues, hapini portat e të parit tuaj, sepse mbreti i lavdisë po zbret në tokë."

184[2] Belzebuli: Baal Zebul, një emërtim i princit të djajve, që do të thotë "Zoti-Princ". Shkrimtari i *Librit të dytë të mbretërve* e quan edhe Beelzebub, pra, "Zoti i mizave".

185[3] Satanai: djalli, kundërshtari i Perëndisë dhe ngashënjyesi i njerëzimit: herë-herë identifikohet me Luciferin (Lk 4: 5–8). Nga hebraishtja *satan* përbetues, armik, kundërshtar.

Skëterra u tha atyre: "Kush është ky mbret i lavdisë që po zbret këtu tek ne?" Mandej Skëterra zbriti pesëqind këmbë; u drodh fort e tha: "Mendoj se Zoti ka zbritur në tokë. Dëgjoj zërin e të Madhërueshmit. Në të vërtetë erdhi me një aromë të të fortë dhe unë nuk mund t'i bëj dot ballë". Belzebuli tha: "Mos beso, Skëterrë, kij guxim! Në të vërtetë, Zoti nuk zbriti në tokë".

Por mbasiqë zbriti sërish edhe pesëqind këmbë të tjera, engjëjt e virtytit thërritën: "Hapuni porta të princit tonë, ndahuni nga njëra-tjetra, sepse prej qiellit po zbret vetë mbreti i lavdisë". Skëterra tha: "Mjerë unë! Ndjej kundërmimin e Zotit, ndërsa ti thua se Zoti nuk zbret në tokë?"

Belzebuli u përgjigj: "Nga se ke frikë? Ai është profet e ti thua se është Zot? Ke ngatërruar Zotin me një profet e një të drejtë. Unë do ta mbërthej e mandej do ta hedhim menjëherë (poshtë). Kush mendon se është ngritur në qiell?"

Skëterra iu përgjigj: "Cili nga profetët? Thuajmë, mos vallë është skribi i drejtësisë? Por Zoti nuk lejon që të vijë në tokë, veç kur të kenë kaluar shtatë mijë vjet". Kështu më tha vëllai i drejtë: "Në ditët e fundit Zoti do të vijë". Me të vërtetë, nuk do ta zbresë në tokë Biri i Zotit? Mjerë unë! Ç'do të bëj? Në të vërtetë, Zoti vjen dhe me paudhësinë tonë nuk kemi mbërritur ende në ndërhyrjen e fundit të Zotit dhe unë nuk do të jem mes qengjave.

Belzebuli e kuptoi që gjithçka kishte të bënte me Fjalën e Atit që po zbriste. Skëterra i tha: "Nga mund të iki, ku mund të fshihem nga prania e fuqisë së mbretit të madh? Lejomë të hyj brenda teje, meqenëse prej teje kam qenë mbrujtur."

Atëherë u copëtuan portat prej bronxi dhe shulat e hekurt. Zoti hyri, e mbërtheu, e goditi, urdhëroi që ta kopanisnin, e lidhi me zinxhirë të pazgjidhshëm dhe i çliroi të gjithë patriarkët, të gjithë që qenë ngujuar aty; mandej u ktheva sërish mbi kryq."

Bartolomeu i tha: "Unë të shquajta sërish të varur në kryq dhe i pashë të gjithë të vdekurit që ringjalleshin: të adhuronin e mandej futeshin sërish në varr. Thuajmë, Zot, kush ishte ai njeri që mbartej në duar prej engjëjve; ishte një burrë i bukur;

dhe çfarë i the që psherëtiu për së thelli?" Jezui u përgjigj: "Ai ishte Adami, i pari njeri që qe krijuar, dhe pikërisht për të unë kam zbritur nga qielli në tokë. Unë i thashë Adamit: "Pikërisht për ty e për bijtë e tu jam mbërthyer në kryq". Ai psherëtiu dhe qau."

Bartolomeu tha: "Zot, i pashë të gjithë engjëjt që po i prinin Adamit në qiell dhe po i këndonin himne. Njëri nga ata engjëj, i stolisur me çdolloj bukurie, nuk donte të ngjitej me ta; në duar kishte një shpatë prej zjarri dhe po rrinte në pritje; por të gjithë engjëjt këmbëngulnin që ai të ngjitej së bashku me ta. Kur ishte gati për t'u ngjitur me ta, unë shquajta një flakë që vërshonte nga duart e tij dhe mbërrinte deri matanë Qytetit."

Jezui u përgjigj: "Është shpata flakëruese që goditi ndërtesën e sinagogës duke e ndarë më dysh, si dëshmi e kryqëzimit tim".

Kush lindet e kush vdes. Me të thënë këtë iu drejtua apostujve: "Më prisni në këtë vend, sepse sot në parajsë më është paraqitur një blatim dhe po shkoj ta marr." Por Bartolomeu e pyeti: "Zot, çfarë është ky blatim në parajsë?"

Jezui u përgjigj: "Shpirtërat e të drejtëve dalin sot nga trupi dhe hyjnë në parajsë". Bartolomeu e pyeti: "Zot, kur ti na mësoje ne, more ndonjë blatim në parajsë?" Jezui u përgjigj: "Nuk mora".

Bartolomeu e pyeti: "Sa shpirtëra dalin çdo ditë nga trupi?" Jezui u përgjigj: "Shumë i dashuri Bartoleme, në të vërtetë po të them se çdo ditë dalin nga trupi gjashtë mijë e shtatëdhjetë e katër shpirtëra". Bartolomeu pyeti: "Zot, sa shpirtëra hyjnë çdo ditë në parajsë?"

Jezui u përgjigj: "Me të vërtetë vetëm tre". Bartolomeu pyeti: "Zot, përse hyjnë në parajsë vetëm tre?" Jezui u përgjigj: "Në parajsë hyjnë pesëdhjetë e tre, por vetëm tre pushojnë në prehërin e Abrahamit[186⁴]. Gjithë të tjerët shkojnë në vendin

---

[186⁴] Prehëri i Abrahamit: të qenët në Prehrin (Gjirin) e Abrahamit (Lk 16: 22, 23) do të thotë të gëzosh lumturi dhe prehje (Mt 8: 11; Lk 16: 23) në gostinë e Parajsës. Prehri i Abrahamit është vendqëndrimi

e pushimit, duke mos qenë me këta shpirtëra të drejtë". Bartolomeu e pyeti: "Sa shpirtëra lindin çdo ditë në botë?". Jezui u përgjigj: "Përditë është një shpirt i tepërt që del për të lindur në botë". E me të thënë këto fjalë, u dha paqë atyre e u bë i padukshëm.

Maria u flet apostujve

Apostujt ishin së bashku me Marien dhe duke iu afruar, Bartolomeu i tha Maries së Lume: "O Marie e Lume, si ke gjetur kaq forcë në vete dhe si ke mundur të mbahesh me një lavdi kaq të madhe?" Dhe kishin frikë ta pyesnin më tej.

Bartolomeu i tha Pjetrit: "Ti je i pari i ne të gjithëve, ndaj afrohu dhe pyete". Pjetri i tha Gjonit: "Ti je një i virgjër i papërlyer, e kësisoj të takon ty ta pyesësh".

Ndërsa ata bisedonin midis tyre, Bartolomeu u afrua me fytyrë të hareshme e i tha: "Ngazëllehu, o virgjëresha e papërlyer Mari! Të gjithë apostujt më kanë dërguar për të të pyetur. Si ke mundur të mbartje atë që ishte i pambartshëm? Si ke mundur të lindësh një madhështi të tillë?"

Maria e lume u përgjigj: "Përse më pyet rreth këtyre mistereve? Nëse do filloja të flisja, nga goja ime do të teptiste një flakë që do ta shkrumbonte gjithë botën."

Por ai këmbënguli duke iu përgjëruar dhe ajo nuk deshi të refuzonte më tej; por tha: "Le të rrimë të gjithë në lutje!"

E çilembyll sytë u venduan pas Maries. Por ajo i tha Pjetrit: "Ti, Pjetër, je i pari i të gjithë apostujve, rri pra mbas meje. A nuk e ke dëgjuar Zotin që thotë: "Ashtu siç Krishti është prijës i burrit, ashtu edhe burri është prijës i gruas?" Rrini pra të gjithë

---

i shpirtërave që vdesin pa faje dhe pa merita, i atyre që kanë jetuar në purputhje me besimin në Jahvehun, por që kanë vdekur përpara ardhjes së Jezu Krishtit; gjatë tre ditëve midis kryqëzimit të Jezuit dhe ringjalljes së tij, Jezui zbriti në mbretërinë e të vdekurve dhe çliroi ata që banonin në prehrin e Abrahamit. Besohej se përpara ringjalljes së Jezuit ishte një pjesë e "hadit", afër Ferrit (apo vendit të mundimeve).

e lutuni".

Por ata i thanë: "Krishti ka skalitur në ty figurën e vet dhe ka zgjedhur të qëndrojë në ty; pra, në lutje të takon ty të drejtosh lutjen." Ajo u përgjigj: "Ju jeni dielli që shndrit, siç dëshmon profeti, kur thotë: "Çova vështrimin kah malet, prej nga do të më vijë ndihma". Pra, ju jeni malet dhe juve ju takon të luteni".

Apostujt i thanë: "Ty të takon të lutesh, o nënë e mbretërisë së qiejve". Maria tha prapë: "Ju kam formësuar sipas pamjes së tij dhe ju kam çuar drejt katër skajeve të tokës.". Ata u përgjigjën: "Ai që mezi është nxënë nga qielli i shtatë, ka denjuar të banojë në ty".

Mandej, Maria, duke vështruar kah qielli e duke ngritur duart, nisi të thoshte në gjuhën hebraike: helfoit, alaritha, arbar, neuiotho, melito, tarasunt, chanebonos, umia, theirura, marado, seliso, heliphomar, mabon, saruth, gefutha, enunnas, sacinos, thatis, etelelam, tetheo, abocia, rusar.

Që në latinisht do të thotë: Zot i madh dhe plot me dije, mbret i parrëfyeshëm dhe i paçmueshëm i qiejve, ti që me fjalën tënde mban themelet e qiellit, ti që rri ulur në fronin tënd të qiellit të shtatë, që me pluhurin e tokës ke mbruajtur njeriun dhe e ke bërë të ngjashëm me veten, që ke ndarë dritën nga errësira, që ke përforcuar themelet e ujërave, që renë e ke bërë lajmëtare e në errësirë je shfaqur si frikë, që ke mbrujtur tokën dhe kurrë nuk e ke braktisur, që e ke mbushur tokën me ngushëllim për ne, ti e paçmueshmja Fjalë e Atit që me një fjalë ke krijuar kerubinët[1875],

---

[187]5 Kerubini (*k'ruv*), që përmendet në shumë vende të Besëlidhjes së Vjetër, është një qenie mitologjike, të cilën hebrejtë e huajtën nga tradita mesapotame. Sot pranohet botërisht mendimi se, me gjasë, ky emër është huajtur nga gjuha akade, sado që emri *kâribu* (apo *karâbu*) – 'gju', nuk thotë dhe aq për kuptimin e vërtetë të fjalës burimore. Ashtu si në Torë, edhe sot figura e kerubinit përshkruhet në mënyra të ndryshme. Sipas disave, kerubinët ishin qenie me flatra, me kokë njeriu (djali a vajze), sipas disa të tjerëve, kishin kokë njeriu, flatra shqiponje dhe trup luani, për ca të tretë – trup demi. Pas mendimit të një pale, pezullojnë, sipas palës tjetër ecin mbi dy këmbë.

që mezi të ka nxënë qielli i shtatët e që ke denjuar të banosh në mua, e në të cilin gjithçka është e përkryer, përlëvdoje emrin tënd dhe lejomë që t'i shpërfaq këto mistere përpara apostujve.

Me të mbaruar lutjen, nisi të fliste kësisoj: "Ulemi përtokë. Së pari eja ti, Pjetër, në anën e djathtë, vendose supin tënd nën sqetullën time; ti Andrea bëj të njejtën gjë në anën e majtë; ti Gjon shtërngomi shpatullat, me qëllim që të mos lëshohen".

Kur ata bënë siç i porositi, ajo nisi të thoshte: "Kur ndodhesha në tempullin e Zotit, e merrja ushqimin nga dora e një engjëlli. Një ditë m'u shpërfaq vegimi i engjëllit: fytyra e tij ishte e pakrahasueshme, në duar nuk kishte bukë e kupë simbas zakonit të përditshëm; papritmas tempulli u ça, pllakosi një tmerr i madh dhe unë rashë përmbys pa vegimin e engjëllit.

Por ai ndehu dorën e tij dhe më ngriti; vështrova kah qielli e mbi fytyrë më zbriti një re prej vese, më spërkati nga koka te këmbët, më mbuloi me petkat e veta e më tha: "Ngazëllehu, o banesë e lume e bekimit!"

Teksa thoshte këto, shkundi anën e djathtë të petkut të vet dhe u mbush me bukë të çdo hiri: e vendosi mbi altarin e tempullit, hëngri vetë e më dha edhe mua. Shkundi mandej anën e majtë dhe u shfaq një kupë e madhe vere. Piu ai më në fillim e pastaj më dha edhe mua, duke më thënë: "Prit pak dhe do të shohësh sërish një bukë të tërë dhe kupën".

E më tha sërish: "Mbas tri vitesh do të të përcjell Fjalën time dhe do të ngjizësh birin tim. Dhe nëpërmjet tij do të shpëtojë e tërë bota. Ti mandej ji shpëtimi i tërë botës. Paqë ty, e dashura ime". E mandej u vdar para syve të mi dhe tempulli u bë sërish si më parë".

E ndërsa Maria e Lume fliste kështu, nga goja e saj doli një flakë që mund të digjte tërë botën si të ishte dita e fundme. Dhe papritmas përballë saj vegoi Jezui, i cili vuri duart para gojës së saj, i bëri një shenjë e i tha: "Mos e bëj të ditur këtë mister, o Marie, se përndryshe do të shuhet tërë bota". Flaka në gojën e saj reshti, apostujt nisën të dridheshin dhe pamja e tyre ndryshoi me qëllim që Jezui të mos zemërohej me ta.

Apostujt dhe ferri

Shkoi me ta në malin Mambre dhe u ul midis tyre. Por ata nuk guxonin t'i bënin pyetje.

Jezui u tha atyre: "Pyesni çfarë dëshironi t'iu tregoj. Në të vërtetë, mbas shtatë ditësh do të ngjitem tek Ati dhe nuk do të më shihni më në këtë vegim". Apostujt i thanë: "Zot, na trego gjithçka, siç na premtove".

Jezui iu përgjigj: "Do të qe mirë për ju të shihnit ferrin që ju kam premtuar; ejani dhe do të shihni". Dhe i çoi në atë vend. U dha urdhër engjëjve të ferrit, kështu që toka u hap (si faqet) e një kodiku dhe ferri u shfaq. Përpara një pamjeje të tillë apostujt ranë përmbys. Por Jezui i ngriti sërish e u tha: "Vallë, a nuk ju pata thënë se do të qe më mirë për ju të mos e shihnit ferrin?" U dha menjëherë urdhër engjëjve dhe u bë si më parë.

Maria dhe Pjetri

Dhe shkoi me ata në malin e Ullinjve. Pjetri i tha Maries: "O vazo e bekimit, lutju Zotit me qëllim që të na mundësojë të njohim gjërat që janë në qiell". Maria iu përgjigj Pjetrit: "Zoti ka urdhëruar që mbi ty të ndërtohet Kisha; afrohu pra ti vetë". Por Pjetri iu lut sërish: "Pyete ti, meqenëse ti je bërë banesa e Zotit të lartë". Maria u përgjigj: "Simbas ligjit të gjinisë njerëzore ti je krijuar më përpara, Eva qe formuar më pas. Vështro diellin, vezullimi i të cilit është si ai i Adamit, shiko hënën e mjegulluar për shkak të shkeljeve të urdhërave që ka bërë Eva. Vuri Adamin kah lindja dhe i urdhëroi të dy që të shndrisnin: dielli kah lindja me rreze flakëruese, hëna kah perëndimi me një pamje qumështore. Eva ka shkelur urdhërat e Zotit, prandaj hëna është e mjegulluar dhe drita e saj nuk rrezëllon. Pra, pyete ti që e ke prejardhjen nga Adami. Nga britma e dëlirësisë femërore ai denjoi të qëndronte në mua, kur u ngjitën në majë të malit dhe vogëlushi Jezu Krisht u largua prej tyre". Pjetri tha: "Ti je ndreqëse e kujtimit të shkeljes së urdhërit. Ke sjellë Evën nga pikëllimi në ngazëllim. Ti mund të kërkosh gjithçka".

Bartolomeu don të shikojë armikun

Me të ardhur Jezui, Bartolomeu tha: "Mundësona që ta

shohim atë armik të njerëzve, që të dallojmë kush është, çfarë bën, prej nga ka zbritur dhe çfarë fuqie ka ai që nuk të ka kursyer as ty, por ka urdhëruar të varesh në dru".

Duke u kthyer nga ai, Jezui tha: "O sypatrembur, përse pyet për atë që s'mund ta shohësh?" Bartolomeu mbeti shumë i turbulluar dhe u hodh tek këmbët e Zotit duke thënë:

"O Krisht, o dritë e botës,

> shpëtimtar që nuk mpakesh kurrë,
>
> që hir ke përhapur në çdo epokë,
>
> që na ke dhënë dritë të pareshtur e t'amëshuar,
>
> që ke zbritur në këtë botë,
>
> që na ke ripohuar fjalën e përjetshme të Atit,
>
> që ke ndërkallur trishtimin në hare,
>
> që e ke gëzuar turbullimin e Evës dhe e ke ndrequr,
>
> duke denjuar, kësisoj, të hysh në një mitër,
>
> o çlirues i botës, dëftema lëndën e pyetjes sime".

Ndërsa fliste kështu, Jezui e ngushëlloi duke i thënë: "Pra, dëshiron ta shohësh atë armik të njerëzve. E di mirë që don ta shohësh, e jo vetëm ti, por të gjithë apostujt dhe Maria. Por kur ta shihni, keni për të rënë përmbys dhe do të jeni si të vdekur". Apostujt thanë: "Le ta shohim, o Zot!" E uli nga mali i Ullinjve dhe i tha i zemëruar engjëllit tartarik[188⁶] që të vinte tek ai.

Mandej urdhëroi Mikaelin t'u binte trombave në lartësinë e fuqisë së tij. Sapo tromba kumboi në qiell, toka u drodh dhe çilembyll sytë erdhi antikrishti. Mbërthyer nga zinxhirët e zjarrtë të gjashtë mijë e gjashtëdhjetë engjëjve. Gjatësia e tij

---

188⁶ Engjëllit tartarik: engjëlli i Tartarit, pra, i Nëntokës, Ferrit. Në mitologjinë greke Tartari ishte një humnerë nëdn Had, ku qenë burgosur titanët; me këtë emër njihej edhe një pjesë e Hadit, ku mbylleshin keqbërësit; emri Tartar përdoret edhe për të shenjuar Hadin si të tillë. Ky ishte edhe emri i një prej zotave nistorë, që bijoi përbindëshin Tifon.

ishte njëmijë e nëntëqind kut, gjerësia shtatëqind kut, ndërsa një flatër e tij ishte tetëdhjetë kut. Fytyra e tij digjej si zjarri, sytë e tij ishin të terratisur dhe nga flegrat i dilte tymi i ligësisë së tij. Goja e tij ngjante si një shpellë e gurtë.

Me ta parë, apostujt ranë përmbys si të vdekur. Por Jezui iu afrua apostujve, i rimëkëmbi dhe mandej i tha Bartolemeut: "Shko e shtypja kokën me këmbët tua". E i dha forcë. Bartolomeu iu afrua antikrishtit për t'ia shtypur kokën dhe e pyeti se cila ishte fuqia e tij, çfarë bënte dhe nga ishte.

Bartolomeu i tha sërish Krishtit: "Zot, vërë kraharorin tënd nën shpatullën time, dhe unë do të shkoj; në të vërtetë, ky armik, është i patrembur përballë meje". Zoti i tha Bartolemeut: "Nuk do mund ta mbash kraharorin me petkat e mia. Unë jam me ty, ky është urdhër: shko, pyete rreth asaj që bën prej dhe nga është".

Apostulli iu afrua antikrishtit. Teksa Bartolemeu ia shkelte kokën me këmbë, veshi i djallit zhytej në fytyrën e tij. Atëherë, apostulli e pyeti: "Thuajmë kush je, ç'emër ke dhe çfarë bën për tërë (tokën). Përgjigjmu menjëherë". Djalli iu përgjigj: "Liromë paksa, hiqe thembrën tënde nga koka ime dhe do të të them kush jam, si kam ardhur këtu, çfarë bëj, ç'emër kam".

Bartolomeu flet me armikun

Atëherë ai e liroi paksa. Mandej apostulli Bartolomé i tha: "O mashtrues i lig i shpirtërave, a e pranon atë që ke bërë dhe po bën kundër popullit të Zotit të gjallë?"

Djalli u përgjigj: "Nëse do ta dish, më përpara emri im ishte Atanaul, që do të thotë engjëll, po kur bëra vepra bindëse kundër Krishtit, më qe dhënë emri Satana, domethënë engjëll i ferrit, prijës i demonëve, princ i mendjemadhësisë, mjeshtër i rremë për cmirë, shpirtligësi, mllef. Në të vërtetë, mendjemadhësia qe futur në këtë botë prej meje. Unë jam mjeshtër i shpërbetimit dhe i mbrapështisë për mllef, mashtrim, mendjemadhësi e lakmi. Zoti përgatit përherë çdo gjë të mirë, kurse unë me mashtrime dhe padrejtësi të rrezikshme i vë të lëvizin njerëzit në një mënyrë të tillë, që të mos ngjiten atje prej nga mua më kanë dëbuar. Ndihmësi im është shpirti i lig, i cili i tërheq drejt meje ata të që kanë për t'u shuar së bashku me mua."

Apostulli i tha: "Tregomë gjithçka, shpirthumbur, mos më fshih kurrgjë". Dhe ai iu përgjigj: "Përse më shtrëngon me të djathtën e Zotit, shenjë e Kryqëzimit? Përse më shtrëngon? Edhe po të doja të fshihesha, nuk do të mundja; nëse do mundesha do të kisha luftuar kundër tyre; por me të vërtetë nuk mundem. Nëse do të kisha mundur t'ju çoja të gjithëve në humbje, ashtu siç bëra me njërin prej jush, me emrin Juda, i cili gjendet nën sundimin tim! Në të vërtetë, edhe unë qeshë krijuar si një prej engjëjve, atëherë kur Zoti bëri qiellin e tokën. Zoti mori një flakërimë të zjarrtë dhe pikësëpari më krijoi mua; më pas krijoi kryeengjëllin Mikael, të cilit më pas iu dha pushteti.

Birin e vet, në të vërtetë, e pati lindur përpara se të hidhte themelet e qiellit e tokës. Dhe kur deshi të ndërtonte gjithçka, u shndërrua në fjalë për birin e tij. Ne jemi krijuar nga dashja e birit të tij, ai na ka mbruajtur simbas pëlqimit të Atit.

Unë kam qenë i pari nga ata që u krijuan. Mandej qe krijuar Mikaeli të cilin Zoti e quajti të denjë për çdo virtyt dhe ai, meqenëse ishte i bindur, mbeti besnik ndaj urdhëresave hyjnore. I treti që u krijua ishte Rafaeli, i katërti Gabrieli, i pesti Urieli, i gjashti Zataeli e mandej gjashtë të tjerë, të cilët nuk mund t'i përmend. Janë këta, pra, ata që mbrojnë fronin e Zotit.

Më ndëshkojnë shtatë herë gjatë ditës dhe natën më çojnë shtatë herë në shkatërrim, duke ma këputur tërë fuqinë. Këta janë dymbëdhjetë engjëj mbrojtës që rrijnë përpara fronit të Zotit: këta janë engjëjt e krijuar më së pari; më pas vjen e gjithë moria e engjëjve të tjerë. Në qiellin e parë, mijëra e mijëra e dhjetëra mijë, kështu edhe në të dytin e në të tretin, gjithashtu në të katërtin e të pestin, poashtu në qiellin e gjashtë dhe të shtatë. Mbas qiellit të shtatë ndodhet një tryezë ku janë autoritetet që pengojnë hyrjen e atyre që veprojnë në mënyrë të pakujdesshme.

Janë edhe katër engjëj të tjerë të cilët drejtojnë frymën e erërave dhe i pengojnë ato të bëjnë si të duan. Manku është engjëlli që drejton tramundanën, ndërsa Etalfata drejton erën e veriut: në duar mbajnë vishkulla të zjarrta dhe vravashka flakëruese për t'u mbrojtur nga të ftohtët, me qëllim që toka të mos thahet dhe bota të mos vdesë. Çedori drejton jugën, me qëllim që dielli të mos e trazojë tokën, zbut nxehtësinë e tij, që të mos e përzhisë tokën dhe shuan flakën që del nga goja e tij. Një tjetër engjëll gjendet mbi det për të thyejë fuqinë e dallgëve. Gjërat e tjera nuk t'i them".

Dredhitë e armikut

Apostulli Bartolome i tha: "Thuajmë, o keqbërës e rrenacak, ti hajn qysh prej zanafillës, mbushur me hidhëri e mashtrim, me cmirë e skuthëri, ti gjarpër dinak dhe i lashtë, ujk grabitqar, ti që bën vepra të cilat synojnë t'i bindin njerëzit për t'u larguar nga Zoti i vërtetë, krijuesi i Gjithçkasë që bëri qiellin, tokën, detin me tërë çfarë gjendet në të, meqenëse ti je gjithnjë armik i gjinisë njerëzore".

Satanai iu përgjigj: "Nëse vërtetë dëshiron t'i dish, unë do të të rrëfej dredhitë e veçanta me të cilat i mashtroj njerëzit. Bëj punë bindëse për vrasjen, idhujtarinë, dëmin, që të besojnë në fantazitë që unë u fus në mendjen e tyre. Ata që i bëjnë këto gjëra, ata që i miratojnë dhe ata që i mësojnë, zhduken bashkë me mua."

Bartolomeu i tha: "Thuajmë menjëherë, në ç'mënyrë i bind njerëzit që të mos ndjekin Zotin, por dredhitë e liga, epshore dhe të errëta, duke braktisur udhët e drejta dhe të përndritura të Zotit". Antikrishti iu përgjigj: "Do të ta them. Nga ferri u ngjit një rrotë, e cila kishte shtatë thika të zjarrta. Thika e parë ka dymbëdhjetë ullukë". Bartolomeu pyeti: "Kush janë ata që ndodhen në thika?" Antikrishti iu përgjigj: "Në ullukun e zjarrtë të thikës së parë gjenden ata që hedhin short, falltarët, magjistarët, ata që besuan tek këta dhe ata që i kërkuan: me mbrapështinë e zemrës së tyre ata gjetën parashikime të rreme.

Në ullukun e dytë të zjarrtë janë vendosur të pëtenzonët, ata që nëmin Zotin dhe të afërmin e tyre, ata që mallkojnë Shkrimet; këtu janë vendosur edhe yshtësit, ata që i kërkuan dhe ata që besuan në ta. Ai vend është caktuar për ata që vetëvriten ose i dorëzohen vdekjes, ata që mbyten, që hidhen në ndonjë pus, që varen në litar, që goditen me armë.

Në ullukun e tretë janë vendosur vrasësit, idhujtarët, ata që ndjekin koprracinë dhe smirën, për shkak të së cilës mua më kanë dëbuar prej qiejve në tokë.

Në ulluqet e tjerë janë vendosur bërrejshmit, hajnat, mëndjemëdhenjtë, lakmiqarët, fajdexhinjtë, ata që mallkojnë shpirtërat, që nuk tregohen mikpritës me shtegtarët, që nuk japin lëmoshë, që nuk ndihmojnë të burgosurit, që i shërbejnë në mënyrë të vakët Kishës dhe janë përgojues; ata që nuk e duan të afërmin e tyre dhe të gjithë mëkatarët që nuk e kërkojnë Zotin apo që e nderojnë në mënyrë të vakët: unë do t'i shkundulloj ata simbas dëshirës sime". Bartolomeu e pyeti: "Thuajmë, djall rrenacak dhe i pavërtetë, këto gjëra i bën vetë ti, apo nëpërmjet ndihmësve e të ngjashmëve të tu?" Antikrishti iu përgjigj: "Oh, sikur unë të mund të arrija t'i bëja këto gjëra vetë! Më ndihmojnë disa nga ata që janë flakur këtu me mua.

Por këtu kemi disa ndihmës të dorës së dytë, që nga ana e tyre kanë zënë shokë ndihmës, të cilëve u kemi dhënë urdhërat tanë, mbi ta kemi vendosur petrahilët[189⁷] tanë dhe i kemi dërguar për gjueti, me qëllim që t'i zënë rob me shumë ëmbëlsi shpirtërat e njerëzve, duke i nxitur të ndjekin dehjen, koprracinë, mallkimin, duke iu prirë kah kurvërimi dhe herezia, kah idhujtaria, shmangia nga Kisha, apo nënçmimi i kryqit të Kryqëzimit, thënia e dëshmive të rreme: pra, ne bëjmë gjithçka që Zoti e urren.

Disa i shtyjmë të bien në zjarr, të tjerë i hedhim prej ndonjë peme poshtë, disave u thyejmë duart apo këmbët dhe të tjerëve u nxjerrim sytë, por bëjmë edhe plot gjëra të këtij lloji. U dhurojmë atyre ar, argjend dhe (realizimin e) çdo dëshire të botës, e ata që s'mund t'i nxisim në mëkat ditën, i bëjmë të mëkatojnë në ëndërr.

Armiku paraqet pushtimet dhe humbjet e veta

Por për ndokë që do të heqë dorë nga ligësitë e sipërpërmendura e dëshiron të kthehet kah Jezui, që dëshiron

---

189⁷ petrahil: veshje që zbret gjer në gju, që e veshin priftërinjtë ortodoksë gjatë shërbesave fetare, stolë.

t'i ndajë mirë pasuritë e botës dhe do të pendohet, Zoti do të drejtohet nga ai dhe do ta dëlirë enën e tij, meqë ai vetë e ka mbrujtur, dhe e bën të veten shtëpinë e tij.

Kur mandej arrijnë ndihmësit e mi, e gjejnë të zënë atë shtëpi dhe nuk mund t'i qasen as së largu, duke qenë se ajo banohet nga mbreti qiellor dhe në çdo anë ndodhet vula e tij. Atëherë lëshojnë një vrumbullimë dhe kthehen tek ne me lot në sy, për të na lajmëruar: "Ia patëm dalë ta pushtonim me punën e më shumë se një viti, dhe ja tek e humbëm sërish; tashmë donte deri edhe të na lidhte e të na çonte në ferr".

Por unë i fshikulloj, sepse janë sjellë në mënyrë të pakujdesshme, i dërgoj atje ku mund të gjejnë një shpirt për ta joshur, me qëllim që ta ndjekin e të na e japin neve; ne u japim atyre edhe aftësinë për t'iu fanitur njerëzve me çfarëdo pamje që të dëshirojnë.

Do të të them edhe emrat e engjëjve të Zotit që janë kundër nesh: Njëri quhet Mermot dhe ka gjithnjë në dorë stuhitë; ndihmësit e mi i përgjërohen dhe ai i lejon të banojnë ku të duan, por në kthim ata digjen. Pesëdhjetë të tjerë janë engjëjt vetëtitës dhe kur shpirti don të dalë nga ne nëpër det a përmbi tokë, këta engjëj, që nga retë, vërvisin kundër tyre gurë dhe zjarr që thyejnë shkëmbinj e pemë, dhe na djegin.

E kudo që të na gjejnë na përndjekin simbas urdhërit të atij që më ka syrgjynosur; meqenëse edhe ti je duke më sunduar sipas urdhërit të tij, e sadoqë unë nuk mendoj të flas fare, prapëseprapë po i rrëfej të fshehtat e mia në mënyrë të pavullnetshme.

Apostulli Bartoleme e pyeti sërish: "Thuamë, çfarë ke bërë dhe çfarë bën." Satanai iu përgjigj: "Mendoja të mos ta rrëfeja tërë sekretin tim, po prej atij që urdhëron, kryqi i të cilit më detyron, nuk mund të të fsheh asgjë. Unë e nxita mbretin Jeroboam[190⁸]

[190⁸] Jeroboami (në *Besëlidhjen e Vjetër*): mbreti i parë i mbretërisë veriore të Izraelit (?922–?901 përpara K.). Pas vdekjes se Salomonit, dhjetë viset veriore u rebeluan dhe formuan një mbretëri të veçuar të Izraelit, të sunduar prej Jeroboamit, me kryeqytetin në Shekem dhe

të prodhonte dy viça të artë, të kurvëronin në emër të tyre dhe ta detyronte popullin t'i shkonte pas; e akoma më përpara isha po unë që i bëra këto altare dhe këto shtylla, duke e detyruar popullin të kurvëronte në emër të tyre.

Jam unë që e kam tunduar Jobin[19]19 dhe ia kam zhvatur bijtë dhe pasurinë, mua më është dhënë pushteti për ta mbuluar Jobin me plagë, nga koka te këmbët. Nëpërmjet gruas së tij u përpoqa t'i marr edhe shpirtin, por nuk ia dola mbanë: duke qenë se ai ishte i drejtë dhe i përkryer para Zotit, Zoti e mbrojti. Jam unë që, përmes grave, mashtrova bijtë e priftit Eli, me të cilët qenë vrarë më shumë se tridhjetë mijë njerëz.

Jam unë ai që e ka bërë të pëshpëritë popullin e Zotit në shkretëtirë; i bëra të kurvëronin në emër të shtyllave të shenjta e të altarëve dhe në emër të viçave të artë. Jam unë që i kam joshur duke hyrë në zemrën e popullit, me qëllim që t'i thonin Aronit[192]10: "Bëj për ne ca zota që të na prijnë" e mandej hodhën valle rrotull viçit dhe e adhuruan. Kur erdhi Moisiu, ai u lut për ta dhe, meqenëse ata u penduan, shpëtuan, sepse kudo që gjendet një njeri i drejtë dhe besnik, i cili i rri larg së keqes dhe druhet nga Ai që e ka krijuar, nëpërmjet veprës së tij shpëtojnë shumë njerëz.

Por, kudo që gjendet një njeri që nuk i druhet Atij prej të cilit është krijuar, por i shërben Atij në mënyrë të vakët, ai nuk shpëton dot as veten e as të tjerët. Dhe unë do ta shkandulloj,

---

qendra adhurimi në Dan dhe Bethel. Pasardhësit e Davidit vazhduan të sundonin mbi bretërinë jugore të Judës prej kryeqytetit, Jeruzalemit. Kjo ndarje ishte e përhershme. Me këtë emër njihet edhe një tjetër mbret i po kësaj mbretërie, që sundoi rreth 150 vjet më vonë (?786 – ?746 përpara K.). Këtu bëhet fjalë për Jeroboamin e parë, që sundoi fill pas vdekjes së Salomonit.

191 9 Jobi (në *Besëlidhjen e Vjetër*): duhet të ketë qenë person historik, sado që historia nuk jep të dhëna për të. Nuk ka qenë izraelit. Ndoshta qe nga Edomi.

192 10 Aaroni (në *Besëlidhjen e Vjetër*): kryeprifti i parë i Izraelit, vëllai i Moisiut (Dalja 4: 14).

me qëllim që ai të mos rifillojë të lutet për mëkatet e tij dhe të mos bëjë vepra të mira.

Megjithatë, unë nuk i mposht dot të gjithë, por vetëm ata gjë i gjej të zbrazët. Ata që i gjej të mbushulluar me Shpirtin e Shenjtë dhe shenjën e kryqit, ata që këmbëngulin në zbatimin e urdhëresave të Zotit dhe mbajnë shqytin e besimit, pra kryqin mbi të cilin ai qe varur, sigurisht përpiqem t'i tundoj, por mbetem i pështjelluar. Por unë arrij të hyj dhe të qëndroj tek ata të cilët i gjej të zbrazët, pa shenjën e Kryqëzimit, ata që janë këmbëngulës në gjërat e këqija ose që nuk besojnë fare në Zot.

Të siguroj që unë i urrej veprat e mira, por i dëshiroj veprat e këqija. Jam unë që kam bërë dhe bën martirë, duke hyrë në zemrën e parisë, me qëllim që t'i përndjekin. Jam unë që kam nxitur tre fëmijë të hyjnë në furrën e ndezur. Por ai që më ka mbërthyer me zinxhirë të zjarrtë, ishte me ta në mes të furrës dhe i freskonte.

Jam unë që kam bërë të përndiqen makabejtë meqenëse ishin të përkryer në ligjin e Zotit. Jam unë që ka bërë të zhuriten nga pasioni për Suzanën dy pleqtë, dhe i nxita të shpallnin kundër saj një dëshmi të rreme. Jam unë që nxita të mbruhet shëmbëlltyra e urdhëruar nga Nabukodonozori dhe banova mbi të.

Priftërinjtë e idhujve, si në Babiloni ashtu dhe në krahinat e tjera të botës, të adhuruar nga gjithë njerëzit, janë streha ime, unë banoj me ta dhe ata janë vëllezërit e mi.

Jam unë që, duke hyrë në gojën e tërë profetëve, mashtrova mbretin Akam me një ndihmë të rreme. Kur njerëzit duan të japin lëmoshë, të ndihmojnë të burgosurit, të vizitojnë të sëmurët, të përkujdesen për veten, të veshin një njeri lakuriq, t'i japin bukë e ujë të uriturve, të dëgjojnë zërin e skamnorëve dhe të shlyejnë kësisoj mëkatet e veta, atëherë unë hyj në zemrat e tyre duke i mashtruar në një mënyrë të atillë sa ata të mos bëjnë atë që është e mirë, por atë që është e keqe.

I shtyrë nga smira, unë punoj asisoji që asnjë i krishterë të mos ngjitet atje prej nga mua më kanë dëbuar. E, për t'i thënë të gjitha, unë ia jap të pijë tërë botës pijet e mia. Jam unë që i nxis njerëzit të adhurojnë idhujt e të përnderojnë fushat.

Jam unë që ngjall epshin në vend të dëlirësisë, zvetënimin në vend të virgjërisë, dashurinë për këtë botë në vend të dashurisë për Zotin, dashurinë për fëlligështinë në vend të dashurisë për pastërtinë. Jam unë që ngjall mendjemadhësinë në vend të bindjes, dehjen në vend të përkorjes. Jam unë që i nxis herezitë e ndryshme, me qëllim që njerëzit të kurvërojnë nëpërmjet idhujve dhe të ndahen nga Kisha katolike.

E, ashtu sikundër Mësuesi juaj ju dha juve apostujve të tij tagrin që, me predikimet tuaja, t'i përgatisni tërë njerëzit e botës për Kishën e tij të shpirtërave besnikë, poashtu edhe unë, për të fituar dishepuj, i dërgoj ndihmësit e mi në çdo vend ku gjenden njerëz të pabesë, të cilët nuk besojnë tek Mësuesi i njëmendtë, por tek një mashtrues si unë.

Pra, unë bëj të ëmbël atë që është e hidhur, bëj të duket e mirë atë që është e përbuzshme, turbulloj atë që është e qetë, bëj të duket mirëdashëse atë që është zemërake, të virgjër atë që është e flligësht, të keqe atë që është e mirë, të padrejtë atë që është e drejtë, fyese atë që është nderuese, të pikëlluar atë që është e ngazëllyer, lakmi atë që është lëmoshë, të patenzonë atë që është i devotshëm, grykësi atë që është përkorje, të rreme atë që është dëshmi e vërtetë.

Nëpërmjet miqve të mi, ndihmësve dhe dishepujve, unë tërheq kah vetja këdo që mundem, me qëllim që ata të humbin së bashku me mua. Në të vërtetë, nëse do të isha i lirë, do të ngrehja aq shumë kurthe midis njerëzve, sa askush më nuk do mund të hynte në vendin prej nga më kanë dëbuar mua dhe, nëse do mundesha, do t'ju tundoja edhe juve e do t'ju vrisja, ashtu siç kam bërë tashmë me Judën tuaj, e do nxisja hasmëri mes jush e etërve tuaj që ishin përpara jush.

Por, kur të niseni për të predikuar, do të dërgoj mbas jush ndihmësit e mi, me qëllim që njerëzit e tërë botës të mos ju besojnë, por të bien në ujdi midis tyre për t'ju vrarë, për t'ju mbytur me gurë, për t'ju kryqëzuar ashtu si dhe mësuesin tuaj.

Jam unë që, përmes veprimit të një gruaje[193][11], kam bërë t'i pritet koka nga Herodi edhe Gjon Pagëzorit. Jeta ime është vdekja juaj, lumturia ime është mjerimi juaj, hareja ime është vuajtja juaj. Mjaftojnë këto që të rrëfeva! Nëse do të të rrëfeja më shumë nuk do të gjeja më prehje".

Dredhitë e tashme dhe të ardhme të armikut

Perëndia Jezu i tha apostullit Bartoleme: "Largohu prej tij dhe urdhëroje që të rikthehet në vendin e vet deri në ardhjen e Perëndisë. Unë do të të tregoj se sa ka mbetur ende; në të vërtetë, është e domosdoshme të rilindim ndryshe; kësisoj, ata që janë vënë në provë dhe kanë fituar, do të gjenden në mbretërinë e qiejve, prej nga ky armik është rrëzuar së bashku me këshilltarët e tij".

Atëherë apostulli Bartolemé i tha antikrishtit: "Rikthehu në mbretërinë tënde të ferrit, o armik i nëmur i njerëzve, deri në ardhjen e Zotit tonë Jezu Krisht i cili do të vijë t'i gjykojë nëpërmjet zjarrit të gjallët, të vdekurit dhe epokën, e të të dënojë së bashku me të ngjashmit e tu, me qëllim që ti të mos pandehësh se do t'i përmbushësh ato që the".

Me një zë të përvajshëm që i ngjante ulërimës së luanit, Satanai tha: "Mjerë unë! Kam mashtruar shumë njerëz përmes gruas, e edhe unë vetë jam mashtruar prej një virgjëreshe, i mbërthyer dhe i lidhur prej zinxhirësh të zjarrtë prej birit të virgjëreshës, po përzhitem në mënyrë të tmerrshme. O virgjëri që përherë më ke qenë kundër! Duhet të kalojnë akoma edhe shtatë mijë vjet, si vallë u mashtrova dhe rrëfeva gjithë sa thashë!

Megjithatë, përpara ardhjes së tij, unë do t'i vërvis sërish shigjetat e mia aty ku të mundem, qoftë unë vetë qoftë nëpërmjet ndihmësve dhe dishepujve të mi. Por e gjithë kjo, mua dhe këshilltarëve të mi, na ka ndodhur për shkak të mendjemadhësisë dhe mosbindjes. Jam unë ai i cili ka bërë të mundur që vëllezërit e tij ta urrenin Jozefin[194][12], i nxita unë

---

[193][11] Nga Salomeja, vajza e Herodias (në *Besëlidhjen e Re*).

[194][12] Jozefi (në *Besëlidhjen e Vjetër*): djali i njëmbëdhjetë i Jakobit dhe një

kundër tij me qëllim që ta vrisnin, ashtu siç e vrau Kaini vëllain e tij Abelin, desha ta mashtroj nëpërmjet një gruaje por nuk ia dola mbanë.

Në të vërtetë, aty ku ekziston dashuria e Zotit, aty është edhe druajtja; ashtu sikundër se aty ku gjendet urtësia dhe dëlirësia, aty është edhe përunjësia e dashuria e përkryer, dhe kundër tyre unë nuk mund të bëj asgjë. Jam unë që e kam ngashnjyer mbretin Saul[195][13] që të mos i bindej zërit të profetit Samuel[196][14].

Saturni, Apolloni, Jupiteri dhe Mërkuri janë vëllezërit e mi, dhe të gjithë zotat e adhuruar nga gjithë njerëzit janë pjesë e imja, meqenëse jam unë ai që thirret përmes emrit të tyre. Simon Magu[197][15], Zaroes e Arfaxir, Jamne e Mambre janë vëllezërit e

---

nga dymbëdhjetë patriarkët e Izraelit (Zan 30: 2–24).

195[13] Sauli (në *Besëlidhjen e Vjetër*): mbreti i parë i Izraelit (?1020–1000 përpara K.). Ai e udhëhoqi me sukses Izraelin kundër filistinëve, por u godit nga çmenduria dhe vrau veten. U pasua në fron nga Davidi, psalmisti.

196[14] Samueli (në *Besëlidhjen e Vjetër*): profet dhe Gjyqtari i fundit i Izraelit, që mirosi dy mbretërit e parë të Izraelit (1 Sam 1–3; 8–15).

197[15] Simon Magu (në *Besëlidhjen e Re*), samaritani i shekullit të parë, është magjistari më i rëndësishëm gnostik. Lindi me gjasë nga qyteti Gitta. Shkrimtarët e krishterë të kohëve të para e konsideronin si një prej armiqve më të rrezikshëm të kishës dhe si at të herezisë. Falë fuqive të tij mrekullibërëse samaritanët e përnderonin si të ishte bash perëndi: "Ky njeri është Fuqia hyjnore, ajo që quhet e 'Madhe'" (*Vap, 8: 10*). Fillimisht iu bashkua kishës, por u përjashtua shpejt prej saj, sepse deshi të blente me para prej apostujve fuqinë e Shpirtit të Shenjtë (*Vap 8:9-24*). Prej këndej 'simoni' bëri tregti me gjërat e shenjta. Thonë se paskëtaj vajti në Romë, ku kreu shumë mrekulli. Magjinë e mësoi në Egjipt; shëronte të sëmurët, bëhej i padukshëm, grishte shpirtërat. Mbrunte njerëz nga ajri, gjë që konsiderohej një gjë shumë më e rëndë se sa mbrujtja e njeriut nga dheu. Mund të shndërrohej në kafshë dhe në çdo trajtë që t'ia kishte ënda. Pohonte se nuk mund të plagosej, se nuk e digjte zjarri, se ishte në gjendje të flatronte, të kthente gurin në bukë etj. Sipas të krishterëve,

mi, e kësisoj edhe ata që i kanë grishur; Sodoma dhe Gomorra kanë ndjekur veprat e mia, derisa Zoti u zemërua kundër tyre dhe lëshoi nga qielli shi prej zjarri dhe squfuri duke i asgjësuar të gjithë.

Enoku[198][16] dhe Noe qenë armiqtë e mi, prejse ata ishin të drejtë përpara Zotit. Unë nxita Ezaun[199][17] kundër Jakobit[200][18] dhe bëra që Zakaria të vritej në tempull. Isha unë që ndërfuta në zemrën e Judës tradhëtinë ndaj Krishtit, ndaj judejve, dhe jam unë që kam vepruar në zemrën e hebrenjve që ata ta kryqëzonin Krishtin dhe ta godisnin me shtizë. Jam unë që e kam tunduar atë, siç kam bërë me njeriun e parë, jam unë që i kam ofruar në shkretëtirë bukë e ujë për të parë nëse mund ta ngashnjeja ashtu si njeriun e parë, e madje i ofrova edhe mbretëritë e botës.

Por ai që ka krijuar engjëjt, botën dhe të gjitha gjërat që gjenden në botë, nga urdhërat e të cilit dridhet gjithçka, ai që ka sajuar detin dhe ia ka hedhur themelet në të thatë, ai përmes të cilit është bërë çdo gjë, më ka lidhur me zinxhirë prej zjarri, prej tij jam mposhtur; kryqi i tij më torturon shumë dhe nuk më lejon të bëj gjithsa dëshiroj, pa lejen e tij.

E nuk ta fsheh as këtë, sado që po e rrëfej pa dëshirë. Kur të krishterët duan të jetojnë simbas urdhëresave të Zotit dhe duan të ngarendin drejt kishës për të dëgjuar mësimet dhe fjalët e Zotit, apo kur duan të luten mirësisht, unë hyj në zemrat e tyre,

---

pas këtyre punëve fshihej djalli. Vetë Simoni pohonte se ishte mishërim i Trinisë së shenjtë. Thoshte pasandaj se e dashura e tij, një prostitutë nga Tiri, ishte rimishërim i Helenës së Trojës.

198[16] Enoku: në *Besëlidhjen e Vjetër* përmenden dy njerëz me këtë emër dhe që të dy te Zanafilla (njëri 4: 17 dhe tjetri 5: 24). Këtu bëhet fjalë për këtë të dytin, babain e Metuzalemit, për të cilin thuhet se eci me Zotin dhe se në fund të jetës së tij tokësore u mor nga Zoti.

199[17] Ezau (në *Besëlidhjen e Vjetër*): djali i Isakut e Rebekës dhe vëllai binjak i Jakobit, të cilit i shiti të drejtën e parëlindësisë (Zan 25: 29–34).

200[18] Jakobi (në *Besëlidhjen e Vjetër*): djali i Isakut, vëllai binjak i Ezaut dhe ati i dymbëdhjetë patriarkëve të Izraelit.

u ndërfus në to tundime të ndryshme dhe u bëj shumë gjëra. Ne që nuk kemi tjetër përpos së keqes, si vallë mund të bëjmë të mira?"

Bartolomeu falenderon Jezuin

Apostulli i Lumë Bartolemé i tha Jezuit: "Ti je i mirë, Zot Jezu Krisht, nga ardhja jote e vërtetë dhe e lavdishme ne jemi bërë të mirë, meqenëse ti je përdëllyes ndaj atyre që kthehen kah ti; je një Zot mirëdashës, ti ke denjuar të vish nga mitra e një virgjëreshe, e kësisoj, mishi që ish prishur nga mashtrimi i armikut, u përtëri nga vepra e një virgjëreshe të mirë e të dëlirë përmes së cilës ti ke denjuar të vish e që me të drejtë është quajtur nënë e mbretëreshë; me ardhjen tënd të lavdishme e të mrekullueshme ke shëlbyer në emër të Atit Perëndi të gjithfuqishëm; për shkak të Evës qemë përhumbur dhe ndarë nga mbretëria e qiejve, e tash pëmes veprës së një virgjëreshe gjithçka është çuar në vend e nëpërmjet ardhjes sate të shenjtë dhe misterit tënd famëmadh ua ke hapur mbretërinë tënde të qiejve atyre që besojnë në ty; teksa më përpara gjinia njerëzore kishte rënë në mëkat nga shkaku i mendjemadhësisë dhe i këshillave të armikut. Po të kërkojmë, Zot, që të kesh zemërdhembshuri ndaj shërbëtorëve të tu të cilët shpresojnë në ty, meqenëse ti je i njejti Zot që i ke dhënë fuqi shërbëtorit tënd Moisi kundër Amalekut[201][19] të cilin e ke mposhtur përmes krahut tënd të shenjtë e të jashtëzakonshëm, siç ke dërrmuar faraonin dhe ushtrinë e tij, teksa ke shpëtuar popullin duke i dhënë fitoren shërbëtorëve të tu. Dhe sërish je ti që i ke shpartalluar armiqtë mes këtyre breznive të këqija në sy të popullit të Izraelit, dhe në themelin e fuqisë sate ke vendosur që fitorja t'i buzëqeshte përherë shërbëtorit tënd David, je ti që ke folur në kohën e tij dhe ia ke fuqizuar krahët kundër armiqve të vet."

---

[201][19] Amaleku (në *Besëlidhjen e Vjetër*): emër kolektiv, sikundër janë Izraeli, Edomi: amalekitët, izraelitët, edomitët etj. Amalekitët janë një popull shumë i vjetër. Ka shumë të ngjarë që në kohën e Moisiut të kenë kontrolluar rrugët që shpinin nga Egjipti në Arabi dhe anasjelltas (Zan 17: 8–16).

Arsyeja e rënies së armikut

Mbas kësaj, Bartolemeut iu fanit përsëri djalli, i cili i tha: "Të lutem, o apostull i Zotit të gjallë, të mos ia tregosh askujt ato që të rrëfeva në mënyrë të pavullnetshme". Apostulli Bartolome, duke vërejtur guximin e armikut e duke u mbështetur në fuqine e Shpëtimtarit, iu përgjigj Satanait: "Djall i fëlliqur, rrëfe arsyen për të cilën je dëbuar nga lartësia e qiejve, meqenëse m'u betove se do të m'i thoje të gjitha".

Djalli u përgjigj: "Kur Zoti bëri atin Adam simbas shëmbëllyrës së tij, u tha katër engjëjve që të merrnin dhé nga katër skajet e tokës dhe ujë nga katër lumenj të parajsës. Në botë unë ndodhesha tek katër skajet e tokës. Atje ku unë nuk isha u krijua njeriu si qenie e gjallë e (Zoti) e bekoi, sepse ishte sipas shëmbëllyrës së tij. Më pas, Mikaeli[202][20], Gabrieli[203][21] dhe Urieli e adhuruan.

Kur unë u ktheva nga bota, kryeengjëlli Mikael më tha: "Adhuroje figurën që Zoti e ka krijuar simbas dëshirës së vet". Unë e pashë që ishte krijuar me pluhurin e tokës, dhe i thashë: "Unë jam prej uji e zjarri dhe jam krijuar më përpara. Nuk e adhuroj baltën e tokës". Mikaeli më tha prapë: "Adhuroje! S'duhet të ndodhë që Zoti të zemërohet kundër teje". Unë iu përgjigja sërish: "Zoti nuk zemërohet kundër meje. Përkundrazi, do ta vë pushtetin tim kundër pushtetit të tij". Atëherë Zoti u zemërua kundër meje; urdhëroi të hapeshin ujëvarat e qiellit dhe më vërviti në tokë.

Mbasi u flaka poshtë, Zoti pyeti disa engjëj që ndodheshin nën pushtetin tim, nëse donin ta adhuronin veprën e duarve të tij. Dhe ata iu përgjigjën: "E pamë që prijësi ynë nuk e adhuroi, kësisoj as ne nuk e adhurojmë atë që është më i dobët se ne". Atëherë edhe ata u flakën në tokë me mua, ku fjetëm për dyzetë vjet rresht. Kur u zgjova, vura re se ata po flinin poshtë meje; i

---

202[20] Mikaeli apo Shën Mëhilli: njw nga kryeengjëjt. Dita e festës: 29 shtatori, apo 8 nëntori.

203[21] Gabrieli: një nga kryeengjëjt, kumtari i lajmeve të mira (Dan 8: 16–26; Lk 1: 11–20, 26–38).

zgjova simbas vullnetit tim dhe u këshillova me ta rreth mënyrës se si ta kandisnim njeriun, për shkakun e të cilit qemë flakur poshtë nga qiejtë.

Mbasi u këshillova me ta, e kuptova se si do mund ta ngashnjeja. Kësisoj, mora në duart e mia gjethe fiku, thava me to djersën e gjoksit tim dhe flatrave të mia e mandej i hodha në rrjedhën e ujit: Kur Eva piu nga ai ujë, ndjeu dëshirën e mishit; i dha edhe të shoqit; e atyre iu duk i ëmbël, paçka se ishte i hidhur. Për shkak të shpërdorimit që kishin bërë, nuk e kuptuan se kishin bërë shkelje. Nëse nuk do të kishin pirë nga ai ujë, nuk do kisha mundur t'i ngashnjeja kurrë e as unë nuk do t'ia kisha dalë mbanë t'i mposhtja me ndonjë mënyrë tjetër.

Por mjerë unë sepse, nëse nëpërmjet Evës kam dalë fitimtar, nëpërmjet Maries së virgjër jam mposhtur. Prej birit të saj jam burgosur dhe tani po digjem në mënyrë të tmerrshme. Mjerë unë, sepse nëpërmjet një virgjëreshe është zbuluar qëllimi im, forca ime është shpërbërë dhe unë po përzhitem tepër shumë. Por të lutem, o apostull i Zotit të gjallë, të mos i rrëfesh të gjitha fjalët që unë të kam thënë, kështu i mposhtur, i lidhur dhe i detyruar, meqenëse nuk di se ku të prehem".

Lamtumirë armikut

Bartolomeu iu përgjigj: "Mos qofsh kurrë mirë, o armik dinak dhe i mallkuar i njerëzve, ti dragua shumë i lashtë. Ti do që unë t'ia fsheh popullit të Zotit hilet tua të liga, dinake dhe të këqija? Udhët e tua të mbrapshta dhe mashtruese, terratisëse e të fëlliqura që, ty dhe ata si ti, i çojnë në rrënim, në skëterrën e zjarrit dhe në ndëshkim të përjetshëm? Nuk do t'i mbaj të fshehta, po përkundrazi mjeshtrin e tyre do t'ia shpall njerëzve që besojnë në Zotin tim Jezu Krisht.

Unë do të shpall udhën e drejtësisë, të së vërtetës e të dashurisë, që çon në jetën e pafundme dhe në prehjen e amëshuar, me qëllim që ata të cilët e ndjekin dhe i shkojnë deri në fund, të rrojnë përjetësisht e të jenë pjesëmarrës në jetën e amëshuar prej nga ku ti, o i mjerë, ke rënë për shkak të mendjemadhësisë."

E, duke u lutur, apostulli Bartoleme tha: "Zot Jezu Krisht, jep urdhër që ai të hyjë në ferr, meqenëse ky djall qëndron sypatrembur para meje". Zoti Jezu Krisht i tha Satanait: "Largohu, zbrit në ferr dhe qëndro aty deri në ardhjen time!" Dhe në çast djalli u zhduk për të mos u shfaqur më.

Lutja e Bartolemeut

Atëherë Bartolomeu, duke i rënë në gjunjë Zotit tonë Jezu Krisht, nisi të thoshte mes lotëve: "Abba[204 22], Atë, i vetmi që je prorë i lavdishëm, Fjalë e Atit nëpërmjet së cilës është krijuar gjithçka! Ai që me vështirësi e përmbanin qiejtë dhe prapëseprapë pranoi të banonte në mitrën e një gruaje; ai që një virgjëreshë e mbarti dhe e lindi pa ndjerë kurrfarë dhembjeje. E virgjër ishte përpara lindjes dhe e virgjër mbeti sërish pas lindjes.

Ti, Zot, e ke zgjedhur dhe e ke quajtur nënë të vërtetë, virgjëreshë dhe shërbëtore. Nënë sepse përmes saj ti ke denjuar të zbresësh aty ky je veshur me mish. Mbretëreshë, sepse ti e ke bërë atë mbretëreshë të virgjëreshave. Ti mandej, Zot, ke krijuar gjithçka simbas gjykimit tënd duke bërë që, qysh më përpara se të lutemi, ti të na japësh gjithçka simbas shpirtmirësisë sate, Zot.

Ti që ke mbajtur një kurorë prej ferrash, për të na dhënë neve që të lutemi një kurorë të paçmuar e për të na liruar nga ferrat e mëkatit. Ti vetë je varur në një dru, për të larguar prej nesh drurin e lakmisë dhe të epshit; dhe me qëllim që edhe ne besimtarët, falë veprës së drurit të ri në kryqin e shpëtimtarit, Zotit Jezu Krisht, përmes të cilit ke mposhtur botën dhe atë

204[22] *Abba* është një formë e fjalës aramaike "baba". Në *Besëlidhjen e Re* kjo fjalë del tri herë *(Marku 14:36; Romakëve 8:15; Galatasve 4:6)*. Në çdo rast ajo ka si shtojcë gjegjësen e saj në greqisht *abba, pater* në tekstin grek; *abba, pater* në *Vulgatën* latine. Fjalën *abba* Jezui e përdorte kur i drejtohej Perëndisë. Orlando Paterson mendon se përdorimi i kësaj fjale ka qenë "krejt i ri dhe fyes për bashkëvendasit e tij hebrenj". Sepse ajo "shpreh afërsi dhe familjaritet dhe asnjë jude i kohës së Jezuit nuk do të guxonte t'i drejtohej Perëndisë me një fjalë të tillë". Shën Pjetri në predikimin e tij i shtoi fjalës edhe përkthimin grek; të njëjtën gjë bënë edhe ungjillorët.

që e ngashnjente përherë botën, të mund t'i mposhtim fuqitë e kundërshtarit, duke e ndjekur dhe mbrojtur gjithmonë në zemrën tonë.

Të përgjërohemi, Zot, që për këtë gjurmë të kryqit të shenjtë, për ardhjen tënde të lavdishme e për emrin tënd të lavdishëm, ata të cilët besojnë në ty të mund t'i mposhtin fuqitë e pathemelta. Meqenëse ti je forca e lavdia jonë dhe na ke siguruar duke na thënë: "Pa mua, ju nuk do mund të bëni asgjë.""

Lutja e apostujve

Mbas tërë kësaj, të gjithë apostujt ranë përmbys në këmbët e Zotit, duke thënë: "I bekuar, Zot, krijues i madh dhe i jashtëzakonshëm, prej veprës së të cilit është bërë gjithçka, në qiell e në tokë, që ke denjuar t'ua shpërfaqësh shërbëtorëve të tu këtë mister, me qëllim që njerëzit dhe breznitë njerëzore ta dinë se ti ke krijuar gjithçka dhe i shpëton të gjithë ata që besojnë në ty. Na ke zbuluar armikun tonë me qëllim që njerëzit të mësojnë të ruhen nga tundimet e gjarpërit të lashtë që ka ngashnjyer njeriun e parë, me qëllim që njerëzit të mos i besojnë kur ai me dredhitë e tij të liga të hyjë në altarët dhe në statujat e bronxta, për të joshur shpirtërat e njerëzve, që mandej t'i çojë në rrënim ashtu si edhe veten. Ai tërheq në gabimin e rrenës ata që besojnë tek e vërteta dhe tek emri yt i madh e i jashtëzakonshëm, ata të cilët besojnë që ti je Zoti një dhe i trefishtë, dhe të pohojnë si një brenda në trini.

Të lëvdojnë qiejtë e qiejve.

Të lëvdojnë kerubinë e serafinë[205][23].

205[23] *Seraf*, në shumës: *serafim*. Për të emëruar këta engjëj, thuajse në të gjitha gjuhët evropiane është pranuar emri në shumës, në trajtën e aramaizuar *serafin*. Disa studijues, duke e përqasur këtë emër, – që në tërë *Besëlidhjen e Vjetër* del vetëm në dy vende (Is, 6: 2 dhe 6: 6), – me emrin *saraf* – që në *Besëlidhjen e Vjetër* del në pesë vende dhe do të thotë 'gjarpër helmues' (folja *saraf* – 'me djegë', prej këndej – 'gjarpër', kafshimi i të cilit djeg!) mëtojnë se engjëlli gjashtëkrahësh seraf kishte trajtë gjarpëri. Ka të ngjarë që edhe kjo paraqitje ishte pleksje e figurës së njeriut, kafshës dhe zogut, siç mund të shihet ende në tabelat nga Tel Halafa në Mesapotami,

Të lëvdojnë profetët.

Të lëvdojnë engjëjt e kryeengjëjt.

Të lëvdojnë të drejtët.

Të lëvdojnë martirët.

Të lëvdojnë rrëfyesit.

Të lëvdojnë virgjëreshat.

Dhe ne, shërbëtorët e tu, të lëvdojmë dhe bekojmë emrin tënd.

O mbret i qiejve, që i vetëm bën gjëra të mëdha e të mrekullueshme, ashtu siç ke bërë edhe me etërit tanë Abraham, Isak e Jakob, siç ke bërë me Moisiun, Aronin e Jezu Navën, e me të gjithë besnikët e tu të cilët qenë mirëpritur si Davidi e Solomoni.

Jotja forca e lavdia.

Jotja fuqia.

Yti pushteti.

Yti sundimi.

Jotja mbretëria.

Jotja madhështia.

Yti lartësimi.

Jotja fitorja, sepse ke mposhtur ngashnjyesin e botës.

Jotja përjetësia me Atin e Shpirtin e Shenjtë.

Ti je fillesa e ti je fundi.

Je ti që ke shëlbyer botën me gjakun tënd dhe sërish je mirëpritur si gjykatës i të gjallëve e i të vdekurve. Të përgjërohemi, Zot, që të denjosh të jesh përherë me ne. Mos na braktis! Ji gjithmonë pranë besnikëve të tu, o Zot!

---

ku një figurë e tillë gjashtëkrahëshe ka edhe një kurorë në kokë.

Je ti që në zanafillë ke mbruajtur tokën, dhe qiejtë janë vepër e duarve tua. Je ti që ke ndarë dritën nga errësira, dhe të gjitha gjërat janë bërë në praninë tënde.

Ti je i fuqishëm dhe i vërtetë në fjalët e tua, o Zot, dhe je besnik në ligjet e tua, me të cilat na ke folur nëpërmjet shërbëtorëve të tu profetë, e me të cilat ke premtuar që do të na kushtoheshe ne.

Ti ke ardhur nga vepra e mitrës së lavdishme dhe të dëlirë të virgjëreshës së shenjtë Mari.

Ti ke lejuar që një heshtë t'a përshkonte kraharorin tënd për të na shmangur nga shpata e djallit, të ngopësh me trupin e me gjakun tënd dhe të çlirosh përgjithmonë nga grackat e armikut ata që marrin këto gjëra dhe besojnë në Kishën tënde të shenjtë katolike.

Ti, nëpërmjet një kallami, ke ngjëruar një sfungjer plot me vrer e uthull, për të na mbajtur larg nga goja e djallit dhe për të na çliruar nga uthulla e hidhërimit.

Ti na ke dhënë kupën e verës së dëlirë të besëlidhjes së re si ushqim i shpirtit dhe i trupit, si shëlbim i jetës së amëshuar.

Ti u ke thirrur katër lumenjve, dhe simbas urdhërit ata rendën të bindur e u vunë nën shërbimin tënd. Lumi i parë është Filosofon për unitetin e Kishës dhe syleshësinë e shfaqur në këtë botë. Lumi i dytë është Geon sepse është bërë prej toke, ose edhe për dy besëlidhjet[206,24]. Lumi i tretë është Tigri, sepse në qiej na është shpërfaqur triniteti i amëshuar: ne besojmë në Atin, në Birin, e në Shpirtin e Shenjtë, por vetëm një është Zoti prej të cilit janë bërë gjërat në qiell e në tokë.

Ti ke ngopur përgjithmonë çdo shpirt të gjallë me dlirësinë e ringjalljes, e cila ishte shëmbëlltyrë e ungjijve që rrjedhin

---

[206,24] Dy Besëlidhjet, me anë të Fjalës apo Frymës dhe me anë të Mishit, të lidhura nga Jehovahu me Abrahamin (Zan 27). Besëlidhja e Rrethprerjes u krye për të qenë një shenjë e jashtme dhe e dukshme e dorëzanisë Hyjnore kundrejt Abrahamit dhe pinjollëve të tij. Fjala për rrethprerjen në hebraisht është Mulah, MULH: vër re se MLH është, gjithashtu, sinonim i DBR, debar – verbum apo fjalë.

përgjatë tërë rruzullin tokësor që ti ke denjuar ta ungjillizosh përmes veprës së shërbëtorëve të tu, ashtuqë gjithësa besojnë dhe rrëfehen të shpëtojnë duke u mbështetur në emrin tënd të madh e të frikshëm, si dhe në ungjijtë e tu të shenjtë, për të mbërritur kësisoj atë jetë që nuk e kanë".

Përlëvdimet e Bartolomeut

Atëherë apostulli Bartoleme i tha Jezuit: "Zot, Atë, mbret i jetës së amëshuar, mbret i qiejve, mbret i kryeengjëjve, mbret i profetëve, mbret i të drejtëve, mbret i besnikëve, mbret i tërë atyre që besojnë në ty, mbret i jetimëve, mbret i të burgosurve, mbret i të vegjëlve, mbret i epokave, mbret i botës. Ngushëllues i të munduarve, çlirues i gjithë atyre që besojnë në ty, mjek i atyre që ndjejnë dhimbje, ushqyes i jetimëve e i vejushave, shëlbyes i atyre që qenë humbur, je ti që me gjakun tënd ke shpëtuar tërë rruzullin tokësor prej armikut që gulçonte nga dëshira për ta gllabëruar popullin tënd. Shpëtim i mëkatarëve, mos e braktis krijesën e mbruajtur prej teje".

Detyra e Jezuit në botë

Jezui u përgjigj: "Bartolome, Ati im më ka quajtur Krisht pikërisht për këtë, me qëllim që unë të zbrisja në tokë për të mirosur me vajin e jetës çdo njeri që vjen tek unë; e kushdo që do të jetë mirosur do të rrojë në përjetësi. Dhe më ka quajtur Jezu me qëllim që unë t'ua shlyej mëkatet pendestarëve, atyre që pendohen për veprat e tyre të këqija, atyre që largohen nga jeta e errët që të ndjekin udhën e drejtësisë për të marrë kështu pagëzimin me thirrje dhe me shpallje të gjerë, atyre që u përmbahen urdhëresave të mia, të cilat janë të shkruara këtu, në profeci e në ligje dhe nuk ndjekin udhën e mbrapështisë në të cilën armiku ka mbjellë të këqija.

Në të vërtetë, unë ia kam dhuruar të gjithëve të vërtetën e Zotit, meqenëse unë jam udha, e vërteta dhe jeta. Udha, sepse askush nuk mund të vijë tek Ati përveçse nëpërmjet meje; jeta, sepse unë i jap jetën e amëshuar të drejtëve, besimtarëve që besojnë tek unë me zemër të pastër e atyre që më druhen: këta do të jenë si engjëjt e Zotit dhe do të quhen bij të të Madhërueshmit; unë jam e vërteta, sepse në mua u përmbush gjithë çfarë patën parathënë profetët për mua dhe gjithë sa është shkruar për mua nëpër psalme; në të vërtetë jam unë që i kam dërguar. Unë jam jeta, sepse iu kam treguar besimtarëve udhën, domethënë pagëzimin e shenjtërimit.

Unë u jam nënshtruar me dashje fshikullimeve, mora pështyrje në fytyrë, u shitova nga një heshtë dhe piva vrer e uthull; prej hebrejsh të pabesë u vara në një kryq. Pranova t'i vuaj të gjitha këto gjëra prej kryepriftërinjve hebrej, që të shpëtoja botën, ta liroja nga zemërimi i armikut të mallkuar, i cili donte ta çonte në humbje gjininë njerëzore, ashtu siç pati humbur edhe ai vetë.

Sa shumë gjëra të mrekullueshme kam kryer përpara tyre e prapë nuk më besuan, përkundrazi i mbyllën veshët dhe më kthyen krahët, duke më thënë: "Dëbon djajtë me fuqinë e Belzebulit, prijësit të djajve" e duke thërritur: "Ne nuk kemi kurrfarë mbreti!" Nuk donin ta kuptonin se sa shumë vuajtje kisha përballuar unë për t'i çliruar nga toka e Egjiptit, nga shtëpia e robërisë e për t'i ndihmuar të kalonin përmes Detit të Kuq si përmes tokës së thatë.

Për dyzetë vite ushqeva me manë[207][25] etërit e tyre në shkretëtirë; bëra që uji të teptiste nga një shkëmb shumë i fortë; ndërsa ata ma shpaguan të mirën me të keqe. Nuk deshën të më njohin si Zotin që i ka krijuar. Përballë tyre i thyva të gjithë njerëzit, por nuk pranuan të ecnin simbas urdhëresave të mia. Përkundrazi, u bënë në një mendje dhe më dënuan me vdekje.

Jini dishepujt e mij dhe ndiqni rrugën time. Për shkak të emrit tim do gjendeni përballë mbretërish dhe guvernatorësh, princërish e pushtetarësh. Tregoni pak durim për hir të dashurisë sime dhe do të mbretëroni me mua në përjetësi,

---

[207][25] Sipas *Besëlidhjes së Vjetër* (*Dal 16: 14-15*) mana është ushqimi me të cilin u ushqyen hebrenjtë për dyzet vjetë në shkretëtirë: "Atëherë u duk mbi tokë kokrrizë e hollë porsi brymë" (*Dal 16: 14*). Historiani hebre Jozef Flavi dëshmon se edhe në kohën e tij në atë pjesë të shkretëtirës binte një lloj bryme, e cila ishte e ngrënshme (*Hebrenjtë e lashtë 3, 1, 6*). Të njëjtën gjë pohon edhe Origjeni (*Selecta in Numeros*).

do të qëndroni pranë meje në mbretërinë e Atit tim e do rrini pranë meje në gjyq, për të gjykuar dymbëdhjetë fiset e Izraelit. Meqenëse unë nuk ju them më (shërbëtorë), por miq, prejse ju kam shpërfaqur çdo gjë: shërbëtori nuk di atë që bën zotëria i tij, ndërsa unë ju kam shpërfaqur çdo gjë.

Mos ua keni frikën atyre që mund të vrasin trupin tuaj, sepse shpirtin nuk do të mund ta vrasin. Mos mendoni se si e çfarë do të flisni, sepse në ju banon shpirti i Atit tim, e ai do t'ju japë dëshminë e hakmarrjes ndaj botës dhe atij që ngashnjehet nga bota.

Në të vërtetë, tani do të shkatërrohet urtësia e botës dhe do të lartësohet ajo e Zotit. Duajeni njëri-tjetrin ashtu siç ju kam dashur unë dhe qëndroni në mua ashtu sikundër unë në ju. Ashtu siç unë kam dhënë frymën për botën e për ju, ashtu edhe ju jepini frymët tuaja për vëllezërit."

Bartolomeu i tha: "Zot, a është e lejueshme t'u zbulohen këto gjëra të gjithë njerëzve?" Jezui iu përgjigj: "Është e lejueshme t'u zbulohen të gjithë atyre që janë besimtarë dhe e shqyrtojnë këtë të fshehtë që unë ju kam treguar. Në të vërtetë, mes paganëve ka nga ata që adhurojnë idhujt, që janë pijanecë, kurvërues, bërrejshëm, blasfemues, prozhmues të Kishës katolike, smirëzinj, të rrezikshëm, yshtës, të zvetënuar, zbatues të dredhive të armikut, urrejtës të të afërmve të tyre: të gjithë këta nuk janë të denjë ta dëgjojnë këtë të fshehtë.

Por, nga ana tjetër, janë të denjë ata që zbatojnë urdhëresat e mia, që i kuptojnë fjalët e shpëtimit të jetës së amëshuar që s'ka mbarim: dhe në qiell, në mbretërinë e Atit tim, do jenë pjesë e të shenjtëve, të drejtëve, besnikëve. Ai që do të jetë ndarë nga gabimi i paudhësisë dhe do të ketë ndjekur udhën e së drejtës, është e nevojshme ta dëgjojë këtë të fshehtë. Ti Bartoleme i Lumë dhe breznia jote e Lume."

Atëherë, Bartolomeu, duke i shkruar në zemrën e vet të gjitha gjërat e dëgjuara nga goja e Zotit tonë Jezu Krisht, me fytyrë të hareshme bekoi Atin, Birin e Shpirtin e Shenjtë duke thënë: "Lavdi ty, o Zot, shpëtimtar, çlirues i mëkatarëve, jetë e të drejtëve, fé për besimtarët, ringjallje e të vdekurve, dritë e botës, dashurues i dëlirësisë".

Atëherë Jezui, duke ngjeshur gjoksoren, tha: "Unë jam i mirë, zemërbutë dhe mirëdashës, përdëllyes dhe i mëshirshëm, i fortë dhe i drejtë, i mrekullueshëm, i shenjtë dhe shërues, mbrojtës i jetimëve dhe i vejushave; ai që kurorëzon të drejtët dhe besimtarët; gjykatës i të gjallëve e i të vdekurve; dritë e dritës dhe e vezullim i flakës; ngushëllues i të vuajturve dhe ndihmesë e të vegjëlve. Gëzoni me mua, miqtë e mi, dhe merreni dhuratën (time): unë do t'ju jap dhuratën qiellore."

Kur Jezui përfundoi së thëni këto fjalë, të gjithë apostujt e puthën e i dëshiruan paqë; e bekuan dhe e lëvduan njëzëri, duke i thënë: "Amen!"

Lloje mëkatesh e mëkatarësh

Dhe dishepujt e pyetën: "Zot, na thuaj: cili është mëkati më i madh se çdo tjetër mëkat, Zot?" Jezui iu përgjigj atyre: "Mëkat i rëndë është kurvërimi, zemërimi, mallkimi, pabesimi, mashtrimi, dashuria e rreme, veprimet e liga. Për ata që veprojnë kësisoj, profeti tha: "Të patenzonët nuk do të ringjallen në gjykim dhe as mëkatarët në këshillin e të drejtëve". Amen, amen, unë ju them që njerëzve do t'u falet çdo mëkat e çdolloj veprimi i lig, mjaft që të pendohen. Po për atë që blasfemon kundër Shpirtit të Shenjtë nuk ka falje as në këtë epokë e as në gjykimin e ardhshëm".

Bartolomeu i tha: "Zot, çfarë do të thotë të mëkatosh kundër Shpirtit të Shenjtë?" Jezui iu përgjigj: "Kushdo që blasfemon kundër një njeriu i cili i shërben besnikërisht Zotit Atë, apo braktis Kishën e tij katolike për të ndjekur herezinë, ai blasfemon kundër Shpirtit të Shenjtë; për këtë njeri nuk do të ketë falje.

Kush nuk adhuron Zotin krijues të Gjithçkasë, që bëri qiellin e tokën, por adhuron drunj dhe gurë pa ndjenja e shpirt, pa frymëmarrje, pa aftësinë e të parit, të të dëgjuarit, nuk do të jetë i falur nga mëkatet.

Kush nuk kërkon shpëtimin e Shpërblimtarit, kryen mëkat të rëndë. Ata që besojnë tek njerëzit e vdekshëm, ata që nuk rendin kah Kisha katolike, por rendin kah shëmbëllityrat e djajve, nuk do të kenë falje të mëkateve.

Kush nuk kërkon Zotin sundues të të gjithëve, nuk do të përjetojë falje të mëkateve. Kush kërkon yshtësit, falltarët, prozhmuesit, do të qe më mirë sikur të mos kishte lindur fare.

Kush nuk beson se unë kam zbritur nga qielli në tokë për të shëlbyer botën, kush nuk beson se unë, dhe pse erdha në këtë botë, kam mbretëruar ngahera në shekuj të shekujve me Atin tim, nuk do të përjetojë falje.

Kush nuk beson se unë kam vuajtur dhe jam ringjallur; kush nuk beson në ringjalljen e të vdekurve, të parathënë prej meje, nuk do të gëzojë falje të mëkateve.

Dhe prapë. Kush nuk beson se unë do të rikthehem si gjykatës i të gjallëve dhe i të vdekurve, kur të vegoj i përlëvduar, ai nuk do ta ketë faljen as në këtë epokë e as në atë gjykim.

Ata që nuk adhuron Zotin e gjallë krijues, prej të cilit janë bërë të gjitha gjërat, por adhurojnë një krijesë, ata kryejnë një mëkat të rëndë!

Kush nuk beson në Atin, në Birin e në Shpirtin e Shenjtë, ai blasfemon kundër Shpirtit të Shenjtë, kësisoj për të nuk do të ketë falje as këtu e as në gjykimin e ardhshëm.

Kush nuk beson që Ati, Biri e Shpirti i Shenjtë nuk janë një Zot i vetëm, nuk do të ketë falje të mëkateve.

Ata që për shkak të ndonjë mllefi vrasin veten, ose hidhen në lumë, nuk do të përjetojnë falje të mëkateve.

Kush nuk do të mendojë për shpirtin e tij, por do të ndjekë mashtrimet e armikut, nuk do ta ketë faljen e mëkateve.

Por kush e do Zotin me zemër të pastër, ndjek urdhëresat e tij dhe zbaton atë që është shkruar këtu, përmes urdhëresave dhe profetëve, nuk do të mposhtet prej armikut dhe nuk do të cënohet prej kurrfarë të keqeje.

Shkoni e predikoni! Shkoni pra dhe mësojini të gjithë njerëzit që të mos mëtojnë të betohen as për qiellin e as për tokën; askush të mos betohet as për kokën e tij, meqenëse nuk është në gjendje të rikthejë as edhe një fije floku të bardhë apo të zezë. Mes tyre ata duhet të thonë "po po", "jo jo".

Shkoni dhe predikoni në tërë botën dhe mes të gjithë njerëzve një fjalë vërtetësie dhe paqeje, me qëllim që çdokush të shfaqë vërtetësi dhe dashuri kundrejt vëllait, kundrejt të afërmit apo mikut dhe të thotë të vërtetën.

Kështu çdo njeri të flasë mirë me fqinjin e vet dhe çdo mike me miken e vet, dhe jo me mashtrime. Unë them gjëra të vërteta e dua që edhe ju të thoni gjëra të vërteta. Unë i pikas mendimet e të gjithëve qysh prej së largu, përpara se ato të trajtësohen dhe e gjykoj dashurinë e rreme. Por ti, Bartoleme, shko dhe predikoji fjalët e shpëtimit në veshët e atij që ka dëshirë të kuptojë.

E të gjithë apostujt (e tjerë) të zgjedhur prej meje, shkoni dhe predikoni! Ata që do t'ju besojnë, do të pagëzohen dhe do t'u besojnë urdhëresave që ju predikoni, do të fitojnë jetën e amëshuar dhe kurorën e përjetshme. Ndërsa ata që nuk do të dëgjojnë, nuk do të zbatojnë e nuk do të pagëzohen, do të dënohen në ditën e gjykimit dhe do të pësojnë ndëshkimin e zjarrit".

Martesë dhe dëlirësi

Bartolemeu i tha sërish: "Zot, çfarë pjese do ketë në gjykim ai që kryen një mëkat të mishit?" Jezui u përgjigj: "Është mirë që ai i cili është i pagëzuar ta respektojë pagëzimin e tij, ta mbrojë dëlirësinë dhe të mbetet i tillë.

Por, nëse i lind dëshira e mishit, ai duhet të bëhet burri i një gruaje të vetme. Sepse, ashtu sikundër gruaja nuk duhet të njohë burrë tjetër, poashtu edhe burri duhet të qëndrojë larg çdo gruaje tjetër.

Nëse ruajnë dëlirësinë, respektojnë urdhëresat e mia dhe ia japin të dhjetën Kishës, ashtu si shërbëtori Abraham që i mbrojti urdhëresat e mia, atyre do t'u jap qindfishin dhe bashkimi i tyre do të jetë pa mëkate.

Marrjen e një tjetër bashkëshorti mund ta bëjnë veç nëse shkojnë në kishë, falin lëmoshë, veshin të zhveshurit, u japin ushqim dhe pije të uriturit e të eturit, u japin mikëpritje shtegtarëve dhe nuk na përbuzin neve, përkujdesen për të sëmurët, ndihmojnë të burgosurit, bëjnë dëshmi të vërteta, presin me të gjitha nderimet një prift dhe i druhen Zotit; e, sikundër ju thashë, i japin të dhjetën Kishës dhe bëjnë gjëra të drejta që i pëlqejnë Zotit.

Por nëse dikush merr grua të tretë, ai ka për t'u konsideruar në mbretërinë e qiejve i padenjë dhe mëkatar së bashku me atë.

Nga ana tjetër, ai që ruan dëlirësinë dhe virgjërinë e tij, qoftë burrë apo grua dhe është i përkryer në Kishën katolike, ai do të konsiderohet i përkryer edhe në mbretërinë e qiejve.

Shkoni, ju, dhe predikojuani këto gjëra të gjithë njerëzve: t'u përmbahen urdhëresave që unë ju kam thënë, që të mund të shpëtohen e të mbërrijnë jetën e amëshuar.

Unë jam Zoti juaj Jezu Krisht dhe Mësuesi. Unë jam fillesa dhe fundi, i pari dhe i mbrami, aleluja. Mbret i fuqishëm dhe shumë i tmerrshëm, që ua jap kurorën juve besnikëve të mi që shpresoni në mua. Jam unë ai që ka ndarë dritën nga errësira. Aleluja".

Përlëvdimet e apostujve

E të gjithë apostujt u përgjigjën njëzëri duke e lartësuar, madhështuar e përlëvduar, me fjalët: "Je ti, Zot, që në zanafillë ke hedhur themelet e tokës, e qiejt janë vepër e duarve tua.

Je ti që në zanafillë ke mbruajtur Adamin e Evën dhe nuk i ke braktisur ata; e ndonëse mashtrimi i armikut i joshi, mëshira jote prapë nuk i braktisi, por i shelbove me gjakun tënd të shenjtë.

Ne që për shkak të Evës patëm dalë nga parajsa e galdimit, tani prej ardhjes sate të shenjtë dhe prej Marisë virgjëreshë e mbretëreshë, ti na ke rikthyer në mbretëritë e qiellit, pra në Kishën tënde katolike, e cila është trupi yt dhe që e ke quajtur bashkëshorten tënde. Ti je gjykatësi i të gjallëve dhe i të vdekurve. Aleluja, aleluja."

Ngjitja e Jezuit në qiell

Jezui u përgjigj sërish e u tha: "Unë do t'ju përgatis mbretërinë e qiejve dhe që prej fronit të lavdisë sime do t'ju dërgoj Shpirtin e Shenjtë që do t'ju bëjë të shfaqeni më vezullues, të vërtetë dhe të fortë përballë prijësve dhe të pushtetshmëve. Aleluja.

E do të rikthehem përsëri për ta shpërblyer secilin simbas veprave të tij: të drejtëve, besnikëve, e të gjithëve që besojnë në mua dhe zbatojnë urdhëresat e mia, kurorën e jetës së amëshuar; atyre që përbuzin urdhëresat, vuajtjet e përjetshme dhe ferrin e zjarrit, ku do të ketë vajtime dhe kërcëllima dhëmbësh.

Paqë për ju! Juve jua jap paqën time, juve jua lë paqën time. Përjetojeni paqën time të gjithë ju që besoni në mua, predikojani mbretërinë e Zotit dhe mbretërinë e tij të qiejve të gjithë botës dhe të gjithë njerëzve, ashtu siç unë jua predikova juve".

E teksa fliste kështu, u mbart në qiell, nëpër re. Dhe atyre, ashtu të mrekulluar siç ishin, u veguan dy engjëj me petka vezullore që iu thanë: "Burra galileas, pse rrini dhe sodisni Zotin që ngjitet në qiell? Ai do të vijë, ashtu siç e patë të ngjitet në qiell. Ai është gjykatësi i të gjallëve e i të vdekurve; ai është shëlbyesi i gjithë atyre që shpresojnë në të, ai që është paralajmëruar nga profetët dhe psalmistët, siç thuhet në psalmin e shtatë: "Prandaj rikthehu lart, Zot". Pra, deri kur të jetë plotësuar numri i besimtarëve.

Mandej do të rikthehet me lavdi të madhe e, në plotfuqinë e tij, mëndjemëdhenjve do t'u japë ndëshkimin, ndërsa zemërbutëve dhe të përvuajturve mbretërinë e qiejve".

Atëherë Bartolomeu dhe të gjithë apostujt e tjerë përlëvduan Zotin Jezu Krisht, duke thënë:

> "Lavdi ty, o Atë i qiejve,
>
> mbret i jetës së amëshuar,
>
> kandil me dritë të pashuar,
>
> diell i shndritshëm e kthjelltësi
>
> e dritës vizlluese të amëshuar.
>
> Mbret i mbretërve e zot i zotave,
>
> Jotja lavdia e madhështia,

Sundimi e mbretëria, nderi e pushteti
Me Atin dhe me Shpirtin e Shenjtë.
Bekuar Zoti, Perëndia e Izraelit,
që vizitoi e çliroi popullin e vet nga dorë e armikut,
dhe bëri për neve përdëllesë e gjykim.
Ju të gjithë njerëzit,
Lëvdojeni Zotin tonë Jezu Krisht dhe besojini
se është gjykatës i të gjallëve e i të vdekurve,
Shëlbyesi i besimtarëve.
Ai që me Atin dhe Shpirtin e Shenjtë
Jeton e mbretëron në gjithë kohët. Amen".

Këtu mbarojnë pyetjet që apostulli Bartolemeu i Lumë dhe apostujt e tjerë i bënë Zotit Jezu Krisht.

Ungjilli i Gamalielit

(Varianti etiopian)

[...]

Hidhërimi i Maries

Kur virgjëresha i kishte dhënë fund vajit të saj në lidhje me mohimin e Pjetrit, kërkoi të vinte Gjoni. Ky mbërriti duke qarë; e gjithë duke qarë u takua me të, e të dy, virgjëresha dhe Gjoni, u ulën duke vajtuar së bashku për Jezuin.

[Më pas, Gjoni i tha virgjëreshës: "O nëna ime, mos qaj pse Pjetri ka mohuar Zotin tonë. Mbi të nuk rëndon akuza që rëndon mbi Judën i cili e ka tradhëtuar. Gjatë Darkës me Mësuesin tim e kam dëgjuar Pjetrin tek i thoshte: "Larg nga ti Zoti im! Nuk do të të mohoj në përjetësi, për mua do të qe më mirë të vdisja! Mos ndodhtë kurrë diçka e tillë! Nga ana ime, unë do të flijoj jetën time për ty".

Atëherë, për herë të parë, e dëgjova tri herë Zotin të shprehte qortimin e tij ndaj Pjetrit. I tha: "Sprapsu, Satana! Ti ke zgjuar mërinë time, prejse nuk ke mbajtur parasysh atë që është e Zotit por vetëm atë që është e njerëzve".

[Por tani, zonja dhe nëna ime, mos qaj për atin Pjetër, sepse mohimi i tij ka për të qenë pendesa e mëkatarëve. Ai vetë e ka përgënjeshtruar fjalën e tij dhe i është dashur të besojë në Zotin".

[...]

Por aty kishte disa gra: Joana, bashkëshortja e Kuzës, Maria Magdalena dhe Salomeja. Ato e përqafuan virgjëreshën tonë e i dhanë mbështetje. Një vajtim i përbashkët zjente brenda rrethit të atyre grave të shenjta, të cilat qanin me fjalë mallëngjyese.

Të tjera gra hebreje, të cilat dëgjonin vajtimin, nisën t'i fyenin duke u thënë: "Sot mbërriti për ne çasti i hakmarrjes kundër teje dhe kundër birit tënd. Për fajin tënd, prehëri ynë mbeti pa fëmijë, dy vjet mbasi ti linde atë".

Përbetim kundër Jezuit dhe Pilatit

Krerët e hebrejve, të pranishëm aty, sikundër dhe ushtarët e Herodit, i kishin ngurtësuar zemrat e tyre dhe donin ta vrisnin. Në të vërtetë, kishin lajmëruar Herodin se Pilati dhe shumë njerëz nga populli mbanin anën e Jezuit. Dhe ata kishin thënë: "Kur ne do të bëjmë përpara për ta vënë në kryq, turma ka për të ngritur krye kundër nesh dhe, e nxitur nga Pilati, do ta çlirojë prej duarve tona. Prandaj dërgona shpejt urdhërin tënd dhe ushtrinë tënde, që ta kryqëzojmë".

Hebrejtë i kishin bërë shumë dhurata, me qëllim që ai t'u dërgonte atyre forcën e tij dhe ushtarët. Prandaj, ato ditë Pilati nuk kishte dalë bashkë me ta, me qëllim që të mos ndodhte ndonjë përleshje mes tij dhe hebrejve.

Në të vërtetë, Pilati dhe e bashkëshortja e tij e donin Jezuin si veten e tyre. Ai kish pranuar ta fshikullonin, për t'u bërë qejfin hebrejve të ligj, që kësisoj zemra e tyre të ishte më e prirur për ta lënë të largohej, duke iu shmangur kështu dënimit me vdekje.

Edhe po ta dinte se do ta varnin në kryq atë vetë bashkë me gruan dhe bijtë sepse nuk do t'ia dorëzonte atyre për ta dënuar me vdekje, Pilati kurrë nuk do të vinte dorë mbi të.

Ata arritën ta mashtrojnë Pilatin duke i thënë: "Nëse ti do ta ndëshkosh këtë njeri kryeneç, ashtuqë të mos shërojë më në ditën e shtunë, ne nuk do të merremi më me të dhe do ta lëshojmë".

Si pasojë e këtij premtimi mashtrues, Pilati pranoi që ta fshikullonin: ai besonte se fjalët e tyre ishin të vërteta.

Vdekja e Jezuit

Kur zëri i Jezuit prajti, në çastin kur ai, i varur në kryqin e drunjtë dha shpirt, i tërë qyteti u shkundullua nga trandjet e tokës, prej shenjash të mrekullishme që vinin lart nga qielli.

Kur virgjëresha pa që toka po dridhej dhe errësira po përhapej mbi tërë qytetin, thërriti me zë të lartë: "Këto mrekulli që po ndodhin, janë duke lajmëruar vdekjen e birit tim!"

E ndërsa fliste kështu, Gjoni u rikthye, qëndroi ndanë saj dhe nisi të qante. Virgjëresha e pyeti: "Gjon, a ka vdekur me të vërtetë biri im në kryq?" Ai anoi kokën dhe tha: "Po, o nëna ime, ka vdekur!"

Të gjitha këto ndodhnin teksa Krishti gjendej i varur në kryq. Kapiteni i besoi dhe tha: "Ky njeri, në të vërtetë, ishte biri i Zotit!" Këtë pohim e bëri si rrjedhojë e atyre shenjave çudibërëse.

I tërë populli i besimtarëve vajtoi njëzëri për të, teksa ai ndodhej në kryq.

Dhimbja e Pilatit

Pilati thirri kapitenin, i cili kishte shkuar tek Herodi për kryqëzimin, e dërgoi në shtëpinë e tij, duke i thënë: "Ti e pe mirë, vëlla, atë që Herodi dhe hebrejtë bënë kundër këtij njeriu të drejtë. E varën padrejtësisht në kryq, aq sa mbi tokë ndodhën të gjitha këto.

Të them të vërtetën, vëlla, se unë nuk doja të ndodhnin tërë këto gjëra të mbrapshta, por ishte Herodi ai që i nxiti. Unë doja ta liroja, me qëllim që të mos e vrisnin. Kur vura re se kjo nuk i pëlqente Herodit, ia dorëzova hebrejve të tjerë që ta kryqëzonin. E tani mendo: çfarë mund t'i blatojmë Zotit në këmbim të birit të tij, të cilin lejuam ta vrisnin?"

Kapiteni, shtizori, dhe Pilati qanë me lotë të hidhur, duke thënë: "Gjaku i tij rëntë mbi Herodin dhe kryepriftin".

Pilati tubon krerët e Hebrejve

Atëherë Pilati thirri krerët e priftërinjve, Hanën dhe Kaifën, dhe i solli në sinagogë. Pilati u tha atyre: "Ju ujq e dhelpra, keni pirë gjakun e tij në mbrapshti! Shikojeni tani vdekjen e Nazaretasit mbi drurin e kryqit! Gjaku i tij rëntë mbi ju dhe mbi bijtë tuaj!".

Por këta u kapardisën dhe thanë tërë mujshí: "Për një mijë breza gjaku i këtij mohuesi le të bjerë mbi ne dhe bijtë tanë!"

Pilati tha: "Pra, as tani, mbas tërë këtyre shenjave të mrekullueshme që u shpërfaqën në qiell e në tokë, ju nuk keni frikë dhe nuk dridheni si i gjithë populli?"

Por ata u përgjigjën: "E pse duhet të kemi frikë? Siç e shikon ne i jemi përmbajtur ligjit". Dhe Pilati tha: "I jeni përmbajtur ligjit të mashtrimit deri në fund, por ky nuk është ligj!

Ti e quan veten kryeprift, por ja që petkat tua janë shqyer! Dhe ligji thotë: Kur kryeprifti e ka petkun të shqyer, ai e humbet detyrën e tij priftërore".

Por kryeprifti u përgjigj: "E kam petkun e shqyer sepse ai nisi të mallkonte, dhe mallkoi Zotin e ligjin".

Pilati i tha: "Për këtë arsye, këndej e mbrapa unë të ndaloj të hysh në tempull si kryeprift; ti do mund (të hysh) vetëm si laik. E nëse ndokush më njofton se ti prapëseprapë ke hyrë, unë do urdhëroj të të pritet koka".

Por ai iu përgjigj, duke thënë: "Ndër gjithë guvernatorët që kanë qenë përpara teje, vallë cili prej tyre e ka ndaluar kryepriftin të hyjë në tempull?" Ai e tha këtë duke u mbështetur në pushtetin e Herodit.

Pilati iu përgjigj: "Por tani, mbasi pe gjithë këto shenja të mrekullueshme, zemra jote vazhdon të jetë mosbesuese si tërë populli?"

Dhe Kaifa, i cili qe emëruar i pari i priftërinjve, i tha Pilatit: "Nuk ka shumë kohë që je caktuar në këtë qytet, ndaj nuk mund ta kuptosh se ku e kanë fillesën këto shenja të mrekullueshme dhe në ç'mënyrë ndodhin ato.

Në të vërtetë, kjo është stina e barit, Magabit, në të cilën dielli dhe hëna rrotullohen. Në këtë periudhë, magjistarët e bëjnë hënën si gjaku, dhe me fuqinë e artit të tyre grabisin vezullimën e diellit, hulumtojnë mbi ngjarjet e atyre që kanë vullnet të lirë dhe mbi prodhimin e korrjes së grurit, të verës e të vajit".

Kësisoj, Kaifa foli në mënyrë të djallëzuar. Por Pilati u ngrit nga ndenjësja, goditi lëkurën e tij të rrudhosur, ia shkuli mjekrën nga surrati dhe e fshikulloi, duke i thënë: "Me urrejtjen tënde ti do të sjellësh zemërim përmbi tokë".

Edhe kapiteni me ushtarët nisën ta rrihnin atë kryeprift, teksa i thonin: "Ti je më i denjë për vdekjen se sa për jetën".

Dhe, mbasi e ndëshkuan të gjithë njëkohësisht, Pilati e kapiteni urdhëruan që ta flaknin në burg, duke rënë në ujdi që t'ia dorëzonin perandorit.

Varrimi i Jezuit

Mandej Pilati u kthye kah kapiteni dhe e pyeti: "A është e hijshme ta lëmë këtë kufomë të varur në boshtin e kryqit?" Kapiteni iu përgjigj Pilatit: "Guvernator, ti ke pushtet të plotë të veprosh sipas dëshirës tënde".

Pilati ia ktheu: "Është vullneti ynë ta heqim nga kryqi dhe t'ia lëmë në ruajtje një besimtari deri në ditën e tretë. Ai ka zgjuar shumë të vdekur mes popullit e i ka të gjitha gjasat që të ringjallet edhe vetë".

Po kur Pilati foli kësisoj, të gjithë krerët e hebrejve nisën t'i gërthisnin, duke i thënë: "Nuk është e ligjshme që një i vdekur të prehet pranë një të gjalli; vendpushimi i të vdekurve është varri!"

Këto ishin fjalët që i thanë Pilatit krerët e hebrejve. Ndërkohë, tek Pilati erdhi Jozefi nga Arimatea[208], i cili pyeti nëse mund ta zbriste nga kryqi kufomën e Jezuit. Pilatit i pëlqeu kjo gjë ndaj dha urdhër që t'ia dorëzonin trupin atij.

Por hebrejtë i shkuan nga pas bashkë me rojet. Atëherë, Jozefi e zbriti nga kryqi dhe ai vetë, bashkë me Nikodemin[209], e mbështolli.

Hebrejtë ndjeheshin mjaft të pakënaqur nga kjo, ndaj filluan të grindeshin midis tyre; në të vërtetë ata nuk donin që trupi të zbritej nga boshti i kryqit, por të lihej në dru së bashku me kusarët. Në të vërtetë, më përpara, ai pati folur për ringjalljen e tij.

208[1] Jozefi i Arimatesë, Shën (në *Beslidhjen e Re*): anëtar i pasur i Sanhedrinit, që mori trupin e Jezuit dhe e vendosi në varrin e tij (Mt 27: 57–60). Dita e festës: 17 marsi ose 31 korriku.

209[2] Nikodemi (në *Besëlidhjen e Re*): farise dhe anëtar i Sanhedrinit, i cili e përkrahu Jezuin në sy të farisenjve (Gjn 8: 50–52).

Ruajtja e varrit

Ndërkaq, duke i hedhur njëherësh erëza dhe mirrë, ata e mbështollën tërë kujdes me një pëlhurë të re liri, e cila nuk qe përdorur kurrë për ndokënd tjetër. Edhe varri ishte i ri; asnjë kufomë njerëzore nuk qe varrosur kurrëndonjëherë aty, meqenëse ishte gërmuar në një guvë posaçërisht për Jozefin, pronarin e kopështit. Kësisoj e shtinë aty brenda dhe bënë çdo përkujdesje, duke thënë: "Le të presim deri në ditën e tretë".

Dhe, mbasi Jezui u shti në varr, Hebrejtë u grumbulluan tek Pilati e i thanë: "Edhe ti e di që është e shtunë. Ai nuk duhej të qe hequr nga kryqi derisa ne të siguroheshim për fuqinë e tij". Por Pilati u tha atyre: "Popull i mallkuar, a nuk e keni parë deri më tash fuqinë e tij, tërë ato mrekulli në qiell dhe tërmetin pas vdekjes së tij?"

Ata iu shmangën bisedës dhe mëtuan që të thirreshin katër ushtarë si dëshmitarë: dy të Herodit e dy të kapitenit. U dha atyre ushtarët që kërkonin, të cilët pastaj u dërguan pranë varrit, për të bërë roje deri në ditën e tretë.

Edhe kapiteni vendosi të qëndronte në Jeruzalem deri ditën e tretë, për të parë mrekullinë, duke thënë: "Nëse Jezui do të ringjallet, siç është paralajmëruar, atëherë nuk kam përse të shqetësohem fare për fuqinë e Herodit".

Mbas tërë kësaj, Gjoni u rikthye me vrap tek virgjëresha dhe i tha: "Shiko, birin tënd dhe Zotin tim e kanë shtënë në një varr të ri, e kanë mbështjellë me një pëlhurë të re liri dhe e kanë varrosur, duke i hedhur erëza e mirrë me bollëk".

Virgjëresha e pyeti: "Kush ka treguar kaq dashamirësi kundrejt tim biri?" Ai i tregoi që kishin qenë dy persona me peshë: Jozefi dhe Nikodemi.

[...]

Gjoni i foli me përzemërsi: "Reshte vajtimin tani, sepse ata e kanë përgatitur për varrim ashtu siç duhet, me erëza, me tym temjani dhe me pëlhura të reja liri. Edhe varri, ku e kanë varrosur, është i ri dhe aty pranë është një kopësht".

Por virgjëresha iu përgjigj duke qarë: "Edhe sikur varri i tim biri të ishte Arka e Noes, unë prapëseprapë nuk do të ngushëllohesha, nëse nuk e shoh varrin e tij për të derdhur mbi të lotët e mi". Gjoni iu përgjigj, duke thënë: "Si mund të shkojmë? Përpara varrit rrinë katër ushtarë të ushtrisë së guvernatorit".

Virgjëreshës iu desh të bënte durim përgjatë tërë asaj nate, e edhe gjatë ditës që pasoi, duke vajtuar vdekjen e të birit, dhe nuk mundi të nisej dot deri para së dielës në mëngjes.

Ujdí midis rojeve dhe parisë hebraike

Por ushtarët të cilëve guvernatori u kishte besuar ruajtjen e varrit, kishin rënë në ujdi fshehtazi me me krerët e hebrejve, pa marrë vesh kurrgjë as guvernatori dhe as kapiteni. Atyre u kishin thënë: "Pra, kujdes! Nëse ky mësues i rremë do të ringjallet (gjë që nuk mund të përjashtohet) duke patur parasysh mrekullitë e dëshmuara gjatë vdekjes së tij në kryq, pra, nëse do mund të ringjallet, nëse do vërtetohet pikërisht kjo, ju do të vini menjëherë tek ne, pa marrë vesh asgjë guvernatori, dhe do t'ju japim një shpërblim të mirë e një tog me argjend, me qëllim që kjo ndodhí t'i mbahet e fshehtë guvernatorit". Në këtë mënyrë hebrejtë ishin marrë vesh me ushtarët, përpara se të shkonin tek varri.

Kur ai u ringjall, pikërisht në atë çast të ringjalljes, ndodhi një tërmet; dhe përpara se të agonte ushtarët ia mbathën kah qyteti duke u dridhur nga tmerri. Por, ata u kujtuan për ujdinë që kishin bërë me hebrejtë dhe, natën, shkuan menjëherë tek ata, pa i treguar asgjë guvernatorit. Iu dhanë atyre lajmin se Nazaretasi qe ringjallur, ashtu siç kishte thënë.

Hebrejtë nxituan t'u tregojnë kryepriftërinjve atë që ushtarët u kishin thënë: Jezui ishte ringjallur së vdekurish!

Krerët Hebrej shkojnë tek varri

Atëherë ata thërritën duke thënë: "Mjerë jeta jonë sot, o hebrej! Sepse kjo është ditë ogurzezë, më e keqe se dita në të cilën ai u kryqëzua. Çfarë do të bëjmë ne, kur guvernatori dhe kapiteni do ta marrin vesh se ai u ringjall? Por, para së gjithash, duhet të marrim vesh se çfarë ka ndodhur".

Shkuan me vrap tek varri, por trupin e Jezuit nuk e gjetën. U tmerruan shumë dhe nisën të shqyejnë rrobat. Katër ushtarëve iu dhanë shumë para, duke u thënë: "Mos i kallëzoni askujt që ai është ringjallur!" Por në zemrat e tyre mendonin: a do t'i shfaqet ai tashmë tërë popullit të tij? Dhe biseduan mes tyre në lidhje me këtë, duke u ndarë në grupe të vogla.

Maria shkon tek varri

Virgjëresha nuk mundi të përmbahej më, ndaj të dielën, në të aguar, shkoi tek varri. Me të mbërritur duke rendur tek varri, shikoi përreth dhe e mbërtheu vështrimin tek shkëmbi: qe rrokullisur nga varri. Atëherë thirri: "Kjo mrekulli ka ndodhur në dobi të birit tim. Tani jam në merak të di se kush vallë e ka zhvendosur këtë gur nga hyrja e varrit".

U zgjat përpara në hyrje të varrit, por nuk ia kapën sytë trupin e të birit.

Kur zbardhëlloi dita, teksa zemra e saj ishte e dërrmuar dhe e pikëlluar, nga e djathta e hyrjes depërtoi në varr një aromë kundërmuese: dukej sikur po përhapej aroma e pemës së jetës.

Virgjëresha u kthye dhe, duke qëndruar më këmbë pranë një gëmushe, pa Zotin të veshur me një petk purpuri qiellor.

Ai i tha: "Grua, përse po qan e vajton me kaq pikëllim mbi një varr që nuk ka brënda asnjë kufomë?"

Ajo iu përgjigj: "Është pikërisht kjo që më pikëllon, Zot! Nuk po e gjej në varr kufomën e birit tim të dashur, që të qaj dhe ta ngushëlloj kësisoj pikëllimin tim".

Jezui iu përgjigj: "A nuk je lodhur së qari e vajtuari që nga fillimi e deri tani? Ti ke qarë gjatë mbi një varr të zbrazët. Nëse do ta kishe gjetur kufomën e birit tënd, vaji dhe lotët nuk do të kishin kurrë fund".

Ajo u përgjigj: "Nëse do ta kisha gjetur, o zoti im, do të ndjeja së paku një trohë ngushëllim".

Jezui i tha: "Nuk është aspak e vërtetë! Nëse ti do ta kishe gjetur të vdekur, nuk do të kishe ndjerë kurrfarë ngushëllimi nga ajo pamje, me kraharorin e depërtuar nga një heshtë, me duart e plagosura, me shenjat e gozhdëve dhe me trupin e tij të llangosur nga gjaku".

Jezui ngushëllon nënën

"Ngushëllohu, grua. Në të vërtetë, për ty është më mirë që nuk e ke parë të vdekur, ndaj mos ji e pikëlluar. Ç'ngushëllim do të kishe patur duke e parë ende gjallë të varur në kryq, dhe çfarë dhimbjeje do kishe ndjerë teksa zemra jote do të digjej si zjarri!

Tani që ai ka vdekur dhe është mbështjellë e varrosur në mënyrë të përshtatshme, ti o grua ke patur guximin të vije deri këtu, pavarësisht errësirës së frikshme, teksa qyteti për shkakun e tij është përfshirë nga një pështjellim i tmerrshëm. Rojet sapo kanë ikur dhe hebrejtë kanë ujdisur me ta një mashtrim kundër birit tënd.

Vallë, ti mendon se ky varr ku kanë vendosur kufomën e birit tënd u përket hebrejve? Jo, grua! Unë e njoh pronarin e varrit: është Jozefi, e edhe ky kopësht është i tiji".

Virgjëresha iu përgjigj: "Zot, shoh që ti e di me saktësi gjithë ç'i ka ndodhur birit tim, dhe atë që i është bërë kur qe kallur në këtë varr. Zemra ime nuk më la të rrija në shtëpinë e Gjonit; prandaj u çova dhe erdha këtu për ta kërkuar.

Dhe tani, zoti im, nëse ti je rojtar i kopështit, të përgjërohem pashë vezullimin e petkut tënd dhe pashë fjalët dashamirëse që më the, ki mirësinë të më sqarosh rreth këtyre ndodhive. Në të vërtetë, unë jam e pangushëllueshme. Sqaromë çfarë i kanë bërë, meqenëse unë nuk e gjeta kufomën e tij në varr.

Mos vallë e kanë marrë hebrejtë, të cilët e urrenin si atë ashtu dhe guvernatorin, apo vallë e kanë fshehur në kopësht; e njeh ti atë që e ka marrë? Ki mëshirë për mua! Tregomë vendin ku gjendet, që të mund ta shikoj: kjo do të më mjaftojë.

Pasha jetën e shpirtit tënd, o vëlla, po të them se kurrë nuk e kam parë ndonjëherë këtë vend para kësaj dite!"

Atëherë Jezui i tha Maries: "Mjaft lotë ke derdhur. Ai që u kryqëzua është gjallë dhe po flet me ty tani si ngushëlluesi yt: pra është pikërisht ai që ka veshur purpurin qiellor ai të cilin ti po kërkon. Ai, vendvarrimin e të cilit ti po kërkon, është ai që ka shpërthyer portat e bronxta dhe i ka çliruar të burgosurit e Ferrit.

Ngërtheje hirin tim dhe përdëllimin tim, Marie! Ja, të ngushëllova me një fjalë të jetës. Mos ki frikë, mos u përhumb, vështroje mirë fytyrën time, o nëna ime, dhe bindu që unë jam biri yt.

Unë jam Jezui që në Betani ringjalli Lazarin, unë jam Jezui që është ringjallja dhe jeta, unë jam Jezui, gjaku i të cilit u hapërda mbi shkëmbin e vdekjes.

Unë jam Jezui që ngushëllon pikëllimin tënd, unë jam Jezui për vdekjen e të cilit ti ke vajtuar; ai tani është gjallë! Unë jam Jezui për dashurinë ndaj të cilit ke derdhur lotë. Tani ai të ngushëllon me ringjalljen përpara gjithë të tjerëve.

Askush nuk e ka larguar kufomën time, o nëna ime, po përkundrazi unë jam ringjallur me dëshirën e Atit tim. Sot ti ke ardhur në varrin tim, o nëna ime, teksa unë kam nxjerrë nga Ferri ata që gjendeshin në zinxhirë dhe kam shpëtuar ata që patën rënë në mëkat".

Kur dëgjoi këto fjalë, zemra e virgjëreshës u mbush me forcë dhe ngushëllim: reshti së qari dhe së përhumburi. Syve të saj iu mundësua të vështronin dhe të kundronin hyun.

Atëherë ajo i tha: "Pra ti je ringjallur, Zoti im dhe biri im? Ringjallje e lumnueshme!" Dhe ra në gjunj për ta puthur.

Por ai i tha: "Të mjafton hareja e ringjalljes sime, o nënë. Shikoji të burgosurit e Ferrit që galdojnë e ngazëllejnë prejse unë po ua blatoj si dhuratë Atit tim, përpara se t'i çoj në kopshtin e Edenit.

Virgjëresha e dëlirë vështroi rrotull dhe shquajti përqark tij të burgosurit që ai i kishte nxjerrë nga Ferri: ata mbanin veshur petka prej purpuri të bardhë dhe përpara kësaj pamjeje ajo mbeti e mrekulluar.

Jezui i tha: "Rend tek vëllezërit e mi dhe çojua lajmin e lumnueshëm të ringjalljes sime prej së vdekurish. Nxito, kthehu pas, nëna ime! Mos rri në të djathtë të varrit tim; turma e hebrejve dhe Pilati do të vijnë tek varri për të parë gjithë çka ndodhur".

Lajm i ringjalljes ... meqenëse do të bëjë që të ringjallen të vdekurit, do t'u japë dritë të verbërve dhe sakatët do të ecin.

Mbasi i foli kështu nënës së tij, Jezui u largua para syve të saj. Ajo u zhvendos nga varri duke rendur, shkoi tek apostujt dhe tek gratë, e u dha lajmin e mirë se Zoti ynë qe ngjallur së vdekurish; u tregoi atyre: "Ai ka thënë: Ju pres në Jeruzalem. Atje do të më shihni dhe unë do t'ju jap bekimin tim".

Ata u çuan dhe shkuan tek varri për të parë gjithë ç'kish ndodhur.

Lajmi i ringjalljes së Nazaretasit u përhap në tërë qytetin

Por krerët e priftërinjve dhe hebrejtë shkuan tek Pilati, duke bërë sikur nuk dinin asgjë, dhe i thanë: "Shiko, guvernator, si janë zmadhuar sot mashtrimi dhe gabimi përreth një varri! Pra, jep urdhër të ndërhyjnë ushtarët për t'i pyetur veç e veç; kësisoj ata do të njoftohen në mënyrë të sigurtë dhe askush nuk do të shqetësohet më përsa të jetë gjallë".

Jezui i shfaqet Pilatit

Pilati u përgjigj: "Unë kam dëgjuar se ai është ringjallur së vdekurish e, mbasiqë e pashë në ëndërr, edhe unë e besoj që ai është ringjallur. Pasha jetën e perandorit dhe pasha ligjin e Moisiut, betohem që nuk gënjej kur ju them se e kam parë mbrëmë teksa pushoja në shtratin tim.

Në të vërtetë, ndjehesha i brengosur për të, ngase kisha ngritur dorën kundër tij: duke u mbështetur tek shenjat e dëshmuara në qiell dhe në tokë mbi drurin e kryqit, kur ai vdiq, mendoja me vete: a është vallë ai biri i Zotit?

E pashë përkrah meje! Përndritja e tij e ia kalonte asaj të diellit dhe i tërë qyteti vezullonte, me përjashtim të sinagogës së hebrejve.

Më tha: "Pilat, vallë ti po qan ngaqë ke fshikulluar Jezuin? Mos ki frikë! Në fakt është vërtetuar gjithë ç'është shkruar për të. Beso në mua dhe unë do të të fal!

Unë jam Jezui që nuk vdiq mbi drurin e kryqit, jam Jezui që është ringjallur së vdekurish. Kjo dritë që ti shikon tani, është lavdia e ringjalljes, e cila rrezaton ngazëllim mbi tërë botën.

Sodite këtë mrekulli: përndritja që rrezaton mbi tokë ia kalon përndritjes së diellit, me qëllim që ti ta kuptosh se unë jam ringjallur së vdekurish.

Prandaj rend për tek varri im: do të gjesh shiritat e përmortshëm që kanë mbetur aty dhe engjëjt që i ruajnë; përgjunju para tyre dhe puthi, bëhu përkrahës i ringjalljes sime dhe do të shohësh në varrin tim mrekulli të mëdha: ulokë që ecin, të verbër që shikojnë dhe të vdekur që ringjallen.

Ji i fortë, Pilat, që të përndritesh nga vezullima e ringjalljes sime, të cilën hebrejtë do ta mohojnë"

Mbasi Pilati foli kësisoj në oborrin e banesës së vet, hebrejtë gërthitën: "Guvernator, këtë nuk duhet t'ia thuash popullit! Në të vërtetë, të gjitha ëndrrat janë të rrejshme. Ligji thotë: çdo gjë duhet të vërtetohet nga dy dëshmitarë.

Dëshmia e rreme e rojeve

Por tani, jo tre dëshmitarë, por katër janë ushtarët që kanë ruajtur varrin; nëse ata do të dëshmojnë që ai është ringjallur së vdekurish, fjala e tyre do të quhet e vërtetë; ama, nëse ata nuk e dëshmojnë këtë, nuk kemi pse të merremi me ëndrra".

Atëherë Pilati thërriti katër ushtarët dhe i pyeti: "Çfarë ndodhi sot tek varri?" Duke qenë se kishin rënë në ujdi që secili ta mbante mbi vete përgjegjësinë e tij të ikjes, ata bënë dëshmi të rreme: (Jezui) nuk qe ringjallur, por qe grabitur.

Pilati urdhëroi që ata të ndaheshin dhe secilit prej tyre i caktuan një vend më vete.

Thërriti të parin dhe i tha: "Thuajmë të vërtetën. Kush e grabiti trupin e Jezuit?" Ai u përgjigj: "Ishin Pjetri dhe Gjoni ata që grabitën trupin e tij".

Mandej dha urdhër ta largonin së andejmi dhe thirri të dytin, të cilit i tha: "Jam i bindur se vetëm ti mund të ma thuash të vërtetën. Më sqaro mirë: cili apostull e grabiti trupin e Jezuit nga varri?"

Ai iu përgjigj: "Erdhën të dymbëdhjetë apostujt së bashku dhe e morën vjedhurazi".

Urdhëroi që ta largonin tutje, pastaj thirri të tretin, të cilit i tha: "Për mendimin tim dëshmia jote vlen më shumë se ajo e dy të tjerëve. Kush e grabiti trupin e Jezuit?

Ai iu përgjigj: "Ishin Jozefi dhe Nikodemi. Erdhën natën me gjithë shërbëtorët e tyre dhe, pa shumë mundim, e rrëmbyen; arritën madje të zhvendosin edhe shkëmbin".

Pilati thërriti të katërtin dhe i tha: "Ti ke gradë më të lartë se ata. Ata, në të vërtetë, janë nën përgjegjësinë tënde dhe u binden urdhërave tua. Sqaromë pra: si ndodhi që trupi i Jezuit u grabit teksa ju bënit roje?"

Ky iu përgjigj: "Nuk e dimë se kush e rrëmbeu, Zot, sepse ne ishim në gjumë, dhe kur u zgjuam e gjetëm në pusin e kopështit; menduam se e kishin bërë ata nga frika e hebrejve".

Pilati dhe krerët hebrej tek varri

Pilati u tha hebrejve dhe kapitenit: "A është më mirë tani që të dhënat e tyre nuk përputhen dhe u zbulua se dëshmia e tyre është e rreme?" Dhe, ashtu i zemëruar, urdhëroi që ushtarët të mbylleshin në burg, derisa ai të shkonte tek varri.

Dhe, pa u vonuar, u nis bashkë me krerët e hebrejve, kapitenin, shtizorin dhe kryepriftërinjtë. U drejtuan kah varri dhe, kur mbërritën, i gjetën shiritat e përmortshëm, por jo kufomën.

Pilati u tha atyre: "Ju e urreni jetën tuaj! Nëse kufoma do të qe grabitur, do t'i kishin marrë me vete edhe shiritat e përmortshëm".

Ata u përgjigjën: "Me siguri që këto shirita nuk janë të tijët, por të një tjetri".

Pilatit iu kujtua fjala që i kishte thënë Zoti ynë, pra, që në varrin e tij do të dëshmoheshin mrekulli të mëdha.

Me të hyrë në varr, Pilati mori shiritat e përmortshëm dhe i shtërngoi në gjoks dhe, prej ngazëllimit të madh, shpërtheu në lot sikur po përqafonte Jezuin.

Mandej u kthye nga kapiteni, i cili kishte mbetur më këmbë tek hyrja e varrit; kapiteni ishte me një sy, sepse qe plagosur në luftë shumë kohë më parë.

Pilati tha me vete: jam i sigurtë se këta shirita do ta rikthejnë dritën e syrit të tij.

Ia afroi pranë shiritat e përmortshëm, duke i thënë: "Vëlla, a nuk e ndjen kundërmimin e shiritave? Jo një aromë kufome, po prej purpuri mbretëror të mbushur me erëza".

Por hebrejtë i thanë: "Ti e di mirë, Pilat, se Jozefi ka përdorur erëza e temjan, dhe ka hedhur mirrë e aloe. Kjo është arsyeja e kundërmimit".

Pilati u përgjigj: "Edhe nëse mbi shirita janë hedhur lëndë aromatike, prapëseprapë cila është arsyeja që ky varr lëshon një kundërmim kaq të ëmbël, si të ishte mbushur me myshk dhe aroma?"

Ata i thanë: "Ky kundërmim, o Pilat, vjen nga kopështi dhe është era ajo që e ka futur brënda".

Pilati u përgjigj: "Kini kujdes, sepse jeni vetë ju që po përgatisni udhën e rrënimit tuaj, mbi të cilën do të endeni në amëshim pa gjetur kurrfarë rrugëdaljeje".

Ata ia kthyen: "Nuk është e drejtë dhe nuk të lejohet ta kapërcesh atë varr! Ti je guvernatori, qyteti ka nevojë për ty, por fuqia e ligjit tënd nuk shtrihet deri tek ky varr. Kryepriftërinjtë dhe krerët e popullit i kuptojnë këto gjëra më shumë se ti.

Nuk të lejohet dhe nuk të ka hije të grindesh me hebrejtë për një të vdekur".

Atëherë Pilati i tha kapitenit: "Vëlla, shiko sa e madhe është urrejtja e hebrejve ndaj Jezuit! Ne ndoqëm vullnetin e tyre dhe e vumë në kryq, megjithatë shih si po shkon tërë bota në rrënim, për shkak të ligësisë dhe paudhësisë së tyre. Ata do të donin të na çonin në shkatërrim nëpërmjet vetë arsyes së skandalit, duke thënë "Ai nuk është ringjallur prej së vdekurish", e duke ngritur peshë në një kohë kaq të shkurtër zemërimin e tij, për të na çuar mandej të gjithëve në rrënim".

Mrekulli tek varri

Ndërsa fliste kësisoj me kapitenin, Pilati mbante në duar shiritat e përmortshëm, të cilët i puthte duke thënë: "Unë jam i bindur se trupi i cili qe mbështjellë prej jush është ringjallur së vdekurish".

Edhe kapiteni besoi në fénë e Pilatit; mori shiritat e përmortshëm dhe filloi t'i puthte. Pikërisht në çastin kur fytyra e tij i preku ato, syri iu shërua dhe ai pa dritën e hareshme si një herë e një kohë. Ishte njëlloj sikur Jezui të kishte vënë dorën e tij mbi të, ashtu siç pati ndodhur me të verbërin e lindur.

Oh, çfarë shfaqjeje e mahnitshme për tërë ata njerëz të tubuar tek varri prej të gjitha qyteteve! Të ardhur prej Jeruzalemit me rastin e festës së pashkëve, ata e kishin parë (Jezuin) ditën e kryqëzimit mbi drurin e kryqit; dhe kur e morën vesh se Pilati po shkonte tek varri për të parë Jezuin e ringjallur, i shkuan pas, duke menduar: do të ringjallet dhe do të vegojë përpara gjithë njerëzve si Lazari.

Për këtë arsye në varrin e Jezuit ishte grumbulluar një turmë e madhe: ata panë mrekulli të mëdha, edhe kapiteni, syri i të cilit qe shëruar, dhe mbetën të mahnitur.

Atëherë Pilati i tha kapitenit: "Ti i pe mrekullitë e Jezuit pranë varrit të tij, përveç mrekullive që patën ndodhur kur ai vdiq në shtyllën e kryqit".

Dhe me ngazëllim të madh, kapiteni i shqeu rrobat e veta për t'ua shpërfaqur të gjithëve hirin e lartë që i ish dhënë.

Dhe tha: "Shikoni! Vërtetë u shfaq fuqia e Jezu Krishtit, meqenëse ai përnjimend është Zot. Është biri i Zotit! Unë kam besuar tek ai, por me ringjalljen e tij prej së vdekurish besimi im është rritur.

Dhe tani, unë kurrë më nuk do t'i shërbej një mbreti tokësor, por vetëm Zotit tim Jezu Krisht". Kishte hedhur përtokë shpatën e uniformën dhe po e puthte pëlhurën e linjtë që mbante në duar, duke u kthyer sa nga njëra anë në tjetrën.

Pilati, i mahnitur, lëvdonte Zotin; por hebrejtë i thanë kapitenit: "Ti je i huaj dhe nuk ke kurrfarë ideje rreth veprave që Jezui ka kryer me ndihmën e Belzebulit, si gjatë jetës, ashtu edhe pas vdekjes së tij".

Të tjerë i thanë: "Kur vdes një shtrigan, shpitërat e ligj kryejnë mrekulli të reja në varr, me qëllim që të tërheqin në gabim edhe shumë njerëz të tjerë. Bëhet fjalë për vepra magjistarësh dhe shtriganësh".

Por Pilati iu përgjigj atyre: "Nuk kam dëgjuar kurrë që shtriganët dhe magjistarët të kryejnë mrekulli të tilla. Sidoqoftë, ju jeni mashtruar në përqasjen e jetës së Zotit tonë, ndaj zemërimi dhe ndëshkimi i tij kanë për t'ju rënë përsipër".

Në fakt, ishin ata vetë që e hodhën dënimin përmbi shpirtërat e tyre, teksa thanë: "Gjaku i tij dhe vdekja e tij rënshin mbi ne në përjetësi!"

Pilati i tha kapitenit: "Ajo që ti ke gjetur, o vëlla, është jeta e vërtetë, ndaj mos hiq dorë mendjelehtësisht për shkak të mashtrimit dhe urrejtjes së hebrejve".

Kufoma në pus dhe Jezui

I kthyer nga hebrejtë, Pilati tha: "Ku ndodhet i vdekuri që, sipas jush, është Jezui?"

Hebrejtë iu prinë Pilatit dhe kapitenit drejt pusit të kopështit, i cili ishte shumë i thellë, dhe unë, Gamalieli, u shkova pas së bashku me njerëzit e tjerë.

Vështruan në fund të pusit dhe panë një trup të mbështjellë me një çarçaf të përmortshëm, dhe hebrejtë thirrën: "Pilat, a e shikon shtriganin e Nazaretit, për të cilin ti pikëllohesh dhe këmbëngul se është ringjallur? Ja tek është në pus!"

Pilati dha urdhër që ta nxirrnin kufomën jashtë. Thërriti Jozefin e Nikodemin dhe i pyeti: "Këto janë fashat e linit me të cilat e keni mbështjellë të vdekurin? Janë pikërisht këto?"

Ata u përgjigjën: "Fashat e linit që ti ke në dorë janë ato të Zotit tonë Jezu, ndërsa trupi është i kusarit i cili qe kryqëzuar njëherësh me Jezuin".

Turma e hebrejve nisi të shtërngohej përreth Jozefit e Nikodemit, në çastin kur ata thanë të vërtetën; dhe Pilati, së bashku me ushtarët e tij, u lëshua kundër tyre.

Kur Pilati vuri re se si grindeshin dhe çirreshin, bëri një gjest me dorë që ata të pushonin: në të vërtetë, ai kishte besim tek një shprehje e thënë nga Jezui, simbas së cilës të vdekurit do të ringjalleshin prej varri.

Prandaj, thirri krerët e hebrejve dhe u tha: "Ne nuk e besojmë aspak që ky është Nazaretasi". Ata u përgjigjën: "E besojmë ne!"

Ai tha: "Duhet ta lëmë trupin në varrin e vet, ashtu siç veprohet me gjithë të vdekurit".

Kusari në varrin e Jezuit

Mandej thirri Jozefin e Nikodemin, të cilëve u tha: "Mbështilleni me këto fasha lini ashtu siç ishte më parë". Hebrejtë çirreshin duke thënë: "Ne nuk i zëmë besë as Jozefit e as Nikodemit, meqenëse ata besojnë në Jezuin". Pilati u përgjigj: "Sikur të ish e mundur që edhe unë të quhesha i denjë për këtë!"

Atëherë ata morën shiritat e linit të Jezuit dhe me to mbështollën të vdekurin. Pilati dhe ushtarët e tij ia morën një kënge të përmortshme dhe e vendosën të vdekurin në varrin e Jezuit; mandej Pilati dha urdhër ta vendosnin shkëmbin tek varri, ashtu siç qe vepruar edhe për Jezuin.

Duke u kthyer kah hyrja e varrit, Pilati nisi të lutej me duar të ndehura: "Zot Jezu, ringjallës e jetëdhënës për të gjithë të vdekurit, e besoj që ti je ringjallur dhe më je shfaqur. Mos më dëno, Zot, sepse e kam bërë këtë nga frika e hebrejve. Kurrë s'ka për të ndodhur që unë të mohoj ringjalljen tënde.

Përkundrazi, unë besoj tek ringjallja jote, në përputhje me fjalën tënde dhe mrekullitë e tua të kryera gjatë jetës, duke ringjallur shumë të vdekur.

Dhe tani, Zot, mos u zemëro me mua ngaqë futa një tjetër trup në vendin ku më parë pati qenë trupi yt.

Veprova kështu për t'i poshtëruar dhe turpëruar këta mashtrues, të cilët nuk besojnë në ringjalljen tënde: për ta pastë dënim dhe turp në përjetësi; ndërsa për ty, përkundrazi, nëpërmjet gojës së shërbëtorit tënd, Pilatit, nder, lavdi, e fuqi në amëshim e përgjithmonë. Amen!"

Ringjallja e kusarit

Kur Pilati e përfundoi lutjen me duar të ndehura, nga përbrenda varrit u dëgjua një zë që thërriste: "Zot, hapma portën, që unë të dal, rrokullise shkëmbin, zoti im Pilat, që të mund të dal në emër të Zotit tonë Jezu Krisht të ringjallur së vdekurish!"

Me ngazëllim të madh e me hare në zemrën e vet, Pilati thirri me zë të lartë, e edhe gurët thirrën njëherësh me të.

Pilati e urdhëroi turmën e pranishme që ta rrokullisnin shkëmbin e hyrjes së varrit; pa vonesë, i vdekuri doli jashtë dhe u lëshua te këmbët e guvernatorit.

Të gjithë hebrejtë e pranishëm i pllakosi tmerri dhe, ashtu të mbuluar me turp, ikën duke thërritur dhe u fshehën mbas guvernatorit.

Atëherë Pilati i urdhëroi ushtarët që të viheshin në ndjekje të hebrejve, t'u binin me shpata e të bënin kërdinë mbi ta.

Mandej u kthye kah i vdekuri, duke i thënë: "Biri im, kush bëri që të ringjalleshe në një kohë kaq të shkurtër? Mos vallë Jezui ishte në varr bashkë me ty? Ishte ai që të ringjalli kaq shpejt?"

Dhe i vdekuri u përgjigj: "Zoti im, a nuk e pe vezullimën e madhe? Ajo rrezatonte, sepse, në kohën që ti luteshe, Zoti Jezu Krisht ndodhej me mua.

Ai m'u drejtua e më tha: "Thuaji mikut tim Pilatit që ta mbrojë ringjalljen time. Unë kam vendosur ta bëj atë pjesëmarrës në pemën e jetës, ashtu sikundër veprova me ty kur të gjykuan: përpara se të të pritej koka ty, ata më dënuan edhe mua".

Pilati e pyeti: "Cilit popull i përket ti dhe kush të ka hedhur në pus?"

Ai u përgjigj: "Unë jam kusari i cili qe varur në të djathtë të Zotit tim Jezu Krisht; ai më përgëzoi me të gjitha hiret e dhuntitë, e me atë fjalën që shqiptova kur ai ndodhej varur në kryq.

Sot, kur u ringjalla në varrin e Jezuit, ti Pilat, zoti im, më hape portën e varrit të tij ashtu sikundër ai më pati hapur portat e parajsës. Thithe pra këtë aromë të dashur që vjen nga pema e parajsës, ku është këndellur shpirti im".

Dëshmia e Gamalielit

Unë, Gamalieli, në këtë rast kam shkuar pas popullit bashkë me atin Jozef dhe Nikodem.

Apostujt kishin frikë të afroheshin tek varri dhe nuk dinin asgjë rreth gjithë çfarë kishte ndodhur. Në të vërtetë, nga frika e hebrejve, ata qenë hapërdarë nëpër vende të ndryshme.

Por unë, Gamalieli, shkova së bashku me tërë popullin për të parë gjithë sa kish ndodhur në varrin e Zotit tonë Jezu Krisht.

Pilati dhe tërë populli u rikthyen së bashku në qytet... nga shkaku i ringjalljes prej së vdekurish, ndërsa Pilati mbante në duar shiritët prej lini.

I tërë populli, ata të krahinës së Samarisë dhe paganët, dëshironin t'i shihnin.

Duke shkuar kah pallati i kryepriftit të madh, Pilati e rrënoi sinagogën dhe populli bastisi gjithë çfarë kishte brenda.

Lindja e Maries: Protoungjilli i Jakobit

Lindja e Maries së shenjtë, Hyjlindëses dhe nënës së përlëvduar të Jezu Krishtit.

Simbas rrëfimeve të dymbëdhjetë fiseve të Izraelit, jetonte dikur një njeri me emrin Joakim, i cili ishte jashtëzakonisht i pasur. Ai i blatonte dhantitë e tij dyfish, duke thënë: "Gjithë ç'kam të tepërt, i takon tërë popullit, dhe gjithë ç'lipset për faljen e mëkateve të mia, i takon Zotit, si falje për mua".

Mbërriti dita e Zotit dhe bijtë e Izraelit blatuan dhantitë e tyre. Rubeni iu afrua Joakimit dhe i tha: "Nuk të takon ty që t'i blatosh më së pari dhantitë e tua, meqenëse në Izrael ti nuk ke asnjw pasardhës". Joakimi u ndje fort i pikëlluar dhe shkoi të shihte regjistrat e dymbëdhjetë fiseve, duke thënë: "Dua t'u hedh një sy regjistrave të dymbëdhjetë fiseve të Izraelit, për të parë nëse unë jam i vetmi që nuk ka patur pasardhës në Izrael". I shqyrtoi dhe zbuloi se, në Izrael, të gjithë njerëzit e drejtë kishin patur pasardhës. Atëherë ai solli ndërmend patriarkun Abraham, të cilit, në ditën e tij të fundit, Zoti i kishte pasë dhënë një bir, Isakun.

Joakimi kish mbetur shumë i pikëlluar dhe nuk u duk më përpara së shoqes. U tërhoq në shkretëtirë, e nguli aty çadrën e vet dhe agjëroi plot dyzet ditë e dyzet netë, duke thënë me vete: "Nuk do të lëviz së këtejmi as për ushqim dhe as për pije, deri sa Zoti të më shfaqet: lutja ka për të qenë ushqimi dhe pija ime".

Por bashkëshortja e tij vajtonte në mënyrë të dyfishtë dhe shkrehej në lotë duke thënë: "Do qaj vejaninë time, e do qaj edhe shterpësinë time". Erdhi dita e madhe e Zotit, dhe Judita, shërbëtorja e saj i tha: "Deri kur do ta ligështosh kësisoj shpirtin tënd? Ja, mbërriti dita e madhe e Zotit dhe nuk të lejohet të rrish në hidhërim. Përkundrazi, merre këtë fashë koke që ma ka dhënë zonja e punës: mua nuk më lejohet ta lidh në kokë, sepse jam shërbëtore dhe sepse kjo ka një shenjë mbretërore". Por Ana u përgjigj: "Largohu prej meje. Unë nuk bëj kësi gjërash.

Zoti më ka poshtëruar shumë. Ndoshta ta ka dhënë ndonjë i lig dhe ti ke ardhur për të më bërë pjesëmarrëse në mëkatin tend". Judita u përgjigj: "Çfarë mallkimi mund të të jap, ashtu që Zoti i cili ka mbyllur mitrën tënde të mos të të japë frut në Izrael?" Ana u hidhërua së tepërmi. I hoqi rrobat e zisë, lau kokën, veshi petkat e saj prej bashkëshorteje dhe rreth orës tre zbriti në kopësht për të shtëtitur. I zuri syri një dafinë, u ul rrëzë saj dhe iu përgjërua Zotit, me fjalët: "O Zot i etërve tanë, bekomë dhe dëgjoje lutjen time, ashtu siç bekove barkun e Sarës, duke i dhënë një bir, Isakun".

Duke vështruar ngultaz kah qielli, ajo shquajti në dafinë një çerdhe harabelësh, dhe sajoi vetëmëvete një vajtim, me fjalët: "Medet! Kush më ka lindur? Cili bark më ka pjellë? Në të vërtetë jam shndërruar në mallkim për bijtë e Izraelit, më kanë fyer e më kanë dëbuar tërë tallje nga tempulli i Zotit. Medet! Kujt i ngjaj unë, vallë? Nuk u ngjaj as zogjve të qiellit, sepse edhe zogjtë e qiellit janë pjellorë në sytë e tu, Zot. Medet! kujt i ngjaj unë, vallë? Nuk u ngjaj as kafshëve të tokës, sepse edhe kafshët e tokës janë pjellore në sytë e tu, Zot. Medet! e kujt i ngjaj unë, vallë? Nuk i ngjaj as këtyre ujërave, sepse edhe këto ujëra janë pjellore në sytë e tu, o Zot! Medet! kujt i ngjaj unë, vallë? Nuk i ngjaj as kësaj toke, sepse edhe kjo tokë prodhon frutat e veta simbas stinëve dhe të bekon, o Zot!

Dhe ja, një engjëll i Zotit iu fanit e i tha: "Ana, Ana! Zoti e përmbushi lutjen tënde; ti do të ngjizësh dhe do të lindësh. Për pasardhësit tu ka për t'u folur në të gjithë tokën". Ana u përgjigj: "(Siç është e vërtetë që) Perëndia, Zoti im, është i gjallë, nëse unë kam për të lindur fëmijë, mashkull apo femër qoftë, do t'ia blatoj me dëshirë Perëndisë, Zotit tim, të cilit ka për t'i shërbyer çdo ditë të jetës së vet". Ja tek veguan edhe dy engjëj të tjerë për t'i thënë: "Bashkëshorti yt, Joakimi, është duke u kthyer bashkë me kopetë e tij". Në të vërtetë, një engjëll i Zotit zbriti tek ai për t'i thënë: "Joakim, Joakim! Zoti e ka përmbushur lutjen tënde këmbëngulëse. Zbrit prej këtu!

Ja pra, në të vërtetë Ana, gruaja jote, do të ngjizë në barkun e saj". Joakimi zbriti, thërriti barinjtë e vet, të cilëve u tha: "Sillmëni këtu dhjetë qengja pa njollë e pa të meta: do të jenë për Perëndinë, Zotin tim. Sillmëni edhe dhjetë viça: do të jenë për priftërinjtë dhe për këshillin e pleqve; e edhe njëqind keca për tërë popullin". Dhe Joakimi zbriti së bashku me tufat e tij. Ana po rrinte tek porta dhe kur e pa Joakimin tek vinte, rendi t'i dilte përpara dhe iu var në qafë, duke thërritur: "Tani e di që Perëndia Zot më ka bekuar shumë. E në të vërtetë, ja: vejusha nuk është më vejushë, ajo që ishte shterpë do ngjizë në barkun e saj". Ditën e parë Joakimi pushoi në shtëpinë e vet.

Ditën që pasoi, ai paraqiti blatimet e tij, duke thënë me vete: "Nëse Perëndia Zot është në krahun tim, Ai do të ma tregojë pllakëzën e priftit". Gjatë paraqitjes së blatimeve të tij, Joakimi arriti ta shikonte pllakëzën e priftit. Kur u ngjit në altarin e Zotit, Joakimi nuk dalloi në vete kurrfarë mëkati, ndaj thërriti: "Tani e di që Zoti është në krahun tim e se m'i ka falur të gjitha mëkatet". Kështu, zbriti i shfajësuar nga tempulli i Zotit dhe u kthye në shtëpi. Ndërkaq, muajt e saj u përmbushën. Në muajin e nëntë Ana lindi dhe fill e pyeti maminë: "Çfarë kam lindur?" Ajo u përgjigj: "Një vajzë". "Në këtë ditë", tha Ana, "është madhëruar shpirti im", dhe e vuri vajzën të prehej. Kur u përmbushën ditët, Ana u pastrua, i dha të pinte sisë fëmijës dhe ia ngjiti emrin Maria.

Vajza forcohej dita ditës e, kur arriti moshën gjashtë muajsh, e ëma e uli përtokë për të parë nëse mbahej më këmbë. Dhe ajo, me të bërë shtatë hapa, u kthye në prehërin e së ëmës, e cila e mori duke thënë: "(Siç është e vërtetë që) Perëndia, Zoti im jeton, ti nuk do të ecësh mbi këtë tokë derisa të të çoj në tempullin e Zotit". Kështu, në dhomën e saj bëri një faltore dhe nuk lejoi që në duart e saj të kalonte asgjë laike dhe e papastër. Për ta zbavitur të bijën, thërriti vajzat e dëlira të hebrejve. Kur vajza mbushi vitin, Joakimi bëri një gosti: ftoi priftërinjtë, skribat, këshillin e pleqve dhe tërë popullin e Izraelit. Atëherë, Joakimi ua paraqiti vajzën priftërinjve, të cilët e bekuan, duke thënë: "O Zot i etërve tanë, bekoje këtë vajzë dhe jepi asaj një emër të dëgjuar, në përjetësi, mes të gjitha breznive". Dhe i tërë popullit thirri: "Ashtu qoftë, ashtu qoftë! Amen!" Ua paraqiti mandej edhe kryepriftërinjve, të cilët e bekuan me fjalët: "O Zot i madhërishëm, vështroje këtë fëmijë dhe nderoje me bekimin e fundit, me atë që nuk ka tjetër pas vetes". Mandej e ëma e largoi së andejmi, e çoi tek faltorja e dhomës së saj e i dha për të pirë. Ana këndoi një kantikë[210¹] kushtuar Perëndisë Zot, me fjalët: "Do këndoj një kantik për Perëndinë, Zotin tim, sepse më ka bërë vizitë dhe ka hequr prej meje atë që për armiqtë e mi ishte një shëmti: në të vërtetë, Zoti më ka dhënë një frut të drejtësisë, unik dhe të shumëfishtë përpara tij. Kush vallë do t'i njoftojë bijtë e Rubenit se Ana i jep gjî një foshnjeje? Dëgjoni, dëgjoni, dëgjoni, ju dymbëdhjetë fiset e Izraelit: Ana i jep gjî një foshnjeje!" E vendoi që të prehej në faltoren e dhomës së saj dhe doli për t'u shërbyer njerëzve në tryezë. Kur gostia përfundoi, njerëzit u larguan përplot me ngazëllim, duke përlëvduar Zotin e Izraelit.

Ndërkaq, për fëmijën kaluan muaj e muaj. Kur ajo mbushi moshën dy vjeçe, Joakimi i tha Anës: "Për të mbajtur premtimin e dhënë, le ta çojmë në tempullin e Zotit, me qëllim që Perëndia të mos zemërohet me ne dhe blatimi ynë të mos bëhet i papëlqyeshëm". Ana ia ktheu: "Le të presim deri në vitin e tretë, në mënyrë që vajza të mos rrijë duke kërkuar babain dhe nënën". Joakimi u përgjigj: "Le të presim". Kur vajza mbushi tre vjet, Joakimi i tha: "Thërrisni bijat e dëlira të hebrejve: secila le të marrë një vravashkë të ndezur dhe ta mbajë gjithë të ndezur, me qëllim që vajza të mos e kthejë kokën pas dhe zemra e saj të mos joshet nga tjetër gjë, përpos tempullit të Zotit". Ato vepruan në këtë mënyrë derisa u ngjitën në tempullin e Zotit. Prifti e mirëpriti vajzën dhe, mbasi e puthi, e bekoi duke thirrur me zë: "Zoti e ka madhëruar emrin tënd në të gjitha breznitë. Në ditën e fundme, Zoti do t'u shpërfaqë bijve të Izraelit nëpërmjet teje shëlbimin e tij". Pastaj e vuri të ulej në shkallën e tretë të altarit dhe perëndia Zot e mbuloi me hir; ajo nisi të vallëzonte me këmbët e veta dhe e tërë shtëpia e Izraelit filloi ta donte shumë.

Prindërit e saj zbritën të mrekulluar dhe e lëvduan Perëndinë Zot që e bija nuk e kishte kthyer kokën pas. Maria u rrit në tempullin e Zotit si një pëllumbeshë, dhe shujtën e merrte nga

---

210¹ Kantikë: këngë fetare, p.sh. Kantika ose Kënga e Moisiut, e Deborës, e Anës, e Marisë etj.

dora e një engjëlli.

Kur Maria mbushi dymbëdhjetë vjet, u tubua këshilli i priftërinjve; ata thanë: "Ja pra, Maria e mbushi moshën dymbëdhjetë vjeçe në tempullin e Zotit. Ç'duhet të bëjmë me të tani, me qëllim që të mos e përlyejë tempullin e Zotit?" Kësisoj iu drejtuan kryepriftit: "Ti qëndron pranë altarit të Zotit: hyr dhe lutu për këtë çështje. Do të bëjmë atë që Zoti do të na porosisë". Mbasi veshi pelerinën me dymbëdhjetë zilka, kryeprifti hyri në Shenjtin e Shenjtërve dhe u lut për Marien. Dhe ja tek vegoi një engjëll i Zotit, që i tha: "Zakaria, Zakaria, Zakaria! Dil dhe tuboji të gjithë vejanët e popullit. Secili të mbajë në dorë një shkop: ajo do të bëhet bashkëshortja e atij që Zoti do ta caktojë nëpërmjet një shenje". Kasnecët u shpërndanë nëpër gjithë krahinën e Judesë, oshëtiu tromba e Zotit dhe të gjithë ngarendën.

Duke hedhur latoren mënjanë edhe Jozefi rendi për t'iu bashkuar të tjetërve. Me t'u tubuar, ata shkuan tek kryeprifti, duke patur me vete edhe shkopinjtë. Kryeprifti mori shkopinjtë e të gjithëve dhe hyri në tempull për t'u lutur. Kur përfundoi lutjen, doli dhe ua dorëzoi sërish shkopinjtë; por në to nuk u shfaq kurrfarë shenje. Jozefi e mori i fundit shkopin, dhe ja!: prej shkopit të tij doli menjëherë një pëllumbeshë e cila fluturoi përmbi kryet e Jozefit. Atëherë prifti i tha Jozefit: "Ti je i zgjedhur për të marrë nën kujdes virgjëreshën e Zotit". Por Jozefi kundërshtoi, duke thënë: "Unë kam bij dhe jam plak, ndërsa ajo është një çupëz. Nuk do të doja të bëhesha shkak talljesh për bijtë e Izraelit". Por prifti iu përgjigj Jozefit: "Kije frikë Perëndinë, Zotin tënd, dhe mos e harro atë që Zoti u ka punuar Datanit, Abironit dhe Korit, se si është hapur toka dhe ata janë përpirë të gjithë për shkak të kundërshtimit të tyre. Tani, Jozef, duhet të kesh frikë, që të mos ndodhë e njejta gjë edhe në shtëpinë tënde". I frikësuar, Jozefi pranoi ta merrte nën përkujdesje. Jozefi i tha Maries: "Të mora nga tempulli i Zotit dhe tani po të lë në shtëpinë time. Po shkoj të përfundoj ngrehinat që jam duke ndërtuar, e mandej do të rikthehem tek ti: Zoti do të të ruajë".

Këshilli i priftërinjve u mblodh. Ata thanë: "Bëjmë një tendë për tempullin e Zotit". Kryeprifti tha: "Më thërrisni këtu virgjëreshat e dëlira të fisit të Davidit". Të dërguarit e kryepriftit shkuan, kërkuan, dhe gjetën shtatë virgjëresha. Kryeprifti u kujtua për çupëzën Mari, meqenëse ajo i përkiste fisit të Davidit dhe ishte e papërlyer para Zotit. Të dërguarit shkuan tek ajo dhe e sollën me vete.

Mandej i futën në tempullin e Zotit, dhe kryeprifti u tha: "Hidhni short për të caktuar se cila do të endë ar, amiant, pëlhurë liri, mëndafsh, zymbyl, all dhe purpur të pastër". Maries i takoi purpur i pastër dhe all: i mori dhe u kthye në shtëpinë e saj. Në këtë kohë Zakaria u bë i pagojë: deri kur Zakaria foli përsëri, vendin e tij e zuri Samueli. Maria, me të marrë purpurin e allin, nisi t'i endë.

Mori kanën dhe doli për të mbushur ujë. Dhe ja, një zë i tha: "Ngazëllehu, o hirëplotë, Zoti është me ty, ti je e bekuar mes të gjitha grave". Ajo vështroi rrethepërqark, djathas e majtas, për të marrë vesh se prej nga vinte zëri. Gjithë duke u dridhur ajo shkoi në shtëpi, vuri kanën në vend, mori purpurin, u ul mbi ndenjësen e vet dhe dhe nisi të endë. Dhe ja, një engjëll i Zotit vegoi përpara saj, dhe i tha: "Mos ki frikë, Marie, sepse ti je mveshur me hir përpara Zotëruesit të të gjitha gjërave, dhe do të ngjizësh nëpërmjet fjalës së Tij.". Por ajo, me të dëgjuar këtë, mbeti në ndërdymje, duke menduar: "Do më duhet të ngjiz përmes veprës së Zotit Perëndi të gjallë, e mandej të lind ashtu siç lind çdo grua tjetër?" Engjëlli i Zotit i tha: "Jo kështu, Maria! Në të vërtetë, fuqia e Zotit ka për të të mbuluar me hijen e vet. Prandaj, qënia e shenjtë që ka për t'u lindur prej teje do quhet Bir i të Madhërueshmit. Do t'ia ngjitësh emrin Jezu, meqenëse ai do ta shpëtojë popullin e tij prej mëkateve". Maria u përgjigj: "Ja shërbëtorja e Zotit përpara Tij! U bëftë simbas fjalës tënde!

E përpunoi purpurin dhe allin dhe ia çoi priftit. Prifti e bekoi me fjalët: "Perëndia Zot e ka madhëruar emrin tënd, Marie, dhe ti do të jesh e bekuar në të gjitha breznitë e tokës". Maria u ngazëllye dhe shkoi tek Elizabeta, farefis i saj[211²]: trokiti në portë. Me të dëgjuar trokitjet, Elizabeta hodhi tutje purpurin

---

[211²] Elizabeta, Shën (në *Besëlidhjen e Re*): gruaja e Zaharisë, nëna e Gjon Pagëzorit, kushërirë e Virgjëreshës Mëri. Dita e festës: 5 ose 8 nëntori.

dhe rendi të hapte portën. Kur pa Marien, e bekoi me fjalët: "Kush vallë ma sjell këtë dhuratë: nënën e Zotit tim që më vjen për vizitë? Në të vërtetë, ai që ndodhet në mua është hedhur pupthi dhe të ka bekuar". Dhe Maria, që i kish harruar misteret për të cilat i pati folur kryeengjëlli Gabriel, vështroi ngultazi në qiell dhe thirri: "Kush jam unë, o Zot, që të gjithë brezat e tokës më bekojnë?" Ajo kaloi tre muaj tek Elizabeta, dhe nga dita në ditë barku i saj rritej; Atëherë, Maria, e frikësuar, u rikthye në shtëpinë e saj dhe u fsheh për të mos u rënë në sy bijve të Izraelit. Në kohën kur ndodhën këto mistere, ajo ishte gjashtëmbëdhjetë vjeçe.

Kur hyri në muajin e gjashtë, Jozefi i përfundoi ndërtimet dhe u kthye; me t'u futur në shtëpi ai vuri re se ajo ishte shtatzanë. Atëherë nisi t'i binte kokës me grushta, u shtri përtokë mbi një thes dhe qau me lotë të hidhur, duke thënë: "Me ç'fytyrë do ta shoh Perëndinë, Zotin tim? Çfarë lutje do të bëj unë për këtë vajzë? Në të vërtetë e mora të virgjër nga tempulli i Zotit dhe nuk u përkujdesa dot për të. Cili është ai që ma ka bërë këtë tinëzi? Kush e ka kryer këtë çnderim në shtëpinë time, duke përlyer virgjëreshën? Mos vallë është përsëritur për mua historia e Adamit? Në të vërtetë, kur Adami ishte në çastet e përlëvdimit, erdhi gjarpëri, e gjeti Evën vetëm dhe e ngashnjeu: kështu më ndodhi edhe mua". Jozefi u ngrit nga thesi, thirri Marien dhe i tha: "O më e dashura e Zotit, përse e ke bërë këtë dhe ke harruar Perëndinë, Zotin tënd? Përse e ke poshtëruar shpirtin tënd, ti që je lartësuar në Shenjtin e Shenjtërve dhe e ke marrë ushqimin nga dora e një engjëlli?" Ajo nisi të qante me lotë të hidhur, teksa thoshte: "Unë jam e dëlirë dhe nuk kam njohur burrë". Jozefi e pyeti: "Atëherë prej nga ka ardhur ajo që është në barkun tënd?" Ajo u përgjigj: "(Siç është e vërtetë që) jeton Perëndia, Zoti im, nuk e di se nga ka ardhur ajo që ndodhet në barkun tim".

Jozefin e kaploi një frikë e madhe. U veçua prej saj, duke vrarë mendjen se çfarë duhet të bënte me të. Jozefi mendonte: "Nëse unë e fsheh gabimin e saj, do të më duhet t'i bie ndesh ligjit të Zotit; mund ta kallëzoj tek bijtë e Izraelit, por druaj se mos krijesa që ajo mban në bark e ka prejardhjen prej një engjëlli, e në këtë rast do të dorëzoja për gjykim me vdekje një gjak të pafajshëm. Pra, çfarë të bëj me të? Do ta largoj prej këtu fshehtas". Nata e gjeti me këto mendime. Dhe ja, në ëndërr, atij i vegoi një engjëll i Zotit, i cili i tha: "Mos ki frikë për vajzën. Në të vërtetë, qënia që ndodhet brenda saj vjen prej Shpirtit të Shenjtë. Ajo do të lindë një djalë, të cilit ti do t'ia ngjitësh emrin Jezu, meqenëse ai ka për ta shpëtuar popullin e tij nga mëkatet". Jozefi u zgjua nga gjumi, përlëvdoi Zotin e Izraelit i cili e kishte nderuar me një dhuratë të tillë, dhe e mbrojti.

Skribi Anas erdhi tek Jozefi dhe i tha: "Përse nuk je dukur fare në këshillin tonë?" Jozefi ia ktheu: "Sepse isha i lodhur nga udhëtimi dhe ditën e parë pata nevojë të pushoja". Kur Anasi ktheu kokën, vuri re se Maria ishte shtatzanë. Atëherë rendi për tek prifti dhe i tha: "Jozefi, tek i cili ti beson aq shumë, e ka shkelur rëndë ligjin". Prifti iu përgjigj: "Ç'do të thuash me këtë?" Anasi i tha: "Ai e ka përlyer virgjëreshën që pati marrë nga tempulli. Ka zhvatur me mashtrime ditën e saj të dasmës dhe nuk u ka treguar bijve të Izraelit". Prifti u përgjigj: "Jozefi e ka bërë këtë?" Skribi Anas tha: "Dërgoji po deshe mëkëmbësit e tu dhe do marrësh vesh se virgjëresha është shtatzanë". Mëkëmbësit shkuan, e gjetën ashtu siç u tha ai, e morën dhe e dërguan në gjyq bashkë me Jozefin. Prifti tha: "Përse e ke bërë këtë, o Marie? Përse e ke poshtëruar shpirtin tënd dhe e ke harruar Perëndinë, Zotin tënd, ti që je rritur në Shenjtin e Shenjtërve dhe e ke marrë ushqimin nga dora e një engjëlli, ti që ke dëgjuar himnet e shenjta dhe ke vallëzuar përpara Tij? Përse e ke bërë këtë?". Por ajo qau me lotë të hidhur, duke thënë: "(Siç është e vërtetë që) Perëndia, Zoti im është i gjallë, ashtu edhe unë jam e dëlirë përpara Tij, e nuk kam njohur ende burrë". Ndërsa Jozefit, prifti i tha: "Përse e ke bërë këtë?". Jozefi u përgjigj: "(Siç është e vërtetë që) Perëndia, Zoti im është i gjallë, unë jam i dëlirë në lidhje me atë". Prifti tha: "Mos thuaj gënjeshtra, thuaj të vërtetën: ke zhvatur në mënyrë mashtruese ditën e saj të martesës dhe s'u ke treguar gjë bijve të Izraelit; nuk e ke përkulur kokën nën dorën e fuqishme, që kësisoj pasardhësit e tu të merrnin bekimin".

Prifti tha: "Ktheje virgjëreshën që ke marrë nga tempulli i

Zotit." Jozefit i rrëshqitën lotë të nxehtë. Prifti vijoi: "Do t'ju jap të pini ujin e provës së Zotit, i cili do t'jua nxjerrë mëkatet në shesh." Prifti mori ujin e i dha të pinte Jozefit, të cilin mandej e çoi tek kodra: dhe mandej ai u kthye shëndoshë e mirë. Ia dha ta pinte edhe Maries, të cilën gjithashtu e dërgoi tek kodra: e edhe ajo u kthye shëndoshë e mirë. I tërë populli mbeti i mahnitur kur pa se tek asnjeri prej tyre nuk u shfaq kurrfarë mëkati. Atëherë prifti tha: "Zoti nuk i shfaqi mëkatet tuaja. Ndaj as unë nuk ju gjykoj". Dhe i lëshoi. Jozefi mori sërish Marien dhe u kthye në shtëpinë e tij i mbushur me ngazëllim dhe duke përlëvduar Zotin e Izraelit".

Nga perandori August u shpall një urdhër, sipas të cilit duhej të regjistroheshin të gjithë banorët e Betlehemit të Judesë. Jozefi tha me vete: "Unë do t'i regjistroj të gjithë bijtë e mi; por si do t'ia bëj me këtë çupëz? Si ta regjistroj? Si bashkëshorten time? Më vjen turp. Si bijën time? Por të gjithë në Izrael e dinë se nuk është bija ime. Kjo është dita e Zotit, dhe Zoti do të veprojë simbas dëshirës së vet".

Jozefi shaloi gomarin dhe e hipi Marien në të: djali i tij tërhiqte kafshën prej kapistre, ndërsa Jozefi i shoqëronte. Mbasi përshkuan tri milje, Jozefi ktheu kokën dhe e pa të pikëlluar; tha me vete: "Me gjasë, fëmija që është brenda saj po e rraskapit." Kur e ktheu kokën sërish pak më vonë, vuri re se ajo po qeshte. Atëherë e pyeti: "Çfarë ke, Marie, sepse po shoh se fytyra jote është herë e trishtuar e herë e qeshur?" Maria iu përgjigj Jozefit: "Kjo po më ndodh sepse jam duke parë me sytë e mi dy popuj: njëri qan dhe pikëllohet, ndërsa tjetri është plot hare dhe ngazëllim". Kur mbërritën në gjysmë të udhës, Maria i tha: "Zbritmë nga gomari, sepse ai që është në mua po nguket për të dalë jashtë". Jozefi e zbriti nga gomari dhe i tha: "Ku duhet të të çoj, që të fshehësh sikletin që mund të ndjesh? Siç e sheh, ky vend është shkretëtirë".

Në atë çast i zunë sytë një guvë: e çoi aty, la pranë saj bijtë e tij dhe doli të gjente ndonjë mamí hebreje në rrethinat e Betlehemit. Unë, Jozefi ecja e nuk ecja. Vështrova nëpër ajër dhe vura re se ajri qe shtangur nga mahnitja; hodha sytë kah kupa e qiellës dhe vura re se kish mbetur e palëvizur, me zogjtë e qiellës që rrinin pezull; vështrova në tokë dhe shquajta një vazo dhe disa punëtorë me duart e ndehura apo të futura në vazo: por ata që po përtypeshin nuk përtypeshin, ata që po merrnin ushqim nuk i nxirrnin duart nga vazoja, ata që po e çonin ushqimin tek goja nuk arrinin ta çonin dot; fytyrat e të gjithëve vështronin përpjetë kah qielli. Ja edhe delet që shtyhen përpara, por që në të vërtetë qëndrojnë në vend: bariu ka ngritur dorën për t'i qëlluar, por dora e tij ka mbetur në ajër. Vështrova rrjedhën e lumit dhe vura re që kecat e kishin çikur ujin me buzë, por nuk pinin. Mandej, brenda një çasti të gjitha gjërat nisën të lëvizin sërish.

Pashë një grua që po zbriste nga kodra, e cila më tha: "Ku po shkon, o njeri?". Iu përgjigja: "Po kërkoj një mamí hebreje". Ndërsa ajo: "Je nga Izraeli?". "Po" ia ktheva. E ajo vijoi: "E kush është ajo që po lind në guvë?". Iu përgjigja: "E fejuara ime". Më pyeti: "A nuk është gruaja jote?" U gjegja: "Është Maria, e rritur në tempullin e Zotit. "E mora për grua me short dhe nuk është gruaja ime, përkundrazi ajo ka ngjizur simbas vullnesës së Shpirtit të Shenjtë". Mamia e pyeti: "E vërtetë është kjo?" Jozefi u përgjigj: "Eja e shikoje vetë". Dhe mamía shkoi bashkë me të. Qëndruan gjatë te guva, dhe ja!, një re vezulluese kishte mbuluar guvën. Mamia tha: "Sot shpirti im është madhëruar, sepse sytë e mi kanë parë mrekulli dhe sepse u lind shpëtimi i Izraelit". Menjëherë më pas, reja u largua nga guva dhe përbrënda guvës vegoi një dritë e madhe që të lëbyrte sytë. Pak më vonë, drita nisi të davaritej, derisa u shfaq fëmija: ai filloi të pinte gjî tek Maria, nëna e tij. Mamía thirri: "Sot është një ditë e madhe për mua, sepse pashë këtë mrekulli të re".

Me të dalë nga guva, mamía u takua me Saloménë, së cilës i tha: "Salomé, Salomé! Dua të të tregoj një mrekulli të padëgjuar: një virgjëreshë ka lindur; është fjala për diçka që është jashtë natyrës së saj". Saloméja u përgjigj: "(Siç është e vërtetë që) Zoti jeton, nëse unë nuk e prek me dorë dhe nuk e shqyrtoj gjendjen e saj, nuk do të besoj kurrë që një virgjëreshë ka lindur".

Mamía hyri e i tha Maries: "Rehatohu mirë. Në të vërtetë, përreth teje ka një kundërshti jo të lehtë". Saloméja vuri gishtin në kurmin e saj, e pastaj lëshoi një britmë të thekshme, teksa thoshte: "Mjerë unë për mbrapështinë dhe mosbesimin e treguar, sepse vura në provë Zotin e gjallë dhe tani dora ime po këputet e po digjet". Dhe ra në gjunj para Zotit, duke thënë: "O Zot i etërve të mi, kujtohu për mua që i takoj racës së Abrahamit, Isakut e Jakobit. Mos më shndërro në shembull për bijtë e Izraelit, por kthemë tek të varfërit. Në të vërtetë, Ti, o Zot, e di se në emrin tënd unë kam shfaqur shumë përkujdesje ndaj të tjerëve, ndërsa shpërblimin e merrja prej teje". Dhe ja tek i vegoi një engjëll i Zotit, që i tha: "Salomé, Salomé! Zoti ta dëgjoi lutjen: afroje dorën tënde tek fëmija dhe merre në krahë, e do të të vijë shëndeti e ngazëllimi". Saloméja u afrua dhe e mori në krahë, duke thënë: "Do ta adhuroj, sepse në Izrael ka lindur një mbret i ri". E çilembyll sytë Saloméja u shërua dhe doli nga guva e shfajësuar. Dhe ja një zë që i thoshte: "Salomé, Salomé! Mos i trego gjërat e mrekullueshme që ke parë, derisa vogëlushi të ketë hyrë në Jeruzalem".

Mandej Jozefi u përgatit për t'u nisur në Judé. Në Betlehem të Judésë u krijua një pështjellim i madh, sepse kishin ardhur magjistarë të cilët thonin: "Ku lindi mbreti i Judejve? Ne kemi parë yllin e tij në Lindje, ndaj erdhëm ta adhurojmë". Kur mori vesh këtë, Herodi u turbullua shumë dhe nisi përfaqësues të tij tek magjistarët; çoi fjalë të vinin edhe kryepriftërinjtë, të cilët i pyeti: "Çfarë është shkruar në lidhje me Krishtin, ku duhet të lindë ai?" Ata iu përgjigjën: "Në Betlehem të Judésë, sepse kështu është e shkruar". Mandej i largoi ata. Atëherë pyeti edhe magjistarët: "Çfarë shenje keni parë në lidhje me mbretin që ka lindur?" Magjistarët u përgjigjën: "Kemi parë një yll shumë të madh që vezullonte mes yjeve të tjerë duke i errësuar ata, aq sa ata nuk dalloheshin më. Ja, në këtë mënyrë e kuptuam se kishte lindur një mbret i Izraelit, ndaj dhe erdhëm për ta adhuruar". Herodi u tha: "Vihuni në kërkim të tij dhe nëse e gjeni tregomëni, me qëllim që edhe unë të vij e ta adhuroj".

Paskëtaj magjistarët u larguan. Dhe ja, ylli që ata kishin parë në Lindje u priu derisa ata mbërrinë tek guva, për t'u ndalur pikërisht përmbi guvë. Magjistarët, me ta parë vogëlushin me Marien, nënën e tij, nxuarën dhuratat nga hejbet e tyre: ar, temjan e mirrë.

Duke qenë se u lajmëruan prej një engjëlli që të mos hynin në Judé, ata u kthyen në vendin e tyre nëpërmjet një rruge tjetër.

Kur mori vesh se magjistarët ia kishin hedhur, Herodi u zemërua pa masë dhe dërgoi disa vrasës, të cilëve u tha: "Vritini të gjithë fëmijët e moshës dy vjeç e poshtë!"

Duke dëgjuar për fëmijë që po masakroheshin, Maria mori vogëlushin, e mbështolli dhe e futi në një grazhd buajsh. Edhe Elizabeta, duke dëgjuar që po kërkohej Gjoni, e mori dhe u ngjit në mal, duke vështruar përreth se ku ta fshihte; por nuk po gjente asnjë vend për ta fshehur. Atëherë, Elizabeta, duke rënkuar, thirri me zë të lartë: "O mal i Zotit, mirëprite një nënë me birin e saj!" Dhe përpara tyre u shfaq një dritë, sepse një engjëll i Zotit vegoi aty që t'i mbronte.

Ndërkohë Herodi kërkonte Gjonin; nisi ca mëkëmbës të tij tek Zakaria, duke i thënë: "Ku e ke fshehur birin tënd?" Zakaria iu përgjigj atyre: "Unë jam një përfaqësues i Zotit dhe rri vazhdimisht në tempullin e Zotit, ndaj nuk e di ku është biri im". Mëkëmbësit u kthyen andej nga kishin ardhur dhe ia treguan të gjitha Herodit. I zemëruar, Herodi u tha atyre: "Është biri i tij ai që do të mbretërojë në Izrael!" Prandaj i nisi sërish tek ai për t'i thënë: "Trego të vërtetën: ku është biri yt? Ti e di mirë se gjaku yt është në dorën time". Zakaria u përgjigj: "Nëse ti derdh gjakun tim, unë do të jem një dëshmitar i Zotit. Shpirti im do të mirëpritet nga i Gjithëfuqishmi, ngaqë ti do të derdhësh gjak të pafajshëm në tremen e tempullit të Zotit". Në të zbardhëllyer të ditës, Zakaria u vra. Bijtë e Izraelit nuk e dinin se atë e kishin vrarë.

Në orën e përshëndetjes, priftërinjtë dolën, por Zakaria nuk shkoi t'i takonte për t'i bekuar si zakonisht. Priftërinjtë ndejtën në pritje të Zakarias që ta përshëndetnin në lutjen dhe përlëvdimin e të Madhërueshmit. Por, kur panë që ai po vonohej, të gjithë i zuri frika. Njëri prej tyre mori zemër, hyri brenda dhe, pranë altarit, i zunë sytë gjakun e mpiksur; mandej dëgjoi një zë që thoshte: "Zakaria është vrarë! Gjaku i tij nuk ka për t'u fshirë, deri kur të mbërrijë ai që do t'ia marrë hakun". Kur dëgjoi këto fjalë ai u tremb, dhe doli që t'u tregonte priftërinjve. Këta morën guxim, hynë dhe panë se ç'kish ndodhur: me të parë trarët e tempullit që pikonin, ata i shqyen petkat e tyre nga lart poshtë. Nuk e gjetën trupin e tij, por gjetën gjakun e tij të ngurtësuar. Tërë frikë, ata dolën dhe lajmëruan gjithë popullin që Zakaria ishte vrarë. Fjala u përhap në të gjitha fiset e popullit, që e vajtuan dhe mbajtën zi për tri ditë e tri netë. Mbas tri ditësh, priftërinjtë u mblodhën për të vendosur se cilin do të zgjidhnin në vend të tij, dhe shorti i ra Simeonit. Në të vërtetë, Simeoni ishte ai të cilit Shpirti i Shenjtë i pati thënë se nuk kishte për ta parë vdekjen përpara se të shihte Krishtin prej mishi.

Mbas vdekjes së Herodit, meqenëse në Jeruzalem pati shpërthyer një trazirë, unë Jakobi që kam shkruar këtë histori, u tërhoqa në shkretëtirë deri në kohën kur trazira në Jeruzalem pushoi, gjithë duke përlëvduar të Plotfuqishmin Zot, i cili më mundësoi dhuntinë dhe urtësinë për ta shkruar këtë histori. Mëshira qoftë mbi ata që i druhen Zotit tonë Jezu Krisht, që i lëvduar qoftë në shekuj të shekujve. Amen!

Letra Apokrife

Disa letra që Pilati, Herodi dhe perandori Tiber, ia shkruajnë njeri-tjetrit mbas kryqëzimit të Jezu Krishtit

Letër e Pilatit drejtuar Herodit

"Pilati[1] guvernator i Jeruzalemit, tetrarkut Herod[2], përshëndetje.

Nuk bëra asgjë të mirë që ndoqa këshillën tënde, ditën kur judejtë më sollën Jezuin, të quajtur Krisht: Kur u kryqëzua, ditën e tretë u ringjall së vdekurish, siç më thanë disa njerëz, mes të cilëve edhe centurioni. Atëherë unë vetë vendosa të dërgoj njerëz në Galile, ku e kanë parë me trupin e tij dhe me pamjen e tij; e me të njëjtin zë e të njejtat mësime është shfaqur përpara mëse peseqind besimtarëve, të cilët mandej kanë shkuar gjithandej duke dëshmuar për të, pa mëdyshje, duke e përhapur lajmin e ringjalljes së tij të jashtëzakonshme dhe duke lajmëruar mbretërinë e përjetshme, aq sa dukej sikur prej mësimeve të tij të shenjta galdonte qielli e toka. E edhe Prokla, gruaja ime, duke u bindur dhe besuar tek ëndrra e saj, në të cilën Ai i qe shfaqur në kohën kur unë, i nxitur nga dashakeqja jote, po e dënoja me kryqëzim, kërkoi të shkonte e shoqëruar nga dhjetë ushtarë dhe nga Longjini[3], centurionin besnik, për të parë imazhin e tij, si të qe fjala për një shfaqje të madhe. Dhe e panë, ulur mes një are të lëruar, rrethuar prej një turme të madhe, tek predikonte mrekullitë e Atit, në një mënyrë të atillë, sa të gjithë kishin mbetur të mahnitur e në ekstazë, dhe kuptuan se ai ishte ringjallur nga të vdekurit mbasi ishte kryqëzuar. Dhe teksa të gjithë e adhuronin të mrekulluar, ai i vështroi dhe

---

212[1] Pilati: Ponc Pilati, administrator i Judesë (?26–?36 TZ).

213[2] Herodi: biri i Herodit të madh. Sundoi Galilenë dhe Perenë nga viti 4 para K., deri në vitin 39 pas K.

214[3] Longjini: centurioni që shpoi me heshtë në brinjë Krishtin e vdekur në kryq.

iu drejtua atyre me këto fjalë: -Akoma nuk besoni tek unë ju, Prokla e Longjin? A nuk je ti që ke bërë roje gjatë vuajtjeve të mia dhe mbi varrin tim? E ti, grua, a nuk ia ke përcjellë burrit tënd një lajm rreth meje? (Unë zbatoj) marrëveshjen e Zotit, atë që vetë Ati ka vendosur: e kësisoj të gjithë trupat që kanë vdekur, për shkak të vdekjes sime, të cilën ju e njihni mirë, do t'i risjell në jetë, sepse, mbas tërë këtyre vuajtjeve që kanë hequr, ata do të lartësohen. Dijeni pra, tani, se të gjitha krijesat që kanë besim në Zotin Atë dhe në mua, nuk do të vdesin, sepse unë i kam shfuqizuar dhimbjet e vdekjes dhe e kam shpuar tejpërtej dragoin me shumë koka. Dhe me ardhjen time të dytë, secili, i ringjallur me të njejtin trup dhe me të njejtin shpirt që ka tani, do të lavdërojë Atin tim: ATI i atij që është kryqëzuar në kohën e Ponc Pilatit.

"Duke dëgjuar gjëra të tilla, gruaja ime Prokla dhe centurioni Longjin, ai që kishte bërë roje gjatë vuajtjeve të Jezuit, por dhe ushtarët që e kishin shoqëruar, nisën të qajnë e të japin shenja pikëllimi; mandej u kthyen e më treguan gjithçka. E unë, mbasi i dëgjova, ua tregova këtë histori edhe oficerëve të mi të lartë e shokëve të armëve, e edhe ata u pikëlluan dhe qanë për tërë ditën, duke pranuar të keqen që kishin bërë kundër tij. E tani edhe unë vetë, për dhimbjen e gruas sime, rri në agjërim dhe flë lakuriq përmbi tokë...

"Por ja ku erdhi vetë Jezui dhe na ngriti nga toka mua dhe gruan time; teksa vështroja trupin e tij vura re se i kishte ende shenjat e plagëve. Ai m'i vendosi duart mbi supe duke më thënë: "Do të të quajnë të bekuar të gjithë brezat e të gjithë popujt, sepse në kohën tënde Biri i njeriut ka vdekur dhe është ringjallur e tani ngjitet në qiej për të ndenjur tek ata më të lartët; e të gjithë popujt e tokës do ta mësojnë se unë jam ai që do të vijë për të gjykuar të gjallët e të vdekurit në ditën e fundit".

Letër e Herodit drejtuar Pilatit

"Herodi tetrark i Galilesë – Ponc Pilatit, guvernator i Judejve, përshëndetje.

Nuk është e paktë dhimbja me të cilën t'i shkruaj këto gjëra, në përputhje me Shkrimet e Shenjta, aq sa edhe ti, duke i lexuar, do ndjehesh thellësisht i pikëlluar: vajza ime e adhuruar Herodiada, teksa luate ra në ujët e lumit që kishte teptisur përtej ledheve, e çilembyll sytë uji i arriti deri në grykë. E ëma e kapi nga koka që të mos e merrte me vete rryma, por koka e fëmijës u këput, kështuqë gruaja ime mbeti me kokën e saj në dorë ndërsa trupin e rrëmbeu uji. E tash gruaja ime qan, duke mbajtur kokën e bijës në prehër, dhe në gjithë shtëpinë time ka rënë një zi që nuk ka fund. Unë, nga ana ime, ndjehem i pikëlluar nga një numër i madh të këqijash, qëkurse mora vesh se ke keqtrajtuar Jezuin, e dua të shkoj vetëm për ta parë e adhuruar e për të dëgjuar ndonjë fjalë prej tij, meqë i kam bërë shumë të këqija atij e Gjon Pagëzorit dhe ja, tani po pësoj me të drejtë atë që meritoj: në të vërtetë babai im ka bërë një plojë të madhe përmbi tokë me gjak fëmijësh, për shkak të Jezuit, kurse unë nga ana ime kam urdhëruar t'i pritet koka Gjon Pagëzorit, atij që e kishte pagëzuar.

"Të drejta janë gjykimet e Zotit, sepse secili e merr shpërblimin simbas asaj që ka në zemrën e tij. Meqë, pra, ti ke ende mundësinë ta shohësh njeriun Jezu, mbështete çështjen time dhe ndërhyj për mua me fjalën tënde; ju të Mirëve, në fakt, iu është lejuar mbretërimi në përputhje me fjalët e profetëve dhe të Krishtit.

"Biri im Lezbonaku gjendet në grahmat e fundit të jetës, pllakosur prej shumë ditësh nga një sëmundje që po e gërryen, e edhe unë vetë ndjehem i ngrirë dhe i dobësuar nga vuajtjet e hidropizisë; po më dalin krimba nga goja; ndërsa gruas sime, për shkak të zisë që ka rënë në familje, i është verbuar syri i majtë.

"Të drejta janë gjykimet e Zotit, sepse ne nuk kemi treguar nderim ndaj syrit të një njeriu të drejtë. "Nuk ka paqe për priftërinjtë", thotë Zoti: dhe vdekja tashmë do t'i përlajë priftërinjtë dhe këshillin e pleqve të bijve të Izraelit, sepse ata kanë vënë dorë padrejtësisht mbi Jezuin e drejtë. Këto gjëra do të përmbushen në mbarim të kohërave, e sigurisht që trashëgimia e mbretërisë së Zotit do t'u kalojë të Mirëve, ndërsa bijtë e dritës do të dëbohen jashtë, sepse nuk i kemi zbatuar detyrimet tona ndaj Atit dhe as ndaj Birit të tij.

"Prandaj, ji i përgatitur, ki parasysh drejtësinë natë e ditë, në kujtim të Jezuit, bashkë me gruan tënde, dhe e juaja ka për të qenë mbretëria, sepse ne e kemi trajtuar keq të Drejtin. Por nëse mund të të bëj një lutje, o Pilat, meqë jemi bashkëmoshatarë, kujdesu ti për të varrosur familjen time: në të vërtetë, për ne është më e pëlqyeshme që të varrosemi nga ti sesa nga priftërinjtë, mbi të cilët shumë shpejt, simbas shkrimeve të Jezuit, do të bjerë gjykimi. Rri me shëndet.

"Po të dërgoj vëthët e gruas dhe unazën time. Nëse ndodh të kujtohesh, do të m'i rikthesh në ditën time të fundit të jetës: tashmë krimbat po më ngjiten në gojë e kështu po pres ndëshkimin e kësaj bote; por i druhem shumë më tepër ndëshkimit të botës së përtejme, sepse ndëshkimi i vendosur nga Zoti i gjallë do zbatohet mbi mua dyfish. Vijmë si kalimtarë në këtë jetë, duke gjalluar këtu për pak vite: e nga kjo vjen gjykimi i përjetshëm dhe shpërblimi i veprimeve tona".

Letër e Ponc Pilatit drejtuar Tiberit

"Ponc Pilati Tiberit[215-4], Cezarit perandor, përshëndetje.

Jezu Krishti, për të cilin të kam folur gjerësisht në letrën time të fundme, më në fund, simbas vendimit të popullit, i është nënshtruar një mundimi të madh, edhe pse unë nuk desha e madje kisha edhe pak frikë. Pasha Herkulin, një njeri kaq i përshpirtshëm e kaq i rreptë nuk ka jetuar e as nuk do të jetojë në asnjë epokë. Por ka qenë një trysni e pabesueshme nga ana e gjithë popullit, me miratimin e tërë skribëve, kryetarëve dhe pleqve, për të kryqëzuar këtë lajmëtar të së vërtetës, paçka se profetët e tyre, sipas mënyrës së sibilave tona, i lajmëruan të bënin të kundërtën. E në të vërtetë, ndërsa ai gjendej i kryqëzuar, u shfaqën shenja të mbinatyrshme që, simbas gjykimit të të urtëve, kërcënonin për fundin e tërë botës.

"Dhe ekzistojnë ende dishepujt e tij, të cilët me veprën e tyre dhe pastërtinë e rrugës nuk e mohojnë Mjeshtrin e tyre, përkundrazi, në emër të tij bëjnë shumë të mira. Nëse nuk do

---

215-4 Tiberi: Tiberius Claudius Nero Caesar Augustus (42 para K.–37 pas K.). Perandor romak (14–37).

të kisha pasur frikë se mund të shpërthente ndonjë kryengritje mes popullit, që ndërkohë ishte i trazuar, ndoshta ky njeri do të ishte ende i gjallë mes nesh. Gjithsesi, duke qenë më shumë i prirë nga besnikëria ndaj autoritetit tënd sesa nga vullneti im, unë nuk u kundërvura me të gjitha forcat që të tradhëtohej e të derdhej gjaku i një njeriu të drejtë e të zhveshur prej çdolloj faji, për shkak të padrejtësisë dhe keqdashjes së njerëzve, veprim i cili, siç e dëshmojnë dhe Shkrimet e tyre, do bjerë mbi kokat e tyre. Qofsh mirë.

28 mars".

Letër e Tiberit drejtuar Pilatit

Kjo është përgjigja që Cezar Augusti i ka dërguar Ponc Pilatit, guvernator i provincës lindore, përgjigje së cilës i bashkangjitet edhe dekreti i tij, që ai e dërgoi nëpërmjet lajmëtarit Raab, duke i dhënë me vete edhe ushtarë, dymijë në numër:

"Në çastin që, duke keqpërdorur pushtetin tënd dhe duke vepruar në mënyrë të padrejtë, ke dënuar me vdekje Jezu Nazaretin, e përpara dënimit me vdekje ua ke dorëzuar judejve të egër dhe të xhindosur e nuk ke patur mëshirë për këtë njeri të drejtë, por, duke ngjyer penën ke shkruar një vendim të padrejtë, e ke fshikulluar dhe e ke ofruar për kryqëzim paçka se ai ishte i pafajshëm, duke pranuar edhe dhurata për dënimin e tij, e, ndërsa me gojë tregoje mirëdashje ndaj tij, brenda zemrës sate e tradhëtoje në dobi të judejve të pabesë, për të gjitha këto ti do të sillesh i prangosur përpara meje, që të përgjigjesh e të japësh llogari për jetën e pafajshme që ke çuar drejt vdekjes.

"Por, çfarë mizorie dhe vrazhdësie zemre kjo e jotja! Unë, qëkurse i kam dëgjuar këto gjëra me veshët e mi, vuaj në shpirt dhe ndjej të më përziehen rropullitë. Në fakt është paraqitur para meje një grua me emrin Maria Magdalena, e cila thotë se është një nxënëse e tij, e prej trupit të së cilës pohohet se ai ka dëbuar shtatë djaj: ajo dëshmon se ai ka kryer shërime të mrekullueshme, i ka bërë të verbërit të shohin, sakatët të ecin drejt, shurdhët të dëgjojnë, ka pastruar nga sëmundja lebrozët. E, për ta thënë hapur, siç më siguron ajo, të gjitha këto shërime i kryente vetëm nëpërmjet fjalës.

"Po si vallë ke lejuar të kryqëzohet pa kurrfarë faji? Sepse, edhe nëse nuk e ke pranuar si zot, ti do të duhej ta kishe vlerësuar si mjek. Por edhe duke u mbështetur tek relacioni i dyshimtë që më ke dërguar, unë mund të vendos për dënimin tënd, meqë në të është shkruar që ai ishte sipëror edhe ndaj zotave që ne adhurojmë.

"Po si vallë ke mundur ta dënosh me vdekje? Por, nëse ti e ke dënuar atë me vdekje në mënyrë të padrejtë, unë nga ana ime do të të dënoj ty me vdekje në mënyrë të drejtë; e jo vetëm ty, por edhe të gjithë këshilltarët dhe bashkëpunëtorët e tu, prej të cilëve ke marrë shpërblime për dënimin e tij".

Me t'iu dorëzuar kjo letër lajmëtarëve, atyre u qe dhënë edhe urdhëri i nënshkruar nga vetë Augusti, për të shkuar në shpatë tërë popullsinë e judejve e për të sjellë në Romë lidhur me pranga si fajtor Pilatin, e bashkë me të dhe krerët e judejve që ishin asokohe guvernatorë krahinash: Arkelaun, birin e Herodit të urrejtshëm, bashkëfajtorin e tij, Filipin, priftërinjtë e mëdhenj Kaifa dhe vjehrrin e tij, Anën, e të gjithë krerët e tjerë judej. Për këtë arsye Rakaabi mbërriti aty me ushtarët dhe bëri ashtu siç qe urdhëruar: shkoi në shpatë tërë popullsinë mashkullore të judejve, ndërsa gratë e tyre të shthurura u përdhunuan nga paganët, duke bërë të lindej kështu një racë e llahtarshme, meqenëse Satanai ishte babai i tyre. Mandej mëkëmbësi i perandorit arrestoi Pilatin, Arkelaun e Filipin, Anën e Kaifën, dhe tërë krerët e judejve, dhe i dërgoi në Romë të lidhur me vargonj.

Por ndodhi që, teksa kalonin pranë brigjeve të një ishulli të quajtur Kretë, Kaifa humbi jetën papritmas, në mënyrë të tmerrshme e të mjerueshme. E morën për ta varrosur, por toka nuk pranonte kurrsesi ta mbante brenda dhe e nxori sërish përjashta. Duke parë këtë, tërë të pranishmit morën në duar gurë dhe nisën t'i hedhin përsipër e kështu e mbuluan. Të tjerët zbarkuan në Romë. Mes sundimtarëve të asokohshëm ishte zakon që, nëse një i dënuar me vdekje e vështronte në fytyrë mbretin, i falej jeta. Prandaj Cezari dha urdhër që të mos shihej nga Pilati, me qëllim që ai të mos mund t'i shpëtonte vdekjes. Duke iu bindur këtij urdhëri, Pilatin e mbyllën në një kolibe dhe e lanë aty. Sa i përket Anës, atë e mbështollën me një lëkurë bualli dhe lëkurën e lanë të thahet nën diell; atij iu zu fryma brenda saj, ndërsa rropullitë i erdhën deri tek goja: kështuqë ai e humbi në mënyrë të përdhunshme jetën e tij të mjerueshme. Të gjithë judejtë e tjerë që ishin arrestuar, ai i dënoi me vdekje, duke i shkuar në shpatë. Sa për Arkelaun, birin e Herodit të urrejtshëm dhe bashkëfajtorin e tij Filipin, Tiberi urdhëroi të nguleshin në hu.

Një ditë, perandori, teksa kishte dalë për gjah, po ndiqte një gazelë, e cila, duke ardhur para kolibes, ndaloi aty. Pilati u vra në mënyrë të rastësishme prej dorës së Cezarit, e kështu u përmbush ajo që do të ndodhte: Pilati bëri përpara për të vështruar sovranin, ndërsa gazela ishte tamam përballë; Cezari lëshoi një shigjetë për të goditur gazelën, por shigjeta, duke kaluar nëpërmjet një të çare vrau Pilatin.

Të gjithë ju që besoni në Krishtin, Zotin e vërtetë dhe Shpëtimtarin tonë, nderojeni dhe madhërojeni atë, sepse atij i takon lavdia e adhurimi, me Atin e tij, që nuk ka fillim, e me Shpirtin bashkënjësuar, sot e përgjithmonë, në shekuj të shekujve. Amen.

www.ingramcontent.com/pod-product-compliance
Lightning Source LLC
LaVergne TN
LVHW041707070526
838199LV00045B/1237